JN060067

ヤマ場をおさえる

学習評価

深い学びを促す 指導と評価の一体化 入門 中学校

石井英真 鈴木秀幸 編著

図書文化

まえがき

　「指導と評価の一体化」が叫ばれ，指導改善のための評価の重要性が指摘されて久しいですが，それを追求すればするほど，評価が煩雑化し，授業や学びの充実から遠ざかってしまう状況も見られます。そうした状況は，「評価」概念の未整理，「観点別評価」と「指導と評価の一体化」の日本的な捉え方の問題に起因しています。しかし，これまで評価に関する議論は，日本の固有の文脈や問題状況にメスを入れることなく，海外の最新の知見を紹介し，日本版にアレンジすることが中心になりがちでした。また，しばしば評価の専門家は，カリキュラム設計までの話はするけれど，授業論は弱く，授業論を追求する者は，評価の研究には消極的。いわば「よい授業と悪い評価」，あるいは，「精密な評価と面白くない授業」といったように，評価の工夫と授業づくりとの不幸な関係があったように思います。

　日本の教育文化に深く根差した，日常的な授業づくりの蓄積（教師の肌感覚）の上に，海外において，より実践改善を志向するかたちで発展してきた，教育評価研究の最新の知見（体系化された知）を統合すること。豊かな授業づくりの先に評価を必然的に組み込むこと。評価を工夫するからこそ，授業づくりや学びも豊かになること。そんなことを意識しながら本書を編みました。ご寄稿いただいた先生方はまさに授業の匠たちでもあります。

　本書では，「ヤマ場」という，日本の授業づくりでしばしば用いられる言葉を軸に，目指すべき評価のあり方を提起しています。授業・単元のヤマ場と評価場面を重ね合わせる，学びの舞台（見せ場）づくりとして，評価を組織すること。それによって授業づくり・単元づくりと評価実践を豊かなかたちで統合すること。それは，観点別評価の本来のあり方であると共に，「真正の評価」「パフォーマンス評価」をはじめとする，近年の新しい評価の方法の根っこにある考え方を生かすことでもあります。

　真正の評価やパフォーマンス評価の発想の原点は，学習発表会，まさに「見せ場（exhibition）」にあります。そして，見えにくい学力，高次の学力を真に育てていく上では，学校の共同体としての意味に注目することが有効です。すなわち，学校生活（暮らし）を土台にした学びであるからこそ，人間的成長にもつながる学びや長期的な変容がもたらされるのであって，行事などを見ると分かるように，長いスパンでの成長は節目によってもたらされるのです。学びの舞台や見せ場への注目は，学びの節目づくりの試みでもあります。

　これまでの評価に関する書籍からすると一風変わった本書が，「やればやるほど疲弊する評価」ではなく，「やればやるほど子供や教育への理解が深まり，教師の仕事の手応えにつながる評価」への道を拓くきっかけとなることを願っています。

　本書の刊行にあたっては，図書文化社の皆さま，とりわけ大木修平氏・佐藤達朗氏には多大なるご尽力をいただきました。心より感謝申し上げます。

2021年6月

石井　英真

目次

第1部. ヤマ場をおさえる学習評価のポイント

section 1. 「学習評価」は何のために

section 2. 「ヤマ場」って何だろう

section 3. 「重点化」と学びの舞台

section 4. 「指導に生かす評価」（形成的評価）

section 5. 「総括に用いる評価」（評定）

本書の用語表記について（凡例）

答　申
>> 幼稚園，小学校，中学校，高等学校及び特別支援学校の学習指導要領等の改善及び必要な方策等について（答申）（中教審第197号）（平成28年12月21日，中央教育審議会）
http://www.mext.go.jp/b_menu/shingi/chukyo/chukyo0/toushin/1380731.htm

報　告
>>児童生徒の学習評価の在り方について（報告）（平成31年1月21日，中央教育審議会初等中等教育分科会教育課程部会）
http://www.mext.go.jp/b_menu/shingi/chukyo/chukyo3/004/gaiyou/1412933.htm

通　知
>> 小学校，中学校，高等学校及び特別支援学校等における児童生徒の学習評価及び指導要録の改善等について（通知）（30文科初第1845号）（平成31年3月29日，文部科学省初等中等教育局）
http://www.mext.go.jp/b_menu/hakusho/nc/1415169.htm

新学習指導要領
>> 平成29・30年改訂学習指導要領
http://www.mext.go.jp/a_menu/shotou/new-cs/1384661.htm

参考資料
>>「指導と評価の一体化」のための学習評価に関する参考資料（小学校編／中学校編）

ハンドブック
>> 学習評価の在り方ハンドブック（小・中学校編）
https://www.nier.go.jp/kaihatsu/shidousiryou.html

その他関連資料
>> 学習指導要領の趣旨の実現に向けた個別最適な学びと協働的な学びの一体的な充実に関する参考資料
https://www.mext.go.jp/a_menu/shotou/new-cs/senseiouen/mext_01317.html

第 1 部.

ヤマ場をおさえる 学習評価 のポイント

学習評価は何のために

9

そもそも学習評価とは何か

「見取り」「評価」「評定」の違いとは——「評価」が意味するもの

　「評価」という言葉を聞いて何をイメージするでしょうか。些細な仕草からその日の子供の心理状況を感じ取ったり，授業中の子供のつぶやきをキャッチしたり，教師は授業を進めながらいろいろなことが自ずと「見える」し，見ようともしています（**見取り**）。しかし，授業中に熱心に聞いているように見えても，テストをすると理解できていないこともあります。子供の内面で生じていることは，授業を進めているだけでは見えず，そもそも授業を進めながら全ての子供の学習を把握することは不可能です。

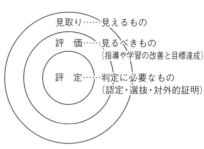

図1　「見取り」「評価」「評定」の違い

　さらに，公教育としての学校には，意識的に「見る」べきもの（保障すべき目標）があります。教える側の責務を果たすために，全ての子供について取り立てて学力・学習の実際を把握したいとき，学びの可視化の方法を工夫するところに「評価」を意識することの意味があります。そして，認定・選抜・対外的証明のために「**評価**」情報の一部が用いられるのが「**評定**」です。
「評価」という言葉で，この「見取り」「評価」「評定」がごちゃまぜになっていることが，「評価」をすればするほど疲弊し，授業改善から遠ざかるという状況の背景にあります。

「指導と評価の一体化」が「指導の評価化」に陥らないために——教師は何を評価すべきか

　そもそも，「この内容を習得させたい」「こういう力を育てたい」といったねらいや願いをもって，子供に目的意識的に働きかければ，それが達せられたかどうかという点に自ずと意識が向くでしょう。評価的思考は，日々の教育の営みに内在しているのです。

　しばしば「アクティブ・ラーニングや探究的な学びの評価は難しい」という声を聞きますが，それはそうした学びを通して育てたいものの中身，すなわち目標が具体的にイメージできないことが大きいのではないでしょうか。また，**目標が明確でないと，学びの過程を無限定に評価する**ことになり，教師と子供の応答的な関係で自然に見えているものを，「評価」だから客観性がないといけないと**必要以上に記録（証拠集め）**をしてみたり，「評定」のまなざしをもち込んで，**日常的な学びを息苦しくしたり**することにつながります（**指導の評価化**）。

　特に，これまでの小・中学校の観点別評価は，毎時間の授業観察で「思考・判断・表現」や「関心・意欲・態度」の表れを見取り，さらには記録する評価として捉えられがちで，授業において教師が評価のためのデータ取りや学習状況の点検に追われる事態が生じていました。「指導と評価の一体化」の前に，「目標と評価の一体化」を追求することが必要であり，学び丸ごと（子供が学校外の生活も含めたどこかで学べたもの）ではなく，**目的意識的に指導したこと（学校で責任をもって意図的に教え育てたこと）**を中心に評価することが重要です。

そもそも観点別評価とは何か

なぜ，観点別に学力を捉えるのか──観点別評価の源流

　今回の学習評価改革における大きな変化の一つは，小・中学校で実施されている観点別評価を高校でも本格的に実施することです。高校からは不安の声も聞かれますが，その不安の中身をよく聞いてみると，毎時間のきめ細やかな授業観察を通じて「主体性」等を評価するものとして，観点別評価が捉えられているようです。

　こうした「観点別評価」のイメージは，「関心・意欲・態度」重視，プロセス重視，「指導と評価の一体化」という名の下に，日本の小・中学校に特殊なかたちで根付いていったものです。本来，観点別評価は，目標や学習成果について語る共通言語を提供しようとした目標分類学（タキソノミー）の研究にルーツをもちます。それは，**目指す学力の質の違いに合わせて多様な評価方法の使用を促す点に主眼があり，１学期や１単元といったスパンで考える**べきものです。知識の暗記・再生ならペーパーテストで測れますが，意味理解や応用力を測るには，論述式問題やレポートを用いるなど，評価方法を工夫せねばなりません。

　本来の観点別評価のあり方をイメージするには，例えば，大学の各科目の成績評価を思い浮かべるとよいでしょう。ペーパーテストや授業中・授業後のレポート課題などの評価方法とその割合がシラバスに記載されており，前者で「知識・技能」を，後者で「思考・判断・表現」を評価することが暗黙に想定されています。

　さらに言えば，主体性などの情意領域を含まない観点別評価もあり得ます。それどころか，評価研究の中では「情意領域の評定は慎重であるべき」と指摘されています。

評価疲れの背景──形成的評価と総括的評価の混同

　観点別評価が「指導の評価化」と負担感を生み出している背景には，**総括的評価［学習状況の判定（評定）のための評価］と形成的評価［指導を改善し子供を伸ばすための評価］の混同**があります。思考力・判断力・表現力を形成するためには子供の活動やコミュニケーションを丁寧に見守り観察（評価）しなければならないのは確かですが，それは形成的評価として意識すべきものです。

　総括的評価では，子供一人一人について，確かな根拠を基に客観的に評価することが求められます。いっぽう形成的評価なら，指導の改善につながる程度の厳密さで，ポイントになる子供を机間指導でチェックし，子供たちとのやり取りを通して，理解状況や没入度合などを直観的に把握するので十分です。

　このように，形成的評価と総括的評価を区別することで，評価に関わる負担を軽減することができます。また，もともと授業の中で無自覚に行われてきた子供の学習状況の把握場面を形成的評価として意識することは，授業改善につながるでしょう。

どのような学力を育てるのか

学力の質に応じた評価方法の工夫──学力の三層構造を手がかりに

　新たな三観点による評価のあり方について，「知識・技能」において事実的で断片的な知識の暗記再生だけでなく概念理解を重視すること，「主体的に学習に取り組む態度」を授業態度ではなくメタ認知的な自己調整として捉え直し，「知識・技能」や「思考・判断・表現」と切り離さずに評価することなどが強調されています。全ての観点において，思考・判断・表現的な側面が強まったように見えますが，そこで目指されている学力像を捉えて評価方法へと具体化していく上で，学力の三層構造を念頭に置いて考えてみるとよいでしょう。

　目標分類学の研究成果を概括すれば，**教科の学力の質は右記の三つのレベルで捉える**ことができます（図２）。個別の知識・技能の習得状況を問う「**知っている・できる**」レベル（例：三権分立の三権を答えられる）であれば，穴埋め問題や選択式の問題など，客観テストで評価できます。

　しかし，概念の意味理解を問う「**わかる**」レベル（例：三権分立が確立していない場合，どのような問題が生じるのかを説明できる）については，知識同士のつながりとイメージが大事で，ある概念について例を挙げて説明させたり，構造やイメージを絵やマインドマップに表現させてみたり，適用問題を解かせたりしないと判断できません。

「使える」レベルの学力と「真正の学習」の実現へ

　さらに，実生活・実社会の文脈における知識・技能の総合的な活用力を問う「**使える**」レベル（例：三権分立という観点から見たときに，自国や他国の状況を解釈し問題点などを指摘できる）は，実際にやらせてみないと評価できません。実際に思考を伴う実践をやらせてみて，それができる力（実力）を評価するのがパフォーマンス評価です。

　社会に開かれた教育課程や資質・能力ベースをうたう新学習指導要領が目指すのは，「**真正の学習：authentic learning**（学校外や将来の生活で遭遇する本物の，あるいは本物のエッセンスを保持した活動）」を通じて「使える」レベルの知識とスキルと情意を一体的に育成することなのです。

　「社会に開かれた教育課程」，いわば各教科における「真正の学習」を目指す方向で，対話的な学びと主体的な学びを，対象世界の理解に向かう深い学びと切り離さずに，統合的に追求していく。これにより，「できた」「解けた」喜びだけでなく，内容への知的興味，さらには自分たちのよりよき生（well-being）とのつながりを実感するような主体性が，また，知識を構造化する「わかる」レベルの思考に止まらず，他者と共にもてる知識・技能を総合して協働的な問題解決を遂行していけるような，「使える」レベルの思考が育っていく。その中で，内容知識も表面的で断片的なかたちではなく，体系化され，さらにはその人の見方・考え方として内面化されていくのです。

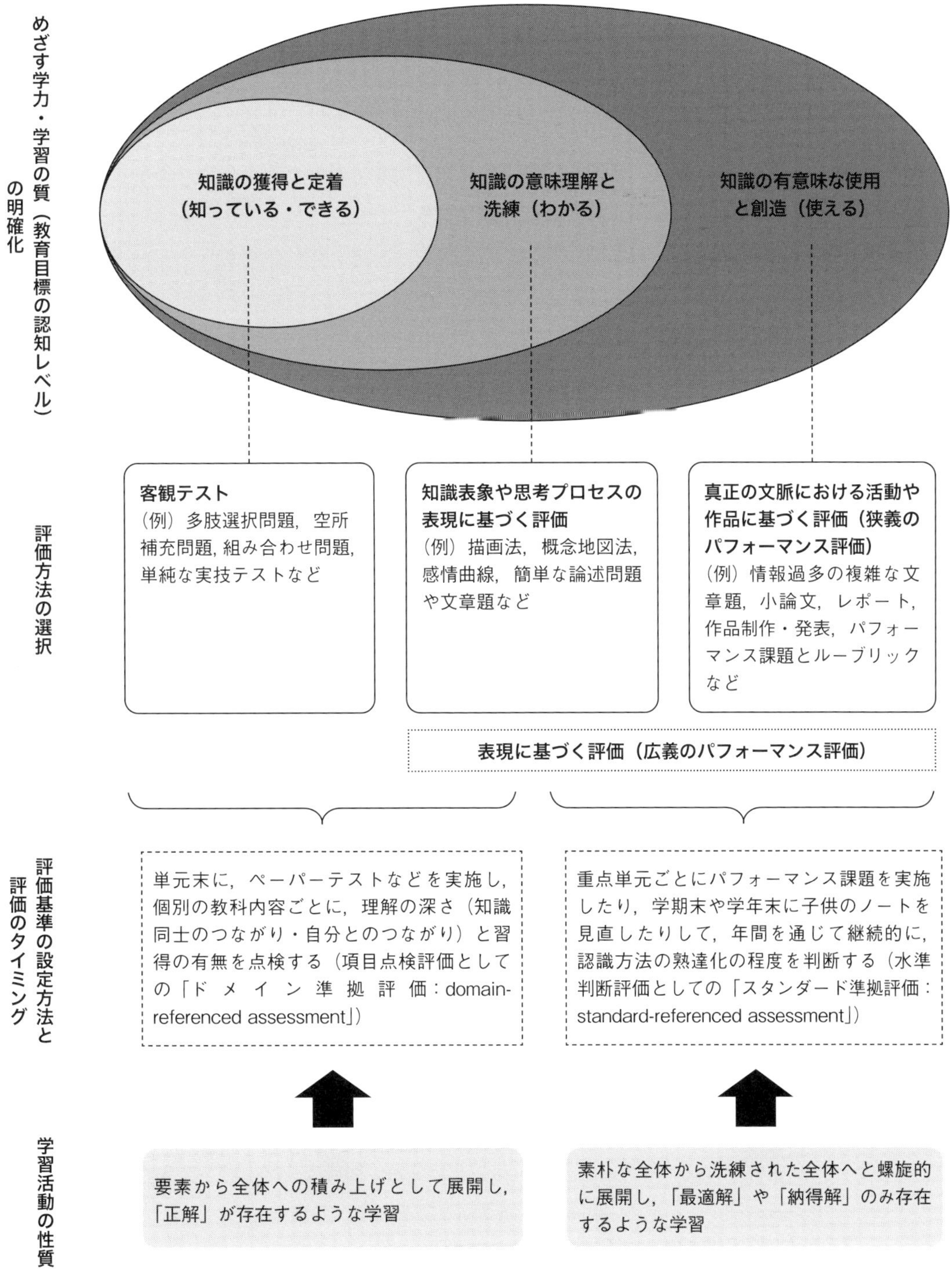
めざす学力・学習の質（教育目標の認知レベル）の明確化
知識の獲得と定着
（知っている・できる）
知識の意味理解と
洗練（わかる）
知識の有意味な使用
と創造（使える）
評価方法の選択
客観テスト
（例）多肢選択問題，空所補充問題, 組み合わせ問題，単純な実技テストなど
知識表象や思考プロセスの表現に基づく評価
（例）描画法，概念地図法，感情曲線，簡単な論述問題や文章題など
真正の文脈における活動や作品に基づく評価（狭義のパフォーマンス評価）
（例）情報過多の複雑な文章題，小論文，レポート，作品制作・発表，パフォーマンス課題とルーブリックなど
表現に基づく評価（広義のパフォーマンス評価）
評価基準の設定方法と評価のタイミング
単元末に，ペーパーテストなどを実施し，個別の教科内容ごとに，理解の深さ（知識同士のつながり・自分とのつながり）と習得の有無を点検する（項目点検評価としての「ドメイン準拠評価：domain-referenced assessment」）
重点単元ごとにパフォーマンス課題を実施したり，学期末や学年末に子供のノートを見直したりして，年間を通じて継続的に，認識方法の熟達化の程度を判断する（水準判断評価としての「スタンダード準拠評価：standard-referenced assessment」）
学習活動の性質
要素から全体への積み上げとして展開し，「正解」が存在するような学習
素朴な全体から洗練された全体へと螺旋的に展開し，「最適解」や「納得解」のみ存在するような学習

図2　学力・学習の質と評価方法との対応関係（石井, 2020b）

当事者から見た学習評価の現状と課題

新しい時代に必要となる資質・能力と整合する学習評価がスタートしました。当事者である子供たち・教員たちはその評価の転換をどのように受け止めているのでしょうか。また，形成的評価，学習のための評価や学習としての評価は機能しているのでしょうか。インタビューの記録を紹介します。

▶ 当事者のホンネと願い[注]

【子供の声】

インタビューに協力してくれた子供たちが共通して語っていたのは，「観点別評価をほとんど見ていない」「通知表を見ても何を頑張ったらいいかよくわからない」ということでした。

> **Q　通知表を見て，自分の学習上の成果と課題がわかり，さらに，頑張ろうという気持ちになりますか？**
>
> **A**　・通知表で目が行くのは，3,2,1や A,B,C が何個あるかです。通知表をもらうとき，担任の先生がいろいろ説明してくれますが，正直，よくわからないです（小6児童）
>
> 　　　・何を頑張ったら△や○が◎になるのかわかりません。△が多いと泣きそうになります（小4児童）
>
> 　　　・評価にCがあれば「何でだろう」と一瞬思うけれど，5段階の評定しか見ていないです。だって，進路の面談などでも評定があれば話が進められるじゃないですか（中3生徒）

【教員の声】

小・中学校とも，「主体的に学習に取り組む態度」の評価に対する困難さや，その結果，妥当性・信頼性に自信がもてないこと，また，3観点の構造（枠組み）への疑問などが語られました。

> **Q　3観点の学習評価を実施した感想をお願いします。（中学校の先生は実施を控えての疑問や不安などがあれば教えてください）**
>
> **A**　・"主体的に学習に取り組む態度"の評価が難しいです。文科省の資料（報告や通知，ハンドブック，参考資料）を使った研修を受けましたが，評価方法がわかりません。理解したことは，各教科の目標との関係で評価すること，単元・領域末や学期・学年末など長期的スパンで評価すること，挙手の回数やノートなどの提出率での評価はダメ，各観点を CCA，AAC にしてはいけない，ということだけです。
>
> 　　　・粘り強い取組みや自己調整，レジリエンシーやメタ認知の重要性はわかるのですが，発達段階によっても異なるし，いざ評価となると何を資料としたらいいのか……。結局これまでの関心・意欲・態度と同じような資料で評価するほかありませんでした。
>
> 　　　・"主体的に学習に取り組む態度"の育成は大切だと思いますが，評定に入れる必要はあるの

でしょうか。思考・判断・表現等の観点と一体的に評価するものと聞いて，この観点で評価することは本当に必要なのかと思ってしまいます。

・国語で言えば，関心・意欲・態度，話す・聞く能力，書く能力，読む能力，言語についての知識・理解・技能だったのが，他教科と共通の3観点となりました。子供たちに，本当に国語の力が育ったのか見えづらくなったと思います。

・育成すべき資質・能力の三つの柱で観点も整理されましたが，学習の内容・活動によっては，3観点にまたがって評価することも考えられると思います。また，"知識"と"技能"を一つの観点として捉えるのが難しい教科もあります。

・考えれば考えるほど，3観点を区別して評価することが難しかったです。どの観点で評価すればよいかも手探りでした。

・教育委員会の説明では，「3観点の重み付けは33％ずつでよい」とのことでしたが，困ってしまいました。特に「主体的に学習に取り組む態度」の評価はまだ手探り状態ですし，総括におけるウエイトを低くしたいのが，正直な気持ちです。

・教員としては観点別学習状況の評価こそ見て欲しいのに，子供たちは評定しか見ていないのが実態だと思います。通知表に評定は必要でしょうか。

・学習評価に膨大な時間がかかります。所見（文章記述）の種類も多く（道徳，総合的な学習の時間，外国語活動，総合所見など）学期末や学年末は事務作業で倒れそうです。本当はもっと丁寧にコメントを書きたいのですが……。

▶ 子供を"主語"にした評価へ

　インタビューに協力してくれた子供たちから出された「どうしたらAになるのですか？」という問いと，A基準として目指すべき具体的な姿が不鮮明なことは，関係があるように思います。目標と評価は別物ではなく，表裏の関係で，「目標と指導と評価」の三位一体化こそが求められています。いっぽうで心強いことに，コロナ禍においても，「今，"単なるまとめ"とは違う，深い"省察レベル"の振り返りをどう具体化するかに取り組んでいます」「評価を単元全体で考えていくという意識が確実に高まっています」「1回の授業を振り返るだけではなく，単元や題材を通した子供の変容をどう捉えるかの視点での授業研究に切り替わりました。1時間単位の学習指導案も廃止されました」など，新しい学習評価を基にした教育実践に精力的に取り組んでいる教員の声を聞くことができました。

　教員経験が何年であろうと学習評価には悩みます。それは子供たちも同様です。進路選択の局面だけではなく，その後の人生や人間関係にも影響を及ぼすことへの不安があることを，当事者のホンネから感じます。あらためて，子供たちを"主語"にした学習評価を追究することで，子供たちに納得と励まし，意味と共感を与え，自らの成長の手応えが感じられる学習評価を届けたいものです。また，これまでの「評価する人と評価される人」の関係から一歩踏み出し，子供と学習評価の問題を考える機会をつくっていくことが大切です。各学校や地域で，学習評価の協働的・実践的研究を深め共有し，子供の「希望と未来」につながる学習評価を創り上げたいものです。

注：インタビュー時期は，2021年3月下旬〜4月上旬。子供からは，保護者の協力のもとで，率直な声を聞くことができました。教員は，京都府下の小・中学校の先生方と私（盛永）の所属する研究会（「学校改革フォーラム」）の全国各地の会員に協力をいただきました。記して感謝申し上げます。

ヤマ場って何だろう

ヤマ場とは何か

「ドラマ性」がもたらす豊かで質の高い学び──よい授業とは

　授業という営みは，教材を介した教師と子供との相互作用の過程であって，始めから終わりまで一様に推移するものではありません。それゆえ，授業過程で繰り広げられる教師と子供の活動内容からは，時間的推移に沿って一定の区切りを取り出すことができます［例えば**「導入－展開－終末（まとめ）」**といった教授段階］。すぐれたドラマや演奏に，感情のうねり，展開の緩急，緊張と弛緩などの変化があり，それが人々の集中を生み出したり，心を揺さぶったり，経験の内容や過程を記憶に焼き付けたりします。そして，すぐれた授業にも，これと同じ性質が見られます。

　授業という営みは，教育の目的の追求や目標の合理的な達成に関わります（授業の技術性）。他方でそれは，それぞれに個性をもった子供が複雑に相互作用しながら，教師の意図からはみ出して学習が展開したり，張り詰めた集中や空気の緩みなど，一定のリズムをもって展開したりする，遊び的で生成的な経験です（**授業のドラマ性**）。それゆえに，授業は，内容習得などの「見えやすい学力」にとどまらず，深い理解や創造的思考力（見えにくい学力），さらには，学びの経験や意味も含んで，裾野の広い発展性のある学力を育てる機会となり得るのです。その授業が「よい授業」であるかどうかは，「結果として子供に何がもたらされたか（学力の量と質）」のみならず，「学びの過程自体がどれだけ充実していたか（没入・集中の成立，および，教師や子供が共に学び合っている感覚や成長への手応えの実感）」からも判断されるものです。

授業における「ヤマ場」の重要性──追究心のピークをつくる

　授業は，教科書通りに流すものや，脈絡なく課題をこなし続けるものではありません。リズムや緩急やヤマ場があり，ストーリー性をもって局面が展開するものとして捉えるべきです。ゆえに，「展開」段階においては，**「ヤマ場（ピーク）」**を作れるかどうかがポイントになります。

　授業は，いくつかの山（未知の問いや課題）を攻略しながら，教材の本質に迫っていく過程です。この山に対して，教師と子供が，もてる知識や能力を総動員し，討論や意見交流を行いながら，緊張感を帯びた深い追究を行えているかどうかが，授業のよしあしを決定する一つの目安です。

　しばしば，「授業において『導入』がいのち」と言われますが，それは「『導入』段階で盛り上げる」こととは異なります。盛り上がった先は盛り下がるだけですから，「導入」段階ではむしろ，子供の追究心に静かに火を付けることのほうが大事です。知的な雰囲気と学びの姿勢を形成し，学びのスタート地点に子供を立たせることに心を砕くべきです。

　そして，**ヤマ場（「展開」段階）に向けて子供の追究心をじわじわ高め，思考を練り上げ，「終末」段階において，教えたい内容を子供の心にすとんと落とします。** このように，ヤマ場を軸にした学びのストーリーを描くことが授業づくりでは重要なのです。さらに言えば，そうした授業レベルでは意識されてきたヤマ場を軸にした学びのストーリー性を，単元レベルでも意識するとよいでしょう。

ヤマ場のある授業を
どうつくるか

ポイント① メインターゲットの明確化——目標と評価の一体化

　授業づくりにおいては「ヤマ場」が大事だと言われてきました。このヤマ場づくりを，目標づくり・評価づくりとつなげることで，**何かが起こりそうなワクワク感があって，子供にとっても教師にとっても楽しく，かつ学習成果にもつながる授業**をつくることができます。すなわち，日々の授業において，「目標と評価の一体化」と「ドラマとしての授業」の二つの発想を大事にするわけです。

　「**目標と評価の一体化**」とは，メインターゲット（授業の中核目標）を絞り込んだ上で，授業後に子供に生じさせたい変化（行動・ことば・作品など）を想像して，**具体的な子供の姿で目標を明確化する**ことを意味しています。

　例えば，「植物の体のつくりと働きについて理解している」といった記述からは，指導のポイントは明確になりません。そこで授業者は，そこから一歩進めて，**「植物の体のつくりと働きを理解できた子供の姿（認識の状態）とはどのようなものか」「そこに至るつまずきのポイントはどこか」と具体的に考える**ことが必要です。指導案で詳細に記述しなくても，仮にそうした問いを投げかけられたときに，「『チューリップにタネができるか』と尋ねられたなら，『花が咲く以上，その生殖器官としての機能からして必ずタネはできる』と考えるようになってほしい」といったように，答えられる必要があるでしょう。すなわち「それをどの場面でどう評価するのか」「子供が何をどの程度できるようになればその授業は成功と言えるのか」と，計画段階で事前に評価者のように思考するわけです。毎時間の「まとめ」を意識し，それを子供の言葉で想像してみてもよいでしょう。

　このように，**授業のプランを練る際には，一貫して学習者の視点から計画を眺める**姿勢が肝要です。目標は「評価」と，指導言は「子供の反応（思考と行動)」と，板書は「ノート」と一体のもの，という意識をもつことで，授業をリアルに想像する力が育っていきます。そして，授業過程で学習者の多様な意見を受け止める応答性を高めることにもつながるのです。

ポイント② ヤマ場の設定——ドラマとしての授業

　目標と評価を一体的に明確化したなら，シンプルでストーリー性をもった授業（**ドラマとしての授業**）を組み立てることを意識します。一時間の授業のストーリーを導く課題・発問を明確にすると共に，目標として示した部分について，思考を表現する機会（子供たちの共同的な活動や討論の場面）を設定し，それを評価の機会として意識するわけです。

　グループ活動や討論は，授業のヤマ場をつくるタイミングで取り入れるべきでしょうし，どの学習活動に時間をかけるのかは，メインターゲットが何かによって判断します。何でもかんでもアクティブにするのではなく，**メインターゲットに迫るここ一番で学習者に委ねる**わけです。目標を絞ることは，あれもこれもとゴテゴテしがちな授業をシンプルなものにする意味をもち，ドラマのごとく展開のある授業の土台を形成するのです。

ポイント③ 形成的評価の設定——思考し表現する活動を軸に

　学習者に委ね活動が展開される場面は，形成的評価の場面として位置付け，「意図した変化が生まれているかを見取る機会・資料（例：机間指導でノートの記述を確認する）」と「基準（例：△△ができてればOK，××だとこのように支援する）」を明確にします。その際，「限られた時間の机間指導で全ての子供の学びを把握しよう」とか，ましてや「全ての過程を記録しよう」などとは思わないでください。「この子がわかっていたら大丈夫」といった具合に当たりを付けるなどして，「授業全体としてうまく展開しているか」を確かめるようにするとよいでしょう。

　いっぽうで，「思考の場」としてのノートやワークシートなどを意識します。目標に即して子供に思考させたい部分を絞り，そのプロセスをノートに残すなどすることで，授業後に子供一人一人の中で生じていた学びをざっくり捉えることもできるでしょう。

　あらかじめ目標を明確化するからといって，目標に追い込む授業にならないよう注意が必要です。**目標に準拠しても目標にとらわれない評価**を意識しましょう。「教えたいものは教えない」という意識が大切です。何を教えるかよりも，何を教えないか（子供自身につかませるか）を考えるわけです。また，計画すること自体に意味がある（見通しを得るために綿密に計画を立てる）のであって，子供の思考の必然性に沿って臨機応変に授業をリデザインしていくことが重要です。事前に「まとめ」を明確化しても，教師の想定を超える「まとめ」が生まれることを目指すとよいでしょう。

ポイント④ 見せ場の設定——「豊かな授業と貧弱な評価」を超える

　試合，コンペ，発表会など，現実世界の真正の活動には，その分野の実力を試すテスト以外の舞台（**見せ場：exhibition**）が準備されています。そして，本番の試合や舞台のほうが，それに向けた練習よりも豊かでダイナミックです。

　しかし，学校での学習は，豊かな授業（練習）と貧弱な評価（見せ場）という状況になっています。「思考・判断・表現」などの「見えにくい学力」の評価が授業中のプロセスの評価（観察）として遂行される一方で，単元末や学期末の総括的評価は，依然として「知識・技能」の習得状況を測るペーパーテストが中心です。そうした既存の方法を問い直し，「見えにくい学力」を新たに可視化する評価方法（舞台）の工夫は十分に行われているとは言えません。ものさし（評価基準表）が作られるものの，それを当てる**「見せ場」が準備されていない状況**が，**「指導の評価化」**と**「評価の多忙化」を生み出している**のです。

　課題研究での論文作成・発表会や教科のパフォーマンス課題など，**育った実力が試され可視化されるような学びの舞台**を設定していくことが重要です。時には協働で取り組むような挑戦的な課題を単元末や学期末に設定し，その課題の遂行に向けて子供たちの自己評価・相互評価を含む形成的評価を充実させ，より豊かな質的エビデンスが自ずと残るようにします。行事などのように，節目でもてるものを使い切る経験を通して，学びは成長へとつながっていくのです。こうして，学びの舞台（見せ場）を軸に単元レベルでもヤマ場をデザインしていく単元構想力が大切なのです。

ヤマ場と見せ場の重ね合わせで単元を豊かに──なぜ評価実践でヤマ場を意識するのか

観点別評価（学びの舞台づくり）で単元設計を見直す
──「使える」レベルの学力の育成へ

　学びの舞台づくり，「見せ場」づくりとして観点別評価を実施していくことは，資質・能力ベースの新学習指導要領が重視する，既存の教科の「当たり前」を問い直す実践につながります。これまでの教科学習では，単元や授業の導入部分で具体例的に生活場面が用いられても，ひとたび科学的概念への抽象化がなされたら，後は抽象的な教科の世界の中だけで学習が進み，元の生活場面に「もどる」（知識を生活に埋め戻す）ことはまれでした。さらに，単元や授業の終末部分では，問題演習など機械的で無味乾燥な学習が展開されがちです。

　これに対して，よりリアルで複合的な現実世界において科学的概念を総合する，「使える」レベルの学力を試す課題を単元や学期の節目に盛りこむことは，**「末広がりの構造」へと単元構成を組み替える**ことを意味します。単元の最初のほうで単元を貫く問いや課題（例：「日本はどの国・地域と地域統合すればよいのだろうか」［地理］，「自分のことで I have a dream that ＿＿. を書く」［英語］）を共有することで，学びの必然性を単元レベルで生み出すこともできるでしょう。そして，「もどり」の機会があることによって，概念として学ばれた科学的知識は，現実を読み解く眼鏡（ものの見方・考え方）として学び直されるのです。

教科の学びの「当たり前」を問い直す──単元設計にも「ヤマ場」を

　従来の日本の教科学習は，知識を問題解決的・発見的に学ばせ，「できる」だけでなく，知識をつないだり構造化したりする「わかる」レベルの思考を育てようとするものでした。

　これに対し，「使える」レベルの思考は，問題解決・意思決定などの応用志向です。その違いに関してブルーム（Bloom, B. S.）の目標分類学では，問題解決という場合に，「適用（application）：特定の解法を適用すればうまく解決できる課題」と「総合（synthesis）：論文を書いたり，企画書をまとめたりと，これを使えばうまくいくという明確な解法がなく，手持ちの知識・技能を総動員して取り組まねばらない課題）」の二つのレベルに分けられています。

　「わかる」授業を大切にしてきた従来の日本で，応用問題は「適用」問題が主流だったと言えます。しかし，「使える」レベルの学力を育てるには，折に触れて，「総合」問題に取り組ませることが必要です。**単元レベルでは「使える」レベルの「総合」問題に取り組む機会を保障しつつ，毎時間の実践では「わかる」授業を展開する**のです。

　このとき，単元における「ヤマ場」を意識することが有効です。「ヤマ場」は授業者の意図として「思考を深めたい」場所，「見せ場」は子供にとって「思考（学習成果）が試される場所」（手応えを得られる機会）です。授業のヤマ場の豊かな学びよりも，テストという貧弱な見せ場に引きずられる状況を超えて，ヤマ場と見せ場を関連付けることで，**子供にとって見せ場となる「舞台」に向けて，単元や授業のヤマ場を構想**していくことが重要です。

重点化と学びの舞台

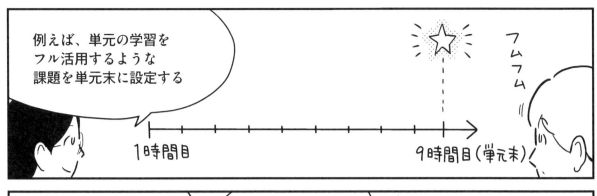

例えば、単元の学習を
フル活用するような
課題を単元末に設定する

フムフム

1時間目　　　　　　　　9時間目（単元末）

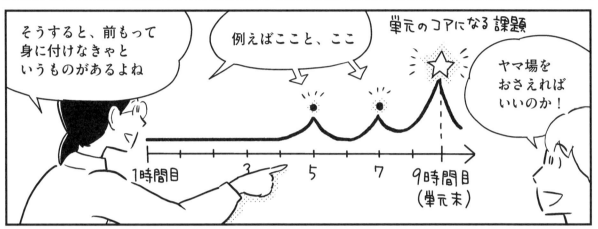

そうすると、前もって
身に付けなきゃと
いうものがあるよね

例えばここと、ここ

単元のコアになる課題

ヤマ場を
おさえれば
いいのか！

1時間目　　　3　　5　　7　　9時間目
　　　　　　　　　　　　　　（単元末）

ゲームに例えると…
ラスボスに
立ち向かうには
どんな武器が
必要かって
ことですかね？

コア課題

そうそう！
"舞台"に向けて
評価を精選すれば
計画はシンプルに
組めるし、時間に
余裕も出てくるよ

よし！じゃあ
スッキリした
ところで飲みに
でも行こっか！

いえ、
そうとわかれば
早速帰って
ゲームで
勉強します！

お先
失礼します～

ズ
ズ

逆向き設計を生かす
——学びの舞台をどうつくるか①

「逆向き設計」の考え方

ウィギンズ（Wiggins, G.）らの「**逆向き設計（backward design）**」論は，「目標と評価の一体化」の一つのかたちであり，次のような順序でカリキュラムを設計します。①子供に達成させたい望ましい結果（教育目標）を明確にする。②そうした結果が達成されたことを証明する証拠（評価課題，評価基準）を決める。③学習経験と指導の計画を立てる。いわば，**メインターゲットを明確化し，子供の学びの実力が試される見せ場（舞台）に向けてカリキュラムを設計する**わけです。

逆向き設計論では特に，細かい知識の大部分を忘れてしまった後も残ってほしいと教師が願う「**永続的な理解：enduring understanding**」（例：目的に応じて収集した資料を，表，グラフに整理したり，代表値に注目したりすることで，資料全体の傾向を読み取ることができる）と，そこに導く「**本質的な問い：essential question**」（例：「全体の傾向を表すにはどうすればよいか？」という単元の問い，さらに算数・数学の「データの活用」領域で繰り返し問われる，「不確実な事象や集団の傾向を捉えるにはどうすればよいか？」という包括的な問い）に焦点を合わせ，それを育み評価する**パフォーマンス課題を軸に単元を設計します**。これにより，少ない内容を深く探究し，結果として多くを学ぶこと（less is more）を実現しようとします。

目標の絞り込みと構造化

「本質的な問い」などを見出す上で，**教科内容のタイプ（知の構造）**を意識するとよいでしょう。「知の構造」では，まず内容知と方法知の二種類で知識が整理されています。そして，それぞれについて，学力の三つの質的レベルに対応するかたちで，特殊の要素的な知識からより一般的で概括的な知識に至る知識のタイプが示されています。図3のように，**単元の教科内容を「知の構造」で構造化することで，見せ場を設定すべき単元のコアも見えてくる**でしょう。

毎時間のメインターゲットを絞る上で，内容知については，事実的知識よりもそれを要素として包摂し構造化する**概念的知識**に，方法知については，個別的な技能（機械的な作業）よりそれらを戦略的に組み合わせる**複合的な方略（思考を伴う実践）**に焦点を合わせます。このように，より一般的な知識に注目してこそ，授業での活動や討論において，要素を関連付け深く思考する必然性が生まれます。

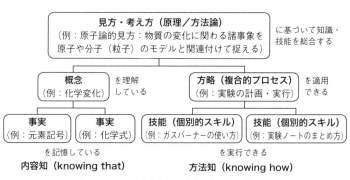

図3 「知の構造」を用いた教科内容の構造化
（出所）西岡（2013）がMcTighe & Wiggins（2004）p.65の図や, Erickson（2008）p.31の図を基に作成した図に筆者が加筆・修正した

指導と評価の計画をつくる

単元 平均とその利用（小学校・算数，第5学年）
学習指導要領との対応 D　データの活用（2）測定値の平均

①　単元の目標を確認する

・平均の意味を理解し，求めることができる。
・平均を使って長さなどの概測ができる。

②　単元の評価規準をつくる（B基準：学習を通して到達させたい最低限の姿）

知識・技能	思考・判断・表現	主体的に学習に取り組む態度
・平均は，幾つかの数量を同じ大きさの数量にならすことであることを理解している。 ・測定値を平均する方法を理解している。	・身の回りにある事柄について，より信頼できる値を求めるために，得られた測定値を平均する方法を考えている。 ・日常生活の問題（活用問題）を，測定値を平均する方法を用いて解決している。	・より信頼できる値を求めるために平均を用いるよさに気付き，測定値を平均する方法を用いることができる場面を身の回りから見付けようとしている。

③　指導と評価の計画をつくる（単元・題材の学習をどう組み立てるか）

学習活動・学習課題 （丸付き数字は授業時数）	学習評価	
	つまずきと支援 （指導に生かす評価）	総括に用いる評価 （記録に残す評価）
①「走り幅跳びの代表選手を選ぼう」という課題を知って，学習計画を立てる		
②いろいろな場面での平均値の求め方を考える	発言内容（**知**）， 活動の様子（**態**）	p.34
③平均を工夫して求める方法を考え，説明する		
④いくつかの部分の平均を知り，全体の平均を求めることができる		ワークシート（**知**）　p.41
⑤⑥平均の考えを用いることのよさがわかり，自分の歩幅を求めて道のりを概測することができる	発言内容（**思**）	p.35
⑦飛び離れた記録（外れ値）がある場合の平均の求め方を理解する		
⑧「走り幅跳びの代表選手を選ぶ」という課題を設定し，求め方を説明する		ワークシート（**思**）　p.45

第**1**部
第**2**部
第**3**部

ヤマ場をおさえる学習評価のポイント

末広がりの単元設計を生かす
——学びの舞台をどうつくるか②

「パーツ組み立て型」と「繰り返し型」——末広がりの設計パターン

　「使える」レベルの学力を試すパフォーマンス課題など，単元のコアとなる評価課題（見せ場）から逆算的に設計する「末広がり」の単元は，以下のようなかたちで組み立てることができます。

　一つは，「**パーツ組み立て型**」で，内容や技能の系統性が強い教科や単元になじみやすいものです。例えば，「バランスの取れた食事を計画する課題」を中心とした単元において，「健康的な食事とは何か」という問いを設定します。そして，「自分の家族の食事を分析して，栄養価を改善するための提案をつくる」パフォーマンス課題に取り組ませます。この課題を遂行する際に，先ほどの問いを子供は繰り返し問います。こうして問いに対する自分なりの答え（深い理解）を洗練していきます。

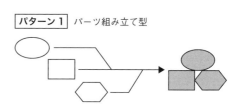

パターン1　パーツ組み立て型

　もう一つは「**繰り返し型**」です。「説得力のある文章を書く」単元において，最初に子供たちは，「文章の導入部分を示した四つの事例に関して，どれが一番よいか，その理由は何か」という点について議論します。こうして，よい導入文の条件を整理し，自分たちの作ったルーブリックを念頭に置きながら，説得力のある文章を書く練習に取り組んでいきます。

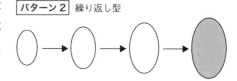

パターン2　繰り返し型

図4　パフォーマンス課題の位置付け(西岡，2008)

　これら二つの類型は，類似の課題に取り組みつつ，新たな内容を学ぶことで活動を拡充していくといった具合に，実際にはミックスされることが多いでしょう。

核となる評価課題で単元に背骨を通す

　パーツを組み立てて総合する（パーツ組み立て型）にしても，まとまった単位を洗練・拡張しつつ繰り返す（繰り返し型）にしても，次の①と②を意識して，単元の背骨を形成する課題をつくるとよいでしょう

　①概念や技能を総合し構造化する表現

　　例：電流のイメージ図や江戸時代の三大改革のキーワードを構造化した概念マップなど，頭の中の知識の表現を，単元前後で書かせてその変容で伸びを実感する（before-after型）。

　②主題や論点の探究

　　例：自分たちの住む○○県のPR活動のプランニングをするために，地域調査を行ったり，それに必要な知識や技能を習得したり，新たな小課題を設定したりして，現状認識や解決法を洗練していく（PBL〔project-based/problem-based〕型）。

重点化を意識した単元計画とは

単元 平均とその利用（小学校・算数，第５学年）
学習指導要領との対応 D　データの活用（２）測定値の平均

単元計画の重点化を意識した例

学習活動・学習課題 （丸付き数字は授業時数）	学習評価	
	つまずきと支援 （指導に生かす評価）	総括に用いる評価 （記録に残す評価）
①「走り幅跳びの代表選手を選ぼう」という課題を知って，学習計画を立てる	**単元の課題を最初に明示！**	
②いろいろな場面での平均値の求め方を考える	発言内容（**知**），活動の様子（**態**）	
③平均を工夫して求める方法を考え，説明する		
④いくつかの部分の平均を知り，全体の平均を求めることができる		ワークシート（**知**）
⑤⑥平均の考えを用いることのよさがわかり，自分の歩幅を求めて道のりを概測することができる	発言内容（**思**）	
⑦飛び離れた記録（外れ値）がある場合の平均の求め方を理解する		
⑧「走り幅跳びの代表選手を選ぶ」という課題を設定し，求め方を説明する	**学びの舞台！**	ワークシート（**思**）

単元計画の重点化の意識が弱い例

学習活動・学習課題 （丸付き数字は授業時数）	学習評価	
	つまずきと支援 （指導に生かす評価）	総括に用いる評価 （記録に残す評価）
①どちらがよく校庭を走ったかを考え，操作を通して「ならす」という意味を理解する		発言内容（**知**）
②ジュースの量をならすことを計算で求める方法を考え，「平均」の意味を理解する	記録の回数が多くなると，ヤマ場のイメージが子供にも湧きにくくなりがちです	発言内容・活動の様子（**知**）
③０を含む平均を求める		ノートの記述内容（**知**）
④部分の平均から全体の平均を求める		ノートの記述内容（**思**）
⑤歩幅を使った距離などの概測をする		発言内容（**知**）
⑥歩幅での測定とその活用を図る		発言内容（**知**）
⑦仮平均の考えを使って，平均を求める		ノートの記述内容（**思**）
⑧外れ値の処理の仕方を考える		ノートの記述内容（**知**）
⑨練習問題をする。既習事項を振り返る		ノート（**知**），活動の様子（**態**）

※単元計画の「重点化」が弱いと、評価場面は拡散して記録の回数も多くなりがちです

総括のタイミングを柔軟化する
——学びの舞台をどうつくるか③

学力の質や観点に応じて総括のタイミングを柔軟化する

「知識・技能」については，授業や単元ごとの指導内容に即した「習得目標」について，理解を伴って習得しているかどうか（到達・未到達）を評価します（項目点検評価としてのドメイン準拠評価）。

いっぽう，「思考・判断・表現」については，その長期的でスパイラルな育ちの水準を，ルーブリックのような段階的な記述（熟達目標）のかたちで明確化し，類似のパフォーマンス課題を課すなどして，重要単元ごとに知的・社会的能力の洗練度を評価するわけです（水準判断評価としてのスタンダード準拠評価）。

例えば，単元で学んだ内容を振り返り，総合的にまとめ直す「歴史新聞」を重点単元ごとに書かせることで，概念を構造化・体系化する思考の長期的な変化を評価します。あるいは，学期に数回程度，現実世界から数学的にモデル化する課題に取り組ませ，思考の発達を明確化した一般的ルーブリックを一貫して用いて評価することで，数学的モデル化や推論の力の発達を評価するわけです。勝負の授業，単元末の課題，あるいは，中間，期末などの学期の節目など長い時間軸で成長を見守り，舞台で伸ばすことが重要です。

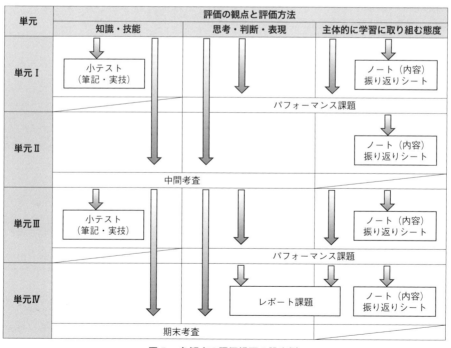

図5　各観点の評価場面の設定例
（出典：「新学習指導要領の趣旨を踏まえた『観点別学習状況の評価』実施の手引き」令和3年1月，大阪府教育委員会, 15頁）

単元の評価計画のパターン例

◎……記録に残す評価（総括に用いる），○……指導に生かす評価（形成的評価）

単元末に「単元のコアとなる評価課題」を実施する

時　　間	1	2	3	4	5	6	7	8	9
知識・技能		○	○		○	○			◎
思考・判断・表現				○			○	◎	◎
主体的に学習に取り組む態度	○							◎	◎

　単元末に「単元のコアとなる評価課題（学びの舞台）」を設定し，その学習状況を観点別評価の総括や評定の主な資料とするモデル。単元末に思考を中心とした様々なパフォーマンスを確認できるので，途中の「記録に残す評価」の回数は最小限でよい。例えば，単元末に総合的なスピーチ課題や論文課題を設定したり，単元末に活用問題を含むペーパーテストを実施したりする場合など。

導入時（プレ）と単元末（ポスト）の子供の姿を比較する

時　　間	1	2	3	4	5	6	7	8	9
知識・技能	◎		○	○	○	○		○	◎
思考・判断・表現	○	◎					◎		
主体的に学習に取り組む態度		◎					◎		

　単元導入（プレ）と単元末（ポスト）の評価を記録し，子供の変容を比較するモデル。学習を通した子供の伸びを具体的に確認したい場合は，この方法が採用される。個人内評価の評価資料も収集したい場合に活用しやすい。

内容の節目ごとに評価課題を実施する

時　　間	1	2	3	4	5	6	7	8	9	10	11	12	13	14	15	16	17
知識・技能	○		○		◎	○		◎	○		◎	○		◎	○		
思考・判断・表現				○			○			○			○				◎
主体的に学習に取り組む態度		○														○	◎

　学習内容の節目ごとに，学習状況（子供の姿）を記録に残していくモデル。上記は，小単元ごとのモデルとして示したが，単元を超えて（複数の単元を束ねて）計画することも考えられる。例えば，節目となる時期に小テストを実施したり，ワークシートに記述させて思考をアウトプットさせたりすることなどが考えられる。

第1部

第2部

第3部

ヤマ場をおさえる学習評価のポイント

指導に生かす評価
（形成的評価）

翌日

…ということが あって…

なるほど… 理解確認のポイント かあ…

まずは子供のつまずきを見抜く目と 具体的な支援につなげる力を 養うことが大切かな

つまずきの見取り アセスメント

支援 フィードバック

そして子供が 自分で考えて 成長できるような 授業展開が必要だね

お膳立てしすぎない ことも支援の ポイントだよ

確かに、子供には なるべく自分で 気付いてもらいたい ですよね…

そう! だからさりげなく 声を掛けたり、 全体やグループ学習に 展開したり するのがオススメだよ

○○さんの 見てごらん ヒントが見つかる かもよ

そうやって 解くんだ！

そういう 方法も あるんだね

そうか… 自分なりに 理解しようとする 状況を作ってあげる ことが大切 なんですね…！

指導に生かす評価
（形成的評価）とは何か

形成的評価の新しい考え方

　今回の学習評価改革では，形成的評価研究の近年の動向を踏まえて，教師が評価を指導改善に生かす（**学習のための評価**）のみならず，子供自身が評価を学習改善に生かしたり，自らの学習や探究のプロセスの「舵取り」をしたりする「**学習としての評価**」の意義が強調されています（表1）。そして，子供自身が自らのパフォーマンスのよしあしを判断していけるようにするには，授業後の振り返りや感想カードなどで，学習の意味を事後的に確認・納得するのでは不十分です。

　大切なのは，**学習の過程において目標・評価規準とそれに照らした評価情報を，教師と子供の間で共有する**ことです。これにより，子供自らが目標と自分の学習状況とのギャップを自覚し，それを埋めるための手だてを考えるよう促すことが必要となります。

　作品の相互評価の場面や日々の教室での学び合いや集団討論の場面で，よい作品や解法の具体的事例に則して，パフォーマンスの質について議論します（子供の評価力・鑑識眼を肥やし，あこがれの姿のイメージを形成する機会をもつ）。そして，どんな観点を意識しながら，どんな方向を目指して学習するのかといった各教科の卓越性の規準を，教師と子供の間で，あるいは子供間で，対話的に共有・共創していくわけです。教師が子供のつまずきを直接的に指導するよりも，**子供同士の学び合いの力を生かすような，間接的な手だてや仕掛け**を工夫することが肝要です。

表1　**教育における評価活動の三つの目的**（石井，2015）

アプローチ	目的	準拠点	主な評価者	評価規準の位置付け
学習の評価（assessment of learning）	成績認定，卒業，進学などに関する判定（評定）	他の学習者や，学校・教師が設定した目標	教師	採点基準（妥当性，信頼性，実行可能性を担保すべく，限定的かつシンプルに考える）
学習のための評価（assessment for learning）	教師の教育活動に関する意思決定のための情報収集，それに基づく指導改善	学校・教師が設定した目標	教師	実践指針（同僚との間で指導の長期的な見通しを共有できるよう，客観的な評価には必ずしもこだわらず，指導上の有効性や同僚との共有可能性を重視する）
学習としての評価（assessment as learning）	学習者による自己の学習のモニター及び，自己修正・自己調整（メタ認知）	学習者個々人が設定した目標や，学校・教師が設定した目標	学習者	自己評価のものさし（学習活動に内在する「善さ：卓越性の判断規準」の中身を，教師と学習者が共有し，双方の「鑑識眼：見る目」を鍛える）

※振り返りを促す前に，子供が自分の学習の舵取りができる力を育てる上で，何をあらかじめ共有すべきかを考える

形成的評価と教師の技量

助言（瞬時の対応やフィードバック）のポイント

　形成的評価は，教師と子供のやり取り，特に，子供の学習活動を受けてなされる助言（瞬時の対応やフィードバック）の中に埋め込まれています。助言は，「目標に対して，現在の学習状況はどうなっているか」「どこはできていてどこは課題があるのか」についての**自己認識を促しながら，改善の見通しや意識すべき点，手だてを示す**ことが大切です。「うん，残念（共感）。でもとても柔らかくて，きれいに跳び箱に乗っているよ（フィードバック）。今度は思い切って跳んでごらん（改善へのアドバイス）」のように，子供の思考や感情を共感的に受け止めた上で，値打ち付けや励ましも含むかたちでフィードバックし，学習活動を改善するための手がかりをアドバイスします。

　また，間違っている部分を直接指摘せず，子供が自覚できるように促すほうがよいこともあります。例えば，間違った単語の綴りや文章のわかりにくい部分をそのまま教師，あるいは子供自身が読み上げて，**自分で間違いや分からなさに気付くことを促す**のです。その子なりに少し挑戦する場では，活動そのものから直接的に得られるフィードバックや手応えが積み重なっていきます。そういう中で，他人に依存することなく，甘すぎず辛すぎずもない等身大の自己評価と確かな自信も形成されていくでしょう。

　形成的評価やフィードバックの際，知らず知らずのうちに子供の発言の意図を決め付けて，「要はこういうことだ」と教師の言葉でまとめてしまっていないでしょうか。子供の思いや感情を受け止める間を置かずに，教師から見た合理的な解決の提示を急いだりしてはいないでしょうか。「そういうふうに考えているんだね」と否定も肯定もせずに**子供の考えや感情をまず受け止めることが，受容的で応答的な関係を構築する出発点**となるのです。

子供が「見える」ということ

　教師としての成長の中核は，教科の内容についての正しい理解や深い教養を身に付けるだけではありません。「子供がどう思考し，どこでどうつまずくか」の予測やイメージを具体的で確かなものにすることが重要です。それはいわば**学び手の目線で教育活動の全過程を眺めて教育的な想像力を豊かにする**こと（子供が「見える」ようになること）です。評価という営みは，まさに子供理解や子供を見る目の確かさに関わるものなのです。

　例えば，「78－39＝417」と答えた子供は，「計算の手続きを正しく習得できていない」という「やり方のつまずき」ではなく，「39や417といった数の量感がイメージできていない」という「意味のつまずき」を抱えている場合もあります。もっと言えば，そもそも算数の計算を「現実世界とは全く関係のない記号操作」としか捉えられていないのかもしれません（学び方のつまずき）。計算間違い一つとっても，そこに何を見ているかは教師それぞれです。まなざしの先に見据えているものの違いに，教師としての力量の違いが表れるのです。子供が見えてくることで，**子供のことをもっと理解したくなり，子供がもっと好きになるように，評価を実施していく**ことが重要です。

つまずきと支援（指導に生かす評価）

単元 平均とその利用（小学校・算数，第5学年）
学習指導要領との対応 D　データの活用（2）測定値の平均

第②時 いろいろな場面での平均値の求め方を考える

■ 何を重点的に見るか

・評価の資料と観点

　発言内容（**知**），活動の様子（**態**）

・評価規準（学習を通して到達させたい最低限の姿）

知識・技能	思考・判断・表現	主体的に学習に取り組む態度
・平均は，幾つかの数量を同じ大きさの数量にならすことであることを理解している。 ・測定値を平均する方法を理解している。	・身の回りにある事柄について，より信頼できる値を求めるために，得られた測定値を平均する方法を考えている。 ・日常生活の問題（活用問題）を，測定値を平均する方法を用いて解決している。	・より信頼できる値を求めるために平均を用いるよさに気付き，測定値を平均する方法を用いることができる場面を身の回りから見付けようとしている。

■ 学習状況をどう見るか（つまずきと支援）

・数量をならす意味を理解していない子には，図を用いて量の移動を視認させながら，全体の量を平等に分配することの意味を考えられるように支援する。

・測定値の平均をできていない子には，図を用いて量の移動を視認させながら，全体の量を個数でわればよいことに気付けるように支援する。

・0を含めて計算できていない子には，0の時も測定をしていることを意識させて，平均を求める際には個数として計上できるように支援する。

・問題に手が付かない子には，平均を求める式を確認し，問題場面では何が合計にあたり，何が個数に当たる量なのか明確にできるように支援する。

・平均が用いられている事象を見つけることができていない子には，グループのメンバーとの意見交換を促し，ふだんから目にしていることに目を向けられるように支援する。

[どんな学習場面か]
　ふだんの生活の中で平均の考えが用いられていることに気付くと共に，ほかにも平均の考えが活用できる事象について考えたりする場面。
[支援のポイント]
　全ての子供が平均を用いることのよさに気付けるように，また事象の平均を求めることの意味や方法を理解できるように，学習活動を通した形成的評価と，それを基にした支援を実施していく。

第⑤⑥時 平均の考えを用いることのよさが分かり，自分の歩幅を求めて道のりを概測する

■ 何を重点的に見るか

・評価の資料と観点

　発言内容 （**思**）

・評価規準（学習を通して到達させたい最低限の姿）

知識・技能	思考・判断・表現	主体的に学習に取り組む態度
・平均は，幾つかの数量を同じ大きさの数量にならすことであることを理解している。 ・測定値を平均する方法を理解している。	・身の回りにある事柄について，より信頼できる値を求めるために，得られた測定値を平均する方法を考えている。 ・日常生活の問題（活用問題）を，測定値を平均する方法を用いて解決している。	・より信頼できる値を求めるために平均を用いるよさに気付き，測定値を平均する方法を用いることができる場面を身の回りから見付けようとしている。

■ 学習状況をどう見るか（つまずきと支援）

・平均の考えを用いず，1歩の歩幅を測って道のりを求めようとする子には，1歩の歩幅がいつも同じではないことに気付くことができるように支援する。

・少ない歩幅で平均を求めようとする子には，歩数や測定回数を多くしたほうが，より妥当な数値を求めることができることに，気付けるように支援する。

・測定値の正確さにこだわり，歩数や測定回数をむやみに増やそうとする子には，その意欲や姿勢を認めつつ，ほかのグループやクラスメイトの様子を観察させながら，活動時間内で実施可能な方法で求めることの大切さにも気付けるように支援する。

・求めた歩幅をどのように道のりの概測に生かしたらいいかわからない子には，平均値の求め方を確認するように支援する。

・平均の考えを用いることの意味やよさに気付いて居ない子には，活動の前後にグループでの意見交換をさせるなどして，自分なりに理解が深められるように支援する。

［どんな学習場面か］

　自分の一歩の歩幅を平均の考えを使って求め，それを使っていろいろな距離や道のりを調べる場面。

［支援のポイント］

　ここまで学んできた平均の考えを用いて，日常的な問題解決に生かそうとすることができているか，活動の様子を見ながら，生かすことができるように支援する。

第1部

第2部

第3部

ヤマ場をおさえる学習評価のポイント

総括に用いる評価（評定）

え…なんだか
評定を付けるのが
怖くなってきました…

納得してもらえる
評定の付け方は
意識したほうがいいよ

まず子供たちに
何をどう見るかを示した上で、
それに沿った評定をすることを
心掛けよう

総合的な
活用力
パフォーマンス
課題

基礎
理解
小テスト

ここの基準を
考えて
Bにしたよ

確かに…そうすると
評定の理由を聞かれたときの
後出し感がなくなりますね

それから、観点別評価の
目的や学習への生かし方を
分かってもらうために、
学級通信とかで説明することも
私はやってるよ

みんなに納得して
ほしいからね

学級通信 10/15

期末の総括や判定だけじゃなく、
事前と事後の説明も
必要なんですね…！

うん、

単元の導入時に
「こんな力を付けてほしい」と
目指す姿を具体的に
説明するだけでも
子供の評価への意識は
変わってくると思うよ！

納得と信頼の学習評価を
どうつくるか

各観点で評価している力と評価材料を明確化する

　従来の観点別評価では，「知識・理解」「技能」について，断片的知識（「知っている・できる」レベル）を穴埋めや選択式などの客観テストで問い，「思考・判断・表現」については，主に概念の意味理解（「分かる」レベル）を適用問題や短めの記述式の問題で問うようなテストが作成されてきました。いっぽうで，「関心・意欲・態度」については，子供のやる気を見るテスト以外の資料を基に評価されていたように思います。

　新指導要録の観点別評価では，「知識・技能」について，理解を伴って中心概念を習得することを重視して，「知っている・できる」レベルのみならず**「わかる」レベルも含むようテスト問題を工夫する**ことが必要です。

　そして，「思考・判断・表現」については，「わかる」レベルの思考を問う問題に加え，全国学力・学習状況調査の「活用」問題のように，**「使える」レベルの思考を意識した記述式問題**を盛り込んでいくことが必要です。また，「主体的に学習に取り組む態度」も併せて評価できるような，**問いと答えの間の長い思考を試すテスト以外の課題**を工夫することが求められます（表２）。

評価手順やものさしを共有する

　文部科学省『児童生徒の学習評価の在り方について（報告）』（平成31年，以下『報告』と記す）では，「知識・技能や思考・判断・表現の観点が十分満足できるものであれば，基本的には，学習の調整も適切に行われていると考えられる」（11頁）と述べ，三観点の評価が，「CCA」や「AAC」といったばらつきが出ることは基本的にはないとしています（注：前から順に「知識・技能」「思考・判断・表現」「主体的に学習に取り組む態度」を示す）。

　また，観点別評価（分析評定）から総合評定（指導要録の「評定」）への総括に関わって，単元ごとに素点や判定（評定）を積み上げて，合算して求めるのかどうかなど，総括の具体的な手順については，基本的に現場の裁量に委ねられています。積み上げて合算する場合，各観点の重み付けについては，１：１：１と機械的に考えることもできます。また，四観点から三観点に変更になっている点，そして，「主体的に学習に取り組む態度」がほかの認知的観点と連動するものとされている点を考慮すれば，２：２：１と考えることもできます。

　こうした**総括のルールなどを事前に子供や保護者と共有**しておくことは重要です。さらに，"それ"をうまくやり遂げられれば，態度の観点もAだろうし，その教科の総合評定で５か４を付けても，**教師も子供も納得できるような，総括的で挑戦的な課題づくり**が求められています。

　そして，課題への取組み（パフォーマンス）を評価する目が子供自身に育っていることが，評価に関わる当事者間の間主観的な合意と納得，相互信頼を生み出すのです。

表2　新しい評価実践の方向性（石井・西岡・田中, 2019）

能力・学習活動の階層レベル（カリキュラムの構造）		資質・能力の要素（目標の柱）			
		知識	スキル		情意（関心・意欲・態度・人格特性）
			認知的スキル	社会的スキル	
教科等の枠付けの中での学習	知識の獲得と定着（知っている・できる）	事実的知識，技能（個別的スキル）	記憶と再生，機械的実行と自動化	学び合い，知識の共同構築	達成による自己効力感
	知識の意味理解と洗練（わかる）	概念的知識，方略（複合的プロセス）	解釈，関連付け，構造化，比較・分類，帰納的・演繹的推論		内容の価値に即した内発的動機，教科への関心・意欲
	知識の有意味な使用と創造（使える）	見方・考え方（原理と一般化，方法論）を軸とした領域固有の知識の複合体	知的問題解決，意思決定，仮説的推論を含む証明・実験・調査，知やモノの創発（批判的思考や創造的思考が深く関わる）	プロジェクトベースの対話（コミュニケーション）と協働	活動の社会的レリバンスに即した内発的動機，教科観・教科学習観（知的性向・態度）

（図中ラベル：知識・技能／思考・判断・表現／主体的に学習に取り組む態度／豊かなタスク／豊かなテスト）

Tips　自己教育力の育成をどう捉えるか

　「自己教育力」の強調については，落とし穴もあるように思います。子供の学びへの注目は，教えっぱなしにしないという，学びを保障する教師の責任の先に意識化されるものです。いっぽうでそれは，「学びの責任」といった言葉だけが独り歩きすると，学びを保障する教師の責任の放棄（「授業からの逃走」など），子供の自己責任論に陥る危険性があります。「自己教育力」的なものの強調は，その概念のあいまいさゆえに，その語り（学習内容なども含め，自分で自分に何が必要かを判断して学校がなくても自分で学び切ること）と実態（教えられなくても自分なりに工夫しながら調べたり学んだりするといった効果的な学び方の学習）には，しばしばずれがあります。コロナ禍で重要とされた「主体性」は，自習力のように，学習（勉強）への主体性（大人にとって都合のよい主体性）に矮小化されていないでしょうか。

　勉強への主体性に閉じない生活（生きること）への主体性，社会への関心と当事者意識が重要です。発問などで現実世界を指さす，内容を伴った認識のゆさぶりと関心の広がりの重要性が再確認されねばなりません。

ヤマ場をおさえる学習評価のポイント

「知識・技能」の評価
——問題や課題をどうつくるか①

「概念」の意味理解の重視

　「知識・技能」の評価は，「ペーパーテストにおいて，事実的な知識の習得を問う問題と，知識の概念的な理解を問う問題とのバランスに配慮するなどの工夫改善を図ると共に，例えば，児童生徒が文章による説明をしたり，各教科等の内容の特質に応じて，観察・実験をしたり，式やグラフで表現したりするなど実際に知識や技能を用いる場面を設けるなど，多様な方法を適切に取り入れていくことが考えられる」（『報告』，8頁）とされています。

　「知識・技能」というと，年号や単語などの暗記再生（「知っている・できる」レベルの学力）を思い浮かべがちですが，ここで示されているのは，**「概念」の意味理解（「わかる」レベルの学力）の重視**です。これまでの「知識・理解」「技能」の観点を「知識・技能」の観点に統合するに当たり，「理解」が抜け落ちないようにすることが強調されています。日々の「わかる」授業により，**理解を伴った豊かな習得（有意味学習）を保障し，記憶に定着しかつ応用の利く知識**にして，生きて働く学力を形成していくことが求められているのです。

問題・課題づくりのポイント

　「知っている・できる」レベルの評価においては，重要語句の穴埋め問題や選択問題などの客観テスト，簡単な実技テストが有効です。これに対して，「わかる」レベルの評価では，**適用問題**（学んだ内容を使って解く問題），**描画法**（例：温めたときの空気の変化についてイメージや説明を記述する），**因果関係図**や**マインドマップ**で知識同士をどうつないで，どのようなイメージを構成しているのかを表現させてみること（例：歴史上の出来事がなぜ起こったか），あるいは，**学んだ内容の意味を生活と結び付けて捉えられているかを問う**こと（例：数学の問題を作らせてみる）などが有効です。また，日々の授業で学習者に考えさせる際に，**思考のプロセスや答えの理由をノートやワークシートに残させる**ことも，学習者のわかり方やつまずきを把握する上で有効です。

　日々「わかる」授業を大事にしていても，評価では，「知っている・できる」レベルに重点が置かれていることがないでしょうか。例えば，「もし三権分立の仕組みがなければどのような問題が起こるのか」と三権分立の意味理解を問う。あるいは，「墾田永年私財法は何年に発布されたか答えなさい」と問うたりするのではなく，

　　　　問　次のものを年代の古い順に並べ替えよ。

　　　　　ア）墾田永年私財法　　　イ）三世一身法　　　ウ）荘園の成立　　　エ）班田収授法

と問うことで，古代の土地制度で公地公民制が崩れていく過程が理解できているかどうかを評価するといった具合に，客観テストも問い方次第で「わかる」レベルを評価するものとなります。「わかる」授業の追求と同時に，「わかる」レベルの評価について，テスト問題をひと工夫してみるとよいでしょう。

「知識・技能」の評価（記録に残す評価）

第④時 いくつかの部分の平均を知り，全体の平均を求めることができる

■ 何を重点的に見るか（資料と観点）

・ワークシート（**知**）

<u>問題</u>　太郎さんの庭には二羽のにわとりがいます。今週，Ａのにわとりは４個の卵をうみ，重さの平均は50g でした。いっぽう，Ｂのにわとりは６個の卵をうみ，重さの平均は40g でした。すべての卵の重さの平均を求めると44g でした。
（１）以下の式から，すべての卵の重さの平均をもっとも正確に求めているものを選びなさい。
　　　　　１．　（50＋40）÷2
　　　　　２．　（4 | 50−6＋40）÷2
　　　　　３．　（200＋240）÷10
（２）なぜ（１）で解答した式がもっとも正確なのですか。理由を答えなさい。
（３）Ａのにわとりの卵の平均を40g とした場合，すべての卵の重さの平均を正確に求めるには，どうすればいいですか。もっとも簡単な方法を見つけて書きなさい。

・**評価規準**（学習を通して到達させたい最低限の姿）

知識・技能	思考・判断・表現	主体的に学習に取り組む態度
・平均は，幾つかの数量を同じ大きさの数量にならすことであることを理解している。 ・測定値を平均する方法を理解している。	・身の回りにある事柄について，より信頼できる値を求めるために，得られた測定値を平均する方法を考えている。 ・日常生活の問題（活用問題）を，測定値を平均する方法を用いて解決している。	・より信頼できる値を求めるために平均を用いるよさに気付き，測定値を平均する方法を用いることができる場面を身の回りから見付けようとしている。

■ 学習状況をどう見るか（観点別学習状況の判定）

ワークシートの記述（問題の解答）	判定
例①　（１）　3（正答） 　　　（２）　重さの合計を個数の合計で割っているから（正答） 　　　（３）　（無回答）	B
例②　（１）　3（正答） 　　　（２）　重さの合計を個数の合計で割っているから（正答） 　　　（３）　問題文を読めば，すべての卵の重さが分かる。よって計算は必要ない	A

（**判定のポイント**）
・全体の平均を求める式を正しく立てることができる状況であれば，「おおむね満足できる状況（Ｂ）」と判定する。この問題では（１）（２）を正答できた状態をＢと判定する。（３）は「十分満足」かどうかを見るために設定した。
・例①は，全体の平均をもっとも正確に求める式を選択し，その理由も書けたので，Ｂと判定する。
・例②は，（１）（２）の正答に加えて，（３）で「計算が必要ない」ことを見つけており，Ａと判定する。

ヤマ場をおさえる学習評価のポイント

「思考・判断・表現」の評価
――問題や課題をどうつくるか②

　「思考・判断・表現」の評価は，「ペーパーテストのみならず，論述やレポートの作成，発表，グループでの話合い，作品の制作や表現等の多様な活動を取り入れたり，それらを集めたポートフォリオを活用したりするなど評価方法を工夫することが考えられる」（『報告』，8-9頁）とされており，パフォーマンス評価の有効性が示されています。

パフォーマンス課題に基づく評価――狭義のパフォーマンス評価

　「パフォーマンス評価（Performance Assessment：PA）」とは，一般的には，思考する必然性のある場面（文脈）で生み出される学習者の振る舞いや作品（パフォーマンス）を手がかりに，**概念の意味理解や知識・技能の総合的な活用力を質的に評価する**方法です。

　それは狭義には，現実的で真実味のある場面を設定するなど，学習者の実力を試す評価課題（**パフォーマンス課題**）を設計し，それに対する活動のプロセスや成果物を評価する，「パフォーマンス課題に基づく評価」を意味します。具体例としては，**「学校紹介VTRにBGMをつける」**（音楽科の課題），**「電気自動車の設計図（電気回路）を考えて提案する」**（理科の課題），**「地元で実際に活動している人たちと共に浜辺のごみを減らすためのアクションプランを考案して地域住民に提案する」**（社会科の課題）などがあります。比較・関連付けや構造化など，特定の内容の習得・適用に関わる「分かる」レベルの思考力とは異なり，**文脈に応じて複数の知識・技能を総合する「使える」レベルの思考力を試す**のがパフォーマンス課題です（表3）。

パフォーマンス（表現）に基づく評価――広義のパフォーマンス評価

　広義のPAは，授業中の発言や行動，ノートの記述から，子供の日々の学習活動をインフォーマルに形成的に評価するなど，**「パフォーマンス（表現）に基づく評価」**を意味します。「総合的な学習の時間」の評価方法としてしばしば使用される**ポートフォリオ評価法**も，PAの一種です。

　テストをはじめ従来型の評価方法では，評価の方法とタイミングを固定して，そこから捉えられるもののみ評価してきました。これに対しPAは，課題，プロセス，ポートフォリオなどにおける表現を手がかりに，**学習者が実力を発揮している場面に評価のタイミングや方法を合わせる**ものと言えます。深く豊かに思考する活動を生み出しつつ，その思考のプロセスや成果を表現する機会を盛り込み，思考の表現を質的エビデンスとして評価していくのがPAなのです（授業や学習に埋め込まれた評価）。

　なお，資料（43頁）の例のように，パフォーマンスの質（熟達度）を判断する評価指標をルーブリックと言います（成功の度合いを示す3～5段階程度の尺度と，各段階の認識や行為の質的特徴の記述語や典型的な作品例を示した評価基準表）。ルーブリックは，右の資料のように，課題に即して作成することもできますが，スピーチの課題，実験レポートなど，単元を超えて繰り返される課題の類似性に着目して，一般的なかたちでプロトタイプを作成するとよいでしょう。

表 3　学力の質的レベルに対応した各教科の課題例

	国語	社会	数学	理科	英語
「知っている・できる」レベルの課題	漢字を読み書きする。 文章中の指示語の指す内容を答える。	歴史上の人名や出来事を答える。 地形図を読み取る。	図形の名称を答える。 計算問題を解く。	酸素，二酸化炭素などの化学記号を答える。 計器の目盛りを読む。	単語を読み書きする。 文法事項を覚える。 定型的なやり取りをする。
「わかる」レベルの課題	論説文の段落同士の関係や主題を読み取る。 物語文の登場人物の心情をテクストの記述から想像する。	扇状地に果樹園が多い理由を説明する。 もし立法，行政，司法の三権が分立していなければ，どのような問題が起こるか予想する。	平行四辺形，台形，ひし形などの相互関係を図示する。 三平方の定理の適用題を解き，その解き方を説明する。	燃えているろうそくを集気びんの中に入れると炎がどうなるか予想し，そこで起こっている変化を絵で説明する。	教科書の本文で書かれている内容を把握し訳す。 設定された場面で，定型的な表現などを使って簡単な会話をする。
「使える」レベルの課題	特定の問題についての意見の異なる文章を読み比べ，それらを踏まえながら自分の考えを論説文にまとめる。そして，それをグループで相互に検討し合う。	歴史上の出来事について，その経緯と様々な立場の頃を紹介し，その意味を論評する歴史新聞を作成する。ハンバーガー店の店長になったつもりで，駅前のどこに出店すべきかを考えて，企画書にまとめる。	ある年の年末ジャンボ宝くじの当せん金と，1千万本当たりの当せん本数を基に，この宝くじの当せん金の期待値を求める。教科書の問題の条件をいろいろと変えて発展的に問題をつくり，追究の過程と結果を数学新聞にまとめる。	クラスでバーベキューをするのに一斗缶をコンロにして火を起こそうとしているが，うまく燃え続けない。その理由を考えて，燃え続けるためにどうすればよいかを提案する。	まとまった英文を読んでポイントをつかみ，それに関する意見を英語で書いたり，クラスメイトとディスカッションしたりする。外国映画の一幕をグループで分担して演じ，発表会を行う。

※「使える」レベルの課題を考察する際には，E.FORUMスタンダード（https://e-forum.educ.kyoto-u.ac.jp/seika/）が参考になる。そこでは，各教科における中核的な目標とパフォーマンス課題例が整理されている。

資料　パフォーマンス課題とルーブリック

[課題]
映画『独裁者』最後の演説部分を，内容がよく伝わるように工夫して群読して下さい。聴き手はクラスメートです。チャップリンは一人でこの演説をしていますが，みんなは6人で協力して演説の核心を表現できるように工夫して下さい。

	5	4	3	2	1
内容理解・表情・声・アイコンタクト	内容を理解して，表情豊かにスピーチしている。 内容がしっかりと聴き手の心に届いている。	内容を理解して，表情豊かにスピーチしている。 しっかり聞こえる声である。	内容をほぼ理解してスピーチしていることが感じられる。	棒読みである。	いやいや読んでいるように聞こえる。
英語	子音の発音がすべて英語らしくできている。	子音の発音がほぼ英語らしくできている。	子音の発音が半分くらい英語らしくできている。	カタカナ読みであるが正確である。	子音の発音に間違いがある。
協力度	グループ内の一員としておおいに力を発揮している。	グループ内の一員として力を発揮している。	グループ内の一員として自分のところだけ頑張れている。	グループの足を引っ張っている。	協力の姿勢を示さない。

（高校1年，英語科，元・京都府立園部高等学校・田中容子先生作成）

パフォーマンス課題
作成のポイント

教科の本質（見方・考え方）に迫る

　思考・判断・表現の評価方法として注目されるパフォーマンス課題は，「使える」レベルの思考を試すものです。それは，「問題のための問題」（思考する必然性を欠いた不自然な問題）に陥りがちな，学校での学習や評価の文脈をよりホンモノ（真正：authentic）なものへと問い直すものです。

　パフォーマンス課題というと，「あなたは○○です……」といったシミュレーション的なシナリオから始めがちですが，そうした**文脈（シナリオ）のホンモノさよりも，思考過程，学びのプロセスに見出せる教科の本質（見方・考え方）を追求する**ことが重要です。まずは教師自身が教科の眼鏡で現実世界を見渡し，教科の知やものの考え方が生かされている場面を発見し，その場面を切り取ることです。その上で，教師が経験した思考過程を子供もたどれるように，課題を設計するとよいでしょう。また，ありそうな場面のシミュレーションのほか，教室や学校の外のオーディエンスに向けて表現することも有効です。

共同作業と個人作業を組み合わせる

　真正のパフォーマンス課題は，しばしば評価課題であると同時に学習課題でもあります。学習課題としての性格を強調すると，作品制作過程での教師の指導，子供同士の協働を重視することになります。特に，単元の中に埋め込まれる際には，**「一人では解けないけれどもみんなと一緒ならできた」という経験**を通して，「使える」レベルの思考を体験させたり，考え抜くことを経験させたり，個々の内容の学び直し（分かり直し）を促したりするのが有効です。

　しかし，そうすると課題に対するパフォーマンスは，個人に力が付いたことの証明とはなりにくいという問題が生じます。この点に関しては，例えば，大学の卒業論文の評価で口頭試問が行われるように，**「作品の共同制作＋個々人による作品解説」「共同での作品発表＋個々人による改訂版の作成」**といった具合に，**共同作業と個人作業を組み合わせる**とよいでしょう。

ルーブリック作成を通して評価の力量を高める

　「ルーブリック評価」という誤解を招くような言葉を耳にします。ルーブリックという表が先にあり，その物差しを子供に当てはめて評価するような捉え方は本末転倒です。

　本来のパフォーマンス評価は，あるパフォーマンスを見たときに，そこに何を見てどのような点からそのようにレベルを判断したのか，そうした専門家としての見方や判断を可視化するために基準表を作成するわけで，これが逆になってはなりません。図表化された**ルーブリックはあくまでも説明の道具であって，評価自体は教師の判断をベースになされる**のです。ゆえに，ルーブリック（表）を作成して終わりというのではなく，そうした基準表づくりやその共有化の過程で**評価者の見る目を鍛え，評価力を高めていくこと（鑑識眼の練磨）**につなげていかねばならないのです。

「思考・判断・表現」の評価（記録に残す評価）

第⑧時 「走り幅跳びの代表選手を選ぶ」という課題を設定し，求め方を説明する

■ 何を重点的に見るか（資料と観点）

・ワークシート（**思**）

> **問題**　体育で行った走り幅跳びの記録を基に，地区対抗運動会に出場する代表選手を1名選びます。次の3人のうち，だれを選んだらよいでしょうか。※3人とも，4回の合計は1204cm，平均は301cmとなる（単位はcm）

	1回目	2回目	3回目	4回目
Aさん	352	314	273	265
Bさん	299	301	294	310
Cさん	265	282	319	338

・**評価規準**（学習を通して到達させたい最低限の姿）

知識・技能	思考・判断・表現	主体的に学習に取り組む態度
・平均は，幾つかの数量を同じ大きさの数量にならすことであることを理解している。 ・測定値を平均する方法を理解している。	・身の回りにある事柄について，より信頼できる値を求めるために，得られた測定値を平均する方法を考えている。 ・**日常生活の問題（活用問題）を，測定値を平均する方法を用いて解決している。**	・より信頼できる値を求めるために平均を用いるよさに気付き，測定値を平均する方法を用いることができる場面を身の回りから見付けようとしている。

■ 学習状況をどう見るか（観点別学習状況の判定）

ワークシートの記述（問題の解答）	判定
例①　・3人とも，4回の合計は1204cm，平均は1204÷4＝301cmとなります。 　　　　・だから，3人で一発勝負の代表決定戦をやればよいと思います。	B
例② ・3人とも，4回の合計は1204cm，平均は1204÷4＝301cmとなります。 ・ただ，グラフのように，平均は同じでも，3人の傾向は大きく違います。 ・AさんとCさんは記録の差が大きく，本番でよい記録が出せるか心配です。 ・だから，記録が安定しているBさんを代表に選ぶべきだと思います。	A

> 〔判定のポイント〕
> ・4人の平均スコアを計算で求めた上で，誰を選んだらいいかを，説得力のある根拠と共に書けていれば，「おおむね満足できる状況（B）」と判定する。この問題では，自身の解答に対して，「なぜそう考えたか」という根拠を，計算で正しく示すことができれば，「おおむね満足」と考える。
> ・例①は，平均する方法を正しく用いて平均を算出し，問題を解決しているので「B」と判定する。
> ・例②は，Bの状況に加えて，データの散らばりに着目し，平均の特性を踏まえ，より説得力のある解決策を考えられているので「A」と判定する。

section 6

「主体的に学習に取り組む態度」の評価

2学期も
そろそろ終盤…

先生！
カオリ先生！

先生！
テストの点が
よくなくても
頑張りを認めて
いきたいのが
教師ってもの
ですよね！？

バン！

わっ

急に
どうしたの！？

実は

僕のクラスのタケルさん、
1学期にも増して
挙手や発言やノートを頑張ったのですが
テストの点数には結び付かなくて…

タケルさん

しかも、通知表を
作ろうとしたら僕が
知っているタケルさんの
頑張りは観点別評価では
表しにくいものだったんです

ハイッ

先生、
質問が
あって…

1学期も

あんなに
頑張ったし
先生もほめて
くれたのに
なんで…

……って言ってたし

タケルさんを
認める声掛けは
増やしてきました
でも、足りない気が
します…

46

「主体的に学習に取り組む態度」の評価をどう考えるか

　「主体的に学習に取り組む態度」について，『報告』では，「単に継続的な行動や積極的な発言等を行うなど，性格や行動面の傾向を評価するということではなく，……（中略）知識及び技能を獲得したり，思考力，判断力，表現力等を身に付けたりするために，自らの学習状況を把握し，学習の進め方について試行錯誤するなど自らの学習を調整しながら，学ぼうとしているかどうかという意思的な側面を評価することが重要である」（10頁）とされ，それは，「①知識及び技能を獲得したり，思考力，判断力，表現力等を身に付けたりすることに向けた粘り強い取組を行おうとする側面と，②①の粘り強い取組を行う中で，自らの学習を調整しようとする側面」（12頁）で捉えられるとされています。

「入口の情意」と「出口の情意」──「評定」として意識するのはどっち?

　情意の中身を考える際には，学習を支える「入口の情意」（興味・関心・意欲など）と学習を方向付ける「出口の情意」（知的態度，思考の習慣，市民としての倫理・価値観など）とを区別する必要があります。**入口の情意**は，教材の工夫や教師の働きかけで喚起するものであり，授業の目標として掲げるものというよりは，授業過程で，学び手の表情や教室の空気から感じるものも含めて，**授業の進め方を調整する手がかり**となるものです。

　他方，**出口の情意**は，**教科の中身に即して形成される態度や行動の変容**であり，「一言一言の言葉へのこだわり」（国語科），「物事を多面的・多角的に捉えようとする態度」（社会科）や，「条件を変えて考えてみたらどうなるかと発展的に問いを立てようとする態度」（数学科）など，意識的に指導することで育んでいける**教科の目標として位置付け得る**ものです。

「主体的に学習に取り組む態度」をどう評価するか

　「主体的に学習に取り組む態度」については，単に継続的なやる気（側面①）を認め励ますだけでなく，教科として意味ある学習への向かい方（側面②）ができているかどうか，「出口の情意」を評価していく方向性が見て取れます。

　『報告』では，「主体的に学習に取り組む態度」のみを単体で取り出して評価するのではなく，**「思考・判断・表現」などと一体的に評価**していく方針が示されています。例えば，**問いと答えの間が長く試行錯誤の機会を伴うパフォーマンス課題**（思考のみならず，粘り強く考える意欲や根拠に基づいて考えようとする知的態度なども要求される課題）を設計し，その過程と成果物を通して，「思考・判断・表現」と「主体的に学習に取り組む態度」の両方を評価するわけです。

　美術・技術系や探究的な学習の評価でしばしばなされるように，その時点でうまくできたり結果を残せたりした部分の評価と共に，そこに至る**試行錯誤の過程で見せた粘りや筋（センス）のよさ**にその子の伸びしろを見出し，評価するという具合です。結果にすぐにはつながらなくても，泥臭く誠実に熟考する子も含めて，主に**加点的に評価していく**必要があるでしょう。

情意領域の評価の留意点

情意領域の評価が抱える問題──「評価」と「評定」の線引き

　「関心・意欲・態度」の評価は，さまざまな問題を抱えてきました。それは多くの場合，挙手回数を数えたり，ノートや提出物を点検したりといった具合に，取組みの積極性や努力度，授業態度を対象としており，主観的にならないようにと，教師は証拠集めに追われがちでした。

　いっぽう，テストの点数がよくても授業態度が悪いとよい成績をもらえないので，やる気をアピールし，器用に振る舞える子が得をするなど，評価が管理的な機能を果たしてきました。その結果，保護者が総合評定や内申点に不公平感をもつといった問題も生じているように思います。

　性向（ある状況において自ずと特定の思考や行動を取ってしまう傾向性や態度）や人間性といった，価値規範や道徳的価値に関わるものを評価することについては，個々人の性格やその人らしさ丸ごとを値踏みする全人評価につながり，価値や生き方の押し付けに陥ることが危惧されます。

　これに対して，物事を鵜呑みにせずに批判的に思考しようとする態度（思考の習慣）などの認知的価値については，**認知目標の実現と密接に関わりかつ指導可能な部分について，評価の対象とする**ことは考えられます。その際も，**情意を「評価」することと「評定」することとを区別**して議論することが重要です。情意領域については，全人評価や価値の押し付けにつながる恐れがあるため，目標として掲げて形成的に「評価」はしても，「評定」することには慎重であるべきです。

情意領域の評価の工夫

　ただし，情意領域の評価については，授業やカリキュラムの最終的な成果を判断する総括的評価は有効性をもちます。例えば，単元の終了時にその単元で扱った社会問題に対してクラスの大部分が望ましくない態度を抱いているなら，それはカリキュラムの改善を促す情報となります。そうしたカリキュラム評価に必要なのは，質問紙などによる集団の傾向を示すデータのみです。実際，PISAなどの大規模学力調査では，学習の背景を問う質問紙調査でそれはなされています。

　審議過程で様々に議論がありましたが，新しい指導要録においても態度観点が残り，ABCの三段階で総括（評定）するかたちとなりました。上記のような原則を念頭に置きながら，「出口の情意」としてそれを捉え，「思考・判断・表現」と一体的なものとして，メタ認知や思考の習慣などの準認知目標として捉えていくと共に，形成的「評価」と「評定」とを区別して「指導の評価化」に陥らないようにすることが肝要です。

　教科への粘り強さ，いわば思考の体力や息の長さや持続力を育てるには，見方・考え方を働かせながら，一つの問題や事象を深く掘り下げたり，問いと答えの間の長い挑戦的な課題に取り組んで試行錯誤したりして，日々の授業において考え抜く経験を保障していくことが重要でしょう。

「主体的に学習に取り組む態度」の評価

「思考・判断・表現」と一体的に評価するためのヒント

これまでの「関心・意欲・態度」の資料と何が違うのか

　「主体的に学習に取り組む態度」の評価で悩ましいことの一つに，どんな資料（課題）を基に評価したら，総括的評価（評定）の妥当性と信頼性を高めることができるのか，があります。

　今回の改訂で強調された，**「挙手の回数や毎時間ノートを取っているかなど，性格や行動面の傾向が一時的に表出された場面を捉える評価」ではない**ことは改めて確認する必要があるものの，適切な意味での「関心・意欲・態度」に近い資料で評価することは引き続き妥当であると考えられます。つまり，基本的にパフォーマンス評価（観察法・作品法・ポートフォリオ評価を含む）が適しており，ペーパーテストを採用するのであれば記述式の課題が有効です。自己評価や相互評価は，形成的評価の資料や，総括的評価（評定）の補助資料として用いることが考えられます。

　また同じく強調された，「自らの学習を調整しようとする側面」（メタ認知）に注目するならば，「評価に当たっては，児童生徒が**自らの理解の状況を振り返る**ことができるような発問の工夫をしたり，**自らの考えを記述したり話し合ったりする**場面，**他者との協働を通じて自らの考えを相対化する**場面を，単元や題材などの内容のまとまりの中で設けたりするなど，『主体的・対話的で深い学び』の視点からの授業改善を図る中で，適切に評価できるようにしていくことが重要です。」（『学習評価の在り方ハンドブック』，9頁，強調は編集部による）と示されていることからも，単元や題材のヤマ場において，子供が「自らの理解・考え」にアプローチしている姿（内面的なものであり，必ずしも表面化しない）をどう捉えるかが課題です。つまり，何らかの思考活動に取り組ませる中で，なるべく他の観点と一体的に評価する（そういう評価資料・課題を用いる）ことが，効率的な評価をつくる上でもポイントになります。

評価のための資料（課題）をどうつくるか

　その上で，踏み込んで考えたいのは，これまで「思考・判断・表現」の評価資料（課題）としてきたものを活用して，どうすれば「主体的に学習に取り組む態度」も評価できるのか，です。

　ここでは，二つの評価規準の関係性等に着目することで，「思考・判断・表現」と「主体的に学習に取り組む態度」を一体的に評価する資料（課題）をつくる際のヒントを得たいと考えました。

　本稿では，代表的と思われる四つのパターンを取り上げます。

（1）評価規準の内容がほぼ重なる場合
（2）「生活や他の学習に生かそうとすること」を評価規準としている場合
（3）「他者との協調性・協働性」を評価規準としている場合
（4）「学習課題への主体性・粘り強さ」を評価規準としている場合

1 評価規準の内容がほぼ重なる場合

思考・判断・表現	主体的に学習に取り組む態度
・三角形，平行四辺形，ひし形，台形の面積の求め方を，求積可能な図形の面積の求め方を基に考えている。	・求積可能な図形に帰着させて考えると面積を求めることができるというよさに気付き，三角形，平行四辺形，ひし形，台形の面積を求めようとしている。

ヤマ場の課題づくりにどう生かすか（目標として捉える視点）

　上記のように二つの評価規準の内容がほぼ重なる場合，「思考・判断・表現」を評価できる課題を構想した上で，解答までのプロセス（試行錯誤の状況）を表現させたりすることで，二つの観点を一体的に評価することが考えられます。粘り強さや自己調整の働かせ甲斐のある，活用力を問うような課題が求められます。

　　　課 題 例　　次の台形の面積を求めなさい。求め方と答えを書きなさい

総括的評価（評定）にどう生かすか（評価規準として捉える視点）

　解答までのプロセスを評価の資料とする際，加点の根拠が曖昧になりやすい（絞りにくいことがあります）。一つの方法として，各教科の「見方・考え方」に注目することが考えられます。

　　　評価のコツ　　思：正しく立式し解を求めることができたか　態：どのように求めようとしたか

　　　おもな資料　　活動の様子，ノートなどの記述内容，ワークシートほか

　　　見方・考え方　「事象を数量や図形及びそれらの関係などに着目して捉え，論理的，統合的・発展的に考えること」（中学校数学，学習指導要領解説 7 頁より）

2 「生活や他の学習に生かそうとすること」を評価規準としている場合

思考・判断・表現	主体的に学習に取り組む態度
・交通網の広がり，外国との関わりなどに着目して，貿易や運輸の様子を捉え，それらの役割を考え，表現している。	・我が国の工業生産について，主体的に問題解決しようとしたり，よりよい社会を考え学習したことを社会生活に生かそうとしたりしている。

ヤマ場の課題づくりにどう生かすか

　評価規準が「生活や他の学習に生かそうとすること」を含む場合，「学んだことを今後どのように生かしていきたいか」といった個々の展望（願い，ビジョン）を表現する学習課題を設定することが考えられます。

　　　課 題 例　　これからの貿易について自分の考えをまとめなさい

総括的評価（評定）にどう生かすか

　上に例示した課題は，加点の根拠が曖昧になりやすい（絞りにくい）ものです。個々の解答の多様性を認めつつ，「学んだことを文脈や対象等に応じて応用・調整等ができているか」という軸で評価して，評価の妥当性と信頼性を高めることが大切です。

　　　評価のコツ　　思：複数の視点から検討できているか　態：身の回りの事象と関連付けているか

　　　おもな資料　　活動の様子，ノートなどの記述内容，ワークシートほか

❸「他者との協調性・協働性」を評価規準としている場合

思考・判断・表現	主体的に学習に取り組む態度
・物の溶け方について追究する中で，物の溶け方の規則性についての予想や仮説を基に，解決の方法を発想し，表現している。	・物の溶け方についての事物・現象に進んで関わり，粘り強く，<u>他者と関わりながら問題解決しようとしている</u>とともに，学んだことを学習や生活に生かそうとしている。

ヤマ場の課題づくりにどう生かすか

　評価規準が「他者との協調性・協働性」を含む場合，グループ活動を通して評価することが考えられます。「思考・判断・表現」を評価する際には，グループ活動として実施するほうが，評価すべき姿（思考のプロセス等）が自ずと表現されやすいものがあります。途中の活動の様子を捉え，「態度」も評価できるでしょう。

　　　課 題 例　　グループで話し合い，水溶液から，溶かしたミョウバンを取り出す方法を考えよう

総括的評価（評定）にどう生かすか

　グループ学習においては，メンバーからの影響を受けやすく，個人に力が付いたのかが見えづらいことがあります。総括的評価（評定）の信頼性を高める上では，「グループの表現」と「個々の表現」を組み合わせた上で，それぞれ何を重点的に見るかを決めておくとよいでしょう。

　　　評価のコツ　　|思|：自分なりの仮説を表現していたか　|態|：課題解決のために進んで協力していたか
　　　おもな資料　　活動の様子，ノートなどの記述内容，ワークシートほか

❹「学習課題への主体性・粘り強さ」を評価規準としている場合

思考・判断・表現	主体的に学習に取り組む態度
・「書くこと」において，相手や目的を意識して，経験したことから書くことを選び，集めた材料を比較したり分類したりして，伝えたいことを明確にしている。 ・「書くこと」において，自分の考えとそれを支える理由や事例との関係を明確にして，書き表し方を工夫している。	・<u>粘り強く，書き表し方を工夫し，学習の見通しをもって報告する文章を書こうとしている</u>。

ヤマ場の課題づくりにどう生かすか

　評価規準が「学習課題への主体性・粘り強さ」を含む場合，「思考・判断・表現」を評価できる課題を構想した上で，試行錯誤の姿を「態度」の資料とすることが考えられます。基本的には，「問い」が立てられてから「解答」（考えを整理して表現する）までの期間が長いほうが，その子のよい姿（主体的に学習に取り組む態度）が発揮されやすい（見えやすい・肯定的に捉えやすい）でしょう。実態に応じた課題の設定が求められます。

　　　課 題 例　　「○○クラス版　wikipedia」をつくろう

総括的評価（評定）にどう生かすか

　上記のような課題があらかじめ明文化されて子供に示されている場合，「態度」の評価は，「解答」に向けて努力している姿を加点的に評価していくことが考えられます。

　なお，「態度」の評価規準だけでは何を見ればいいか分からないことがありますが，他の観点との一体的な評価を念頭に置き，具体的な課題を設定してみることで，評価場面（学びの舞台）がイメージできるようになることがあります。教師が明確なイメージをもち，子供に努力の方向性を明文化して伝えることも大切です。

　　　評価のコツ　　|思|：伝わりやすさを考えて工夫できたか　|態|：成果を高めようと妥協せずに行動できたか
　　　おもな資料　　活動の様子，ノートなどの記述内容，ワークシートほか

第 **2** 部.

教科における
指導と評価の計画
と評価例

ヤマ場をおさえる学習評価, 三つの視点

　ヤマ場をおさえる学習評価（学びの舞台づくりによる指導と評価の一体化）を実践するポイントを示すべく，各教科の事例は，次の三つの視点で整理されています。

視点①：指導と評価の計画（単元計画）を改善する

　ヤマ場をおさえた評価を意識し，評価場面を精選して，評価の妥当性と信頼性を高めます。多くの事例では，単元を貫く課題や問いや活動を軸に，ヤマ場が構想されています。これにより，目指すゴールが共有されて，教師も，生徒自身も，学びの必然性・ストーリー性や成長の手応えを感じ取りやすくなります。家庭の例は，学んだことを生活に生かす題材を軸に，国語の例は，パフォーマンス課題を軸に単元設計がされています。社会の例は，単元の学びと並行で，大きな問いについて，生徒が各人の課題を追究し学びの舞台が個性化されています。また，理科や音楽の例は，実験すること，歌唱することといった類似の過程や活動を繰り返す（新たな内容を取り込みながらせり上がる）中で，単元を通して重点的に評価する観点等を整理する際の考え方を示しています。

視点②：形成的評価（支援とつまずき）を改善する

　日々の授業での地道で的確な指導（密かな指導のヤマ場）があってこそ，学びの舞台や見せ場での指導のヤマ場は単元の核として有効に機能します。単元の初めは，Cと判断される状況の支援を優先します。生徒のもてる力が発揮されるための足場かけとして，場面を精選して効果的な支援を行い，どの子も単元のヤマ場で意欲的に学習に臨めるようにするわけです。

　総括的評価との接続をイメージする上で，美術（作品の質を規定する構想段階においてマインドマップで思考を可視化する）や数学（活用問題への伏線となる意味理解や思考過程でつまずきがちな点を重視する）の例がわかりやすいでしょう。数学では，授業での評価課題への取組みに加え，それをステップアップした評価問題への取組みで評価結果を肯定的に上書きする工夫が見られます。保健体育の例では，一人一人の生徒が自分の運動レベルに沿った課題を解決する取組みの中で，教師が足場かけしたり，ほかのクラスメートとの学び合い，教え合いを促したりしています。

視点③：総括的評価（評定に用いる評価）を改善する

　単元のコアとなる評価課題の作成は，「思考・判断・表現」の場合，課題の文脈や思考過程において，真正性をもたせることや，共同作業と個人作業（振り返りや評価問題）を組み合わせた構成を意識します。悩ましい「主体的に学習に取り組む態度」の評価は，問いと答えの間が長い課題に取り組ませて，試行錯誤の様子を捉えて加点的に評価することを考えます。これらを踏まえて，単元のコアとなる評価課題を構想する際には，外国語（地域のイベントをALTに紹介するパフォーマンス課題で「思考・判断・表現」と「主体的に学習に取り組む態度」を一体的に評価する），技術（学んだ技術で解決できそうな，自分や身の回りの人が困っている生活場面の問題を見つけ，解決する製作品をつくり，完成後の試用レポートを評価する）などの例がわかりやすいでしょう。外国語では，技能試験や定期考査の書く問題なども，単元で追究した文脈に即して出題されていて，生徒がコミュニケーションの目的や状況を見出せない問題を出題しないようにしています。

各例のおもな特徴

教科名 / 掲載頁 単元・題材名 / 学年	視点① 単元・題材計画	視点② 形成的評価	視点③ 総括的評価
国　語 ▶58頁 登場人物の人物像や表現の効果などに着目して作品の魅力を考える（第2学年）	・単元を貫くパフォーマンス課題（言語活動）を軸とした構成 ・読むことの評価例	・物語の主題を読み取り紹介記事を作る活動の見取りと支援 ・発表原稿の構成メモを書く場面の見取りの例	・記事の見出しづくり，単元末の評価問題
社　会 ▶62頁 中世から近世へと社会はどう変化したか（歴史的分野）	・単元の学びと並行で，内容のまとまりを越えて，時代の転換に関する問いを各人が個性的に問う構成	・歴史的な見方・考え方を働かせる考察場面を中心とした見取りと支援	・生徒が設定する追究課題の発表，レポート，論述問題（定期考査）
数　学 ▶68頁 合同な図形（第2学年）	・単元末の活用問題への伏線を重点化した構成	・意味理解や思考過程のつまずきを中心とした見取りと支援 ・つまずき診断の例	・証明問題を解く際の構想や方針の立て方を考える活動，単元テスト
理　科 ▶72頁 地球と宇宙（第3学年）	・単元の問いの実験・追究を軸とした構成	・空間的な見方・考え方を働かせる考察場面を中心とした見取りと支援	・月の満ち欠けと月食の違いについて考察する活動
音　楽 ▶76頁 「赤とんぼ」曲想を味わって，歌唱表現を工夫しよう（第1学年）	・題材の練習・洗練・発表（表現活動）を軸とした構成	・「赤とんぼ」の歌唱表現を創意工夫する場面を中心とした見取りと支援	・歌唱表現の実演，及び，それを創意工夫する活動
美　術 ▶80頁 マイアートコレクション（第1学年）	・題材の構想・制作・発表（作品制作活動）を軸とした構成	・生徒個々の表現までのストーリーを意識した見取りと支援	・作品（マイアートコレクション），制作に向けた構想活動
保健体育 ▶84頁 ハンドボール（第2学年）	・ゲーム，及びそれに向けた課題解決的な練習を意識した構成	・自分やチームの課題の理解を深める場面を中心とした見取りと支援	・フェアプレイを意識しながら，運動技術の向上を図る活動
技術分野 ▶88頁 ミニ自動スイッチで問題を解決しよう！（第2学年）	・パフォーマンス課題（技術の生活場面での実装と省察）や逆向き設計を意識した構成	・自己課題の達成に向けた試行錯誤の過程の見取りと支援	・製作品，試用レポート，振り返りカード，ペーパーテスト
家庭分野 ▶92頁 肉の調理　ハンバーグを作ろう（第1学年）	・パフォーマンス課題（科学的に生活する）や逆向き設計を意識した構成	・調理科学の要素の意味や必要性を体験する場面を中心とした見取りと支援	・おいしくするための調理科学の要素を説明する活動
外国語 ▶96頁 Places to Go, Things to Do（第3学年）	・パフォーマンス課題（真正のコミュニケーション）や逆向き設計を意識した構成 ・書くことの評価例	・生徒と共有した単元の目標に即した，教師による見取りと支援，及び，生徒自身の自己調整	・ワークシート，プログレスカード，ペーパーテスト（書く問題）

教科における　指導と評価の計画と評価例

各教科で例示している「評価規準」について

　本書の評価例における評価規準の多くは，国立教育政策研究所（国研）が作成した「内容のまとまりごとの評価規準（例）」を基に設定しています。「内容のまとまりごとの評価規準（例）」から，単元・題材の評価規準を作成する際の考え方や手順は，教科によって異なる部分があります。右ページに概要を示します。詳しくは，国研が発行している，各教科の『参考資料』をご覧ください。

学習評価の進め方

※音楽，美術，技術・家庭の各教科においては，「単元」が「題材」となる

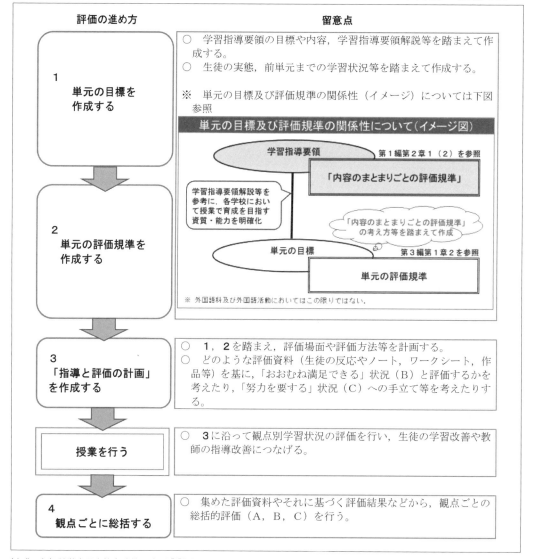

評価の進め方	留意点
1 単元の目標を作成する	○　学習指導要領の目標や内容，学習指導要領解説等を踏まえて作成する。 ○　生徒の実態，前単元までの学習状況等を踏まえて作成する。 ※　単元の目標及び評価規準の関係性（イメージ）については下図参照
2 単元の評価規準を作成する	（単元の目標及び評価規準の関係性について（イメージ図））
3 「指導と評価の計画」を作成する	○　1，2を踏まえ，評価場面や評価方法等を計画する。 ○　どのような評価資料（生徒の反応やノート，ワークシート，作品等）を基に，「おおむね満足できる」状況（B）と評価するかを考えたり，「努力を要する」状況（C）への手立て等を考えたりする。
授業を行う	○　3に沿って観点別学習状況の評価を行い，生徒の学習改善や教師の指導改善につなげる。
4 観点ごとに総括する	○　集めた評価資料やそれに基づく評価結果などから，観点ごとの総括的評価（A，B，C）を行う。

（出典：文部科学省国立教育政策研究所「『指導と評価の一体化』のための学習評価に関する参考資料」令和2年3月）

1．「内容のまとまり」と「単元・題材」がほぼ等しい ——おもに社会，数学，理科

　社会，数学，理科の単元は，学習指導要領に示された「内容のまとまり」ごとに，構成されることが少なくありません。ただし，「内容のまとまりごとの評価規準（例）」をそのまま流用するのではなく，学習指導要領や学習指導要領解説等における記載事項を参考にして，単元の構成や学習過程に沿った具体的な評価規準を作成します。

（1）「社会」の場合

　『参考資料』社会編37-42頁には，「内容のまとまり」と「単元」の大小関係に着目した評価規準作成のポイントが示されています。「①内容のまとまり＝単元」「②内容のまとまり＞単元」「③内容のまとまり＜単元」といった三つのケースが示されており，重点化を意識した評価の参考になります。

（2）「数学」の場合

　「内容のまとまりごとの評価規準（例）」をそのまま位置付けることができるものもありますが，学習指導の進め方との関係で分割して設定したり，問題や教材等に即して設定することも考えられます。

（3）「理科」の場合

　『参考資料』理科編105-117頁には，「内容のまとまりごとの評価規準（例）」を基にした，「単元（中項目）の評価規準（例）」が示されています。二つの評価規準の違いについては，同文献27-41頁が参考になります。

2．「内容のまとまり」と「単元・題材」が一致しない ——おもに音楽，美術，技術・家庭，保健体育

　音楽，美術，技術・家庭では，題材が複数の「内容のまとまり」にまたがることが少なくありません。また，体育分野の「内容のまとまりごとの評価規準（例）」は，第1・2学年がまとめて示されています。

　「内容のまとまり」と「単元・題材」が一致しない場合，単元・題材の評価規準を作成する上では，「内容のまとまりごとの評価規準（例）」から，単元・題材で指導する項目及び指導事項に関する部分を抜き出し，評価の観点ごとに再構成（整理・統合），具体化するなどを行います。具体的な手順については教科によって異なります。詳しくは，各教科の『参考資料』第3編が参考になります。

3．「国語」の場合

　国語の「内容のまとまりごとの評価規準（例）」は，「話すこと・聞くこと」「書くこと」「読むこと」の領域別に，学年ごとに示されています。『参考資料』では以下の手順が示されています。

Step 1	Step 2	Step 3	Step 4	Step 5
単元で取り上げる指導事項の確認	単元の目標と言語活動の設定	単元の評価規準の設定	単元の指導と評価の計画の決定	評価の実際と手立ての想定

4．「外国語」の場合

　外国語の「内容のまとまりごとの評価規準（例）」は，「聞くこと」「読むこと」「話すこと［やり取り］」「話すこと［発表］」「書くこと」の五つの領域ごとに示されています。単元の評価規準は，「内容のまとまりごとの評価規準（例）」を基に，各単元で取り扱う事柄や，言語の特徴やきまりに関する事項（言語材料），当該単元の中心となる言語活動において設定するコミュニケーションを行う目的や場面，状況など，また，取り扱う話題などに即して設定します。

第1部

第2部

第3部

教科における　指導と評価の計画と評価例

国語の評価

評価の重点化のポイント

国語科は一つの指導事項を年間で繰り返して指導することが多い。そのため、「思考・判断・表現」については、長期的でスパイラルな育ちを、重要単元ごとに類似のパフォーマンス課題を課すなどして評価することができる。例えば、生徒が立てたグループ課題に対する3人程度のグループでプレゼンテーションを行うことを「読むこと」の単元のヤマ場、基本的な言語活動として位置付け、スパイラルに積み重ねていく。また、関心のあるニュースに関する投書を書く、具体的な相手や状況を設定したプレゼンテーションなど学習のヤマ場となる最適な言語活動を設定する。

指導に生かす評価のポイント

指導に生かす評価（形成的評価）は、学級全体を俯瞰することから始める。次に個の生徒の実態に応じ、グループ学習の際も意図的に見取り、ポイント的に生徒のつまずきの状況をモニタリングして評価場面でCになる可能性の生徒の状況を把握し、原因を探る。

例えば、発表原稿の構成メモを書く場面で手が止まっている生徒も、どんどん書き進む生徒の姿も、実はどちらもつまずいていることもある。何を書けばいいのかわからないのか、相手意識無しに書いているのか、考えの途中を整理できていないために手が止まっているのか。指示や発問に曖昧さ、不十分さが無かったか、そもそも目標や評価規準が曖昧ではなかったか。目指す生徒の姿から逆算してどうなのか的確に見取り指導改善を図るこ

とが大切である。つまずきを見取ってもすぐに回復指導に入らず、学び合いを促すこともある。例えば、一見誤読のような場合にもテキストに返らせながら、生徒たちが試行錯誤しながら自分たちで気付き、修正しながら読み深める経験をさせる。そして、その過程を全体に返して生徒の学びに生かす。試行錯誤して相互評価の力も借りながら自分たちで辿り着いた経験が喜びと自信となり次の学びへと繋がっていくのである。

主体的に学習に取り組む態度の評価

「主体的に学習に取り組む態度」は、「知識・技能」や「思考・判断・表現」と一体的に評価することが考えられる。例えば、人物同士の関係の変化や因果関係を図化したり、マインドマップ等を用いて内容に対してどのようなイメージを構成しているかを表現させたり、単元の特質に応じたパフォーマンス課題を設定したりして、試行錯誤の過程で見せた粘り強さ、センスや伸びしろを含めた過程と成果物で評価することも考えられる。

評価場面や方法としては、主に単元の終末において、単元テストやレポート、一枚プレゼン、討論会や朗読のような実技的な方法が考えられる。ノートの記述や、日々の学習活動のプロセスなど表現に基づくものは形成的に評価し、記録に残す評価は、特に学習者が実力を発揮している場面に評価のタイミングを合わせることが重要である。

また、定期考査等における結果も、生徒の学習状況の変容や成長として肯定的に評価し、加点的に評価することも大切である。

指導と評価の計画の作成

単元 登場人物の人物像や表現の効果などに着目して作品の魅力を考える　教材：「走れメロス」（第2学年）
学習指導要領との対応 C 読むこと　（1）オ

評価規準（学習を通して到達させたい最低限の姿）

知識・技能	思考・判断・表現	主体的に学習に取り組む態度
・抽象的な概念を表す語句や多義的な意味を表す語句などについて理解し，話や文章の中で使うことを通して，語感を磨き語彙を豊かにしている。（(1) エ）	・「読むこと」において，文章を読んで解釈したことや考えたことを知識や経験と結び付け，自分の考えを広げたり深めたりしている。（C（1）オ）	・粘り強く登場人物の言動の意味を考え，学習課題に沿って引用して解説しようとしている。

指導と評価の計画（単元・題材の学習をどう組み立てるか）

学習活動・学習課題 （丸付き数字は授業時数）	学習評価	
	つまずきと支援 （指導に生かす評価）	総括に用いる評価 （記録に残す評価）
①②抽象的な概念や多義的な意味を表す語句などを見つけたり，調べたりする／モデル（教師による見本記事等）を分析し，単元の見通しをもつ 　**単元の課題：作品の魅力を「『走れメロス』のここがすごい」という1頁の記事としてまとめ，伝え合う**	活動の様子・ノートの記述内容（**知**）	
③～⑥抽象的な概念や多義的な意味を表す語句などについて着目しながら，人物像や表現の工夫を捉える／伝えたいこと候補を書きためる		活動の様子・ノートの記述内容・成果物（**知**）
⑦登場人物の人物像や表現の工夫について考えながら，メインの見出しと設定理由を考える		メインの見出しと設定理由（**思・態**） p.60
⑧特集記事を書く	活動の様子（**思**）	特集記事（**思・態**）
⑨発表交流会	活動の様子（**思**）	
⑩発表交流会／評価問題		評価問題（**思・態**） p.60

> **[重点化のポイント]**
> 　単元の核となる第7時の授業づくりのポイントは，登場人物の人物像，表現の効果に着目して主題を考え，メインの見出しと設定理由を考える活動を通して主題を明確にし，他者の主題との違いを知ることで，自分の主題の捉え方の特徴などを理解できるようにすることである。その布石として，単元の導入や第6時までの精査・解釈で登場人物の人物像を捉えるためにどんな言葉（性格や人柄，言動や行動，考え，外見等）に着目することで，どんな人物像と読めるのか，表現の工夫とその効果についてなどどのような言葉による見方・考え方を働かせるのか生徒に言語化させて共有し，評価して価値付けながら互いの考えや捉え方の根拠として記述に立ち返らせ，根拠として明確に示せるように指導する。
> 　単元の中心的な記録に残す評価も，第7時に行う「メインの見出しと設定理由」である。記事の完成度で評価するのではなく，読むことの評価として，メインの見出しの設定理由にウエイトを置く。単元の最後（第10時）に評価問題を行った上で，主に「思考・判断・表現」の観点で一人一人の単元で身に付けた学習の成果を評価する。なお，「知識・技能」は，書きためているメモやノートの記述や発言等から，捉えた人物像と根拠とした言葉の妥当性や注目した表現の工夫としてどのようなものを提示しているかを見取り，評価する。

総括に用いる評価 (記録に残す評価)

■ 何を見るか (資料と観点)

第⑦時 登場人物の人物像や表現の工夫について考えながら, メインの見出しと設定理由を考える

・メインの見出しと設定理由 (**思・態**)

第7時の学習活動とその評価
　物語を読んで解釈したことを根拠に, 特集記事のメインの見出しとその設定理由を書かせ, 主題に迫ることができているかを捉えて, 「思考・判断・表現」の観点として評価する。あくまでも記事本体や見出しの「内容」を重視し, どのような表現 (人物像・構成等) に対して考えを形成しているかを評価する。読むことの評価としては, 見出しの設定理由にウエイトをおく。

第⑩時 評価問題

・評価問題 (**思・態**)

第10時の評価問題とその評価

【問題】
「走れメロス」を読んで, あとの問いに答えなさい。
① 城へ向かう場面でメロスを「メロスは単純な男であった」と表現したことで, どのようなことを伝える効果がありますか。次のア〜エのうち, 最も適切なものを一つ選び記号で答えなさい。
　　ア　町の様子を見てすぐに激怒してしまい, 周りの話を聞こうとしない怒りっぽい人柄を伝える効果。
　　イ　久しぶりに町を歩き友のことを考えているうちに, 妹の結婚式の準備のことを忘れてしまったのん気なメロスの様子を伝える効果。
　　ウ　老爺から王の話を聞いて, すぐに短刀をかざして邪悪な王を倒そうとする行動力のある人柄を伝える効果。
　　エ　王が人を殺すことを聞いて, 後先も考えずに「王に会って何とかしなければ」と正義に燃えるメロスの様子を伝える効果。
② 中学生ののぞみさんは, 授業の中で「走れメロス」の基になったシラーの「人質」の中には, 最後の場面が描かれていないことを知りました。あなたは, 「走れメロス」の最後の場面はあったほうがよいと思いますか。ないほうがよいと思いますか。あなたの考えとその理由を, 次の条件1と条件2にしたがって書きなさい。
　　条件1　最後の場面があったほうがよいか, ないほうがよいかを明確にして書くこと。
　　条件2　話の展開を根拠として取り上げて, 理由を書くこと。
　　--

[評価のポイント]
　第10時では, 登場人物の言動の意味や表現の効果について根拠をもって自分の考えを述べようとしているかを捉えるための評価問題を行い, 「思考・判断・表現」と「主体的に学習に取り組む態度」の評価資料とする。本単元の課題への取組みは, 周囲の働きかけが成果物の完成度に作用していることも考えられる。そのため, パフォーマンス後に口頭試問のように詳しく説明させたり, 評価問題を組み合わせたりして学習状況を確認することも必要だと考える。

・設問①……正答はエ。ただし, ウを選んだ場合, 「すぐに短刀をかざし」の根拠となる描写がないことを見落としているものの, メロスの人柄は捉えることができていると判断する。
・設問②……根拠を明確にして表現の工夫について自分の考えを書けているかを見る。字数不足, 誤字脱字などでの減点や誤答扱いはしないものとする。次の条件を満たして解答していること。①最後の場面があったほうがよいか, 無いほうがよいか明確にして述べている。②話の展開を根拠として理由を述べている。

■ 学習状況をどう見るか（観点別学習状況の判定）

以下は第7時のパフォーマンス評価に，第10時の評価問題を合わせた判定例を示す。

メインの見出しと設定理由・評価問題 ※根拠となる部分を抜粋	思・判・表	態 度
▶▶例Ⅰ **（1）メインの見出しと設定理由（第7時）** 見出し 村の牧人メロスが，王を改心させる！ 理 由 王はずっと孤独を感じていた。邪知暴虐に振る舞うのは誰のことも信じられないからである。しかし，最後は，村の牧人にすぎないメロスが，王を改心させた。誰でも誰かを変えることができるし，どんな人でもきっかけがあれば変われることを伝えたい。 **（2）評価問題の解答（第10時）** ① ウ（誤答） ② 最後の場面はあったほうがよい。なぜなら，万歳する場面から信実に気付いた王が群衆に受け入れられたことが表現できるから。	B	B
[判定のポイント] ・（1）行動の変化を捉えて，理由を考えている。 ・（2）設問①は誤答だが，メロスの人物像をおおむね捉えていると判断できる。設問②は，「王が群衆に受け入れられることを表現できる」という自分の考えを展開を根拠に述べている。 ・人物の言動の意味を解説しようとしている。		
▶▶例Ⅱ **（1）メインの見出しと設定理由（第7時）** 見出し 王の気持ちを取り戻した，若者の覚悟と行動力に注目！ 理 由 （例Ⅰの記述に以下の記述が加わる）王は初めメロスのことを，見せかけの正義を振りかざす若者と見て侮ったが，傷ついても友情と信実を貫く姿を見て，尊敬やあこがれの対象として見方が変わった。王にも元々は正義の心があり，メロスの決死の行動によって人を信じる気持ちを取り戻したことに読者を注目させたい。 **（2）評価問題の解答（第10時）** ① エ（正答） ② 最後の場面はあったほうがよい。なぜなら，緋色のマントの少女が登場することでそれまでの緊張した雰囲気が和むからである。	A	B
[判定のポイント] ・（1）王の変化に着目しながら具体的に読み取っている。見出しは抽象度の高い言葉で表現しており，テーマの理解の深さが読み取れる。 ・（2）設問①に正答。②では，物語の展開を根拠にしながら，「緊張した雰囲気が和む」という表現の効果を述べている。 ・人物の言動の意味を解説しようとしている。		
▶▶例Ⅲ **（1）メインの見出しと設定理由（第7時）** 見出し 短編ながら，心の葛藤と超克を切実に描いた傑作！ 理 由 最終的には正義と友情を貫いたメロスだが，途中で諦めそうになる第4場面が描かれていることが効果的である。また，メロスが刑場に戻った第5場面では，セリヌンティウスからメロスに疑念をもったことが打ち明けられる。王も含め，主要人物それぞれの心の弱さが描かれ，最後には全員が乗り越えたからこそ，爽やかな読後感がある。 **（2）評価問題の解答（第10時）** ① エ（正答） ② 最後の場面はあったほうがよい。なぜなら，殴り合う場面があることにより人には諦めかけたり，疑ったりする弱さもあるがそれを許し合えることも伝えられ，ここに作者の意図があると考えるからである。	A	A
[判定のポイント] ・（1）表現のよさに着目しながら，人物の変容を捉えている。自分の言葉で見出しを作っており，内容としても主題への理解の深さが読み取れる。 ・（2）設問①に正答。設問②の理由の記述から展開に即して表現の効果や作者の意図について考えたことを根拠として述べようとしている。 ・登場人物の言動と作者の意図を重ね合わせながら粘り強く考えて理解しようとしている。		

教科における 指導と評価の計画と評価例

社会の評価

主体的に学習に取り組む姿を評価する学びの舞台を設定

社会では，三つの分野でそれぞれ地理的，歴史的，現代社会の見方・考え方を働かせ，多面的・多角的に考察する学習を土台として，よりよい社会の実現を視野に課題を追究したり解決したりする活動を基に評価する。

生徒の学習改善と学力向上を実現させる評価を教師が負担感なく行うには，授業時間内に評価ができる時間枠を設定しておく必要がある。この時間枠で生徒が社会的な諸事象を題材に「よりよい社会」とは何か（例：「戦争のない世界」）をイメージし，自ら設定する課題（例：「戦争のない世界をつくるにはどうしたらよいか」）の追究結果を発表する。教師が設定した単元や毎時間の授業のねらい（例：「第一次世界大戦とはどのような戦争だったのか」）とは別に，生徒自身が設定する課題の答えを発表するので，「主体的に学習に取り組む姿」を見せる舞台となる。1時間につき1人または少人数の生徒が対象で，単元のすべての授業で設定する必要はない。教師は発表を通して生徒がどのような知識・技能を活用し，思考・判断ができたかがわかるので，すべての観点の評価も可能となるだけでなく，発表に対する教師の助言や発表者以外の生徒との質疑応答などを通して，生徒全員が自らの学習状況を振り返ることができるので，自己調整力の向上にもつながる。

見方・考え方を働かせる考察場面での形成的評価を重視

歴史学習で主に扱う過去の事実やその解釈は，単に時期や年代，推移といった時系列の直線的な前後関係だけではなく，地理的条件や政治面，経済面，文化面，国際的な関係などを幅広く面的にとらえて相互の関連を考察することで，さまざまな意味や意義が理解できるようになる。こうして社会の全体像を時代ごとの特色を踏まえて把握できているかを論述させたものが総括的評価（評定）の主な資料になるので，特色を見出す過程における多面的・多角的な考察の場面での形成的評価が重要となる。

見方・考え方を働かせる場面を中心に生徒の学習状況やつまずきを見取り，授業でのヤマ場や対話的な学びで具体的な「よさ」「達成点」を言語化し，生徒がよりよく学ぶための見通しが立てられるように支援する。

「十分満足できる」状況を共有し，評価の透明性を確保

ノートやワークシートで学習が「おおむね満足できる」状況（B）であれば，特に記録に残す必要はない。論述等で「十分満足できる」状況（A）と判断できる内容は，プリントして配布するなどして全生徒が共有することで，理解の助けとすると共に，評価の透明性を高めることもできる。

ヤマ場の発表内容とその評価は，要旨をまとめたプリントを提出させることで，記録として残すことができる。この発表は「記録ノート」を輪番で担当させ，学級内でだれもがいつでも読めるようにするという方法も考えられる。

指導と評価の計画の作成

単元 中世から近世へと社会はどう変化したか（歴史的分野）
学習指導要領との対応 B近世までの日本とアジア （2）中世の日本 （3）近世の日本

評価規準 （学習を通して到達させたい最低限の姿） ※歴史的分野の評価規準

知識・技能	思考・判断・表現	主体的に学習に取り組む態度
・我が国の歴史の大きな流れを，世界の歴史を背景に，各時代の特色を踏まえて理解しているとともに，諸資料から歴史に関わる様々な情報を効果的に調べまとめている。	・歴史に関わる事象の意味や意義，伝統と文化の特色などを，時期や年代，推移，比較，相互の関連や現在とのつながりなどに着目して多面的・多角的に考察したり，歴史に見られる課題を把握し複数の立場や意見を踏まえて公正に選択・判断したり，思考・判断したことを説明したり，それらを基に議論したりしている。	・歴史に関わる諸事象について，国家及び社会の担い手として，よりよい社会の実現を視野にそこで見られる課題を主体的に追究，解決しようとしている。

指導と評価の計画 （単元・題材の学習をどう組み立てるか）

学習活動・学習課題 （丸付き数字は授業時数）	学習評価	
	つまずきと支援 （指導に生かす評価）	総括に用いる評価 （記録に残す評価）
1 （①）中世と近世の資料から二つの時代の違いや共通点を見つけて，その理由を問う学習課題をつくろう	活動の様子 （思・態）	
2 （②③）守護大名と戦国大名，江戸時代の大名の違いに着目して，統一事業や統一政権の政策の特色を説明しよう	活動の様子 （知・思）	p.64
3 （④⑤）東アジア全体の貿易の変化と日本の貿易の変化を，倭寇やヨーロッパとの関係を踏まえて説明しよう	活動の様子 （知・思）	
4 （⑥⑦）ヨーロッパ人来航の背景の考察から，時代をさかのぼる形で，世界で起こった変化とその理由を説明しよう	活動の様子 （知・思）	発言内容・記録ノート（態）
5 （⑧⑨）室町文化と桃山文化，南蛮文化と元禄文化の特色を比較し，文化が生み出された背景，担い手が変化した理由を説明しよう	活動の様子 （知・思）	
6 （⑩）中世とはどのような時代だったのか，説明しよう		レポート（知・思）
7 （⑪）近世とはどのような時代になったのか，説明しよう	活動の様子 （知・思）	
8 （定期考査）近世の日本では，何を守ることが重要だったのか		論述問題（思・態） p.66

［重点化のポイント］
　「中世」という時代がどのようにして終わり，「近世」という新しい時代がどのように始まったのかを扱うこの単元は，一般的な指導計画では別々の単元となるが，評価の重点化を図るために，学習指導要領に示された「内容のまとまり」を越える単元として設定している。時代の転換を扱うことで，推移や比較，相互の関連などの歴史的な見方・考え方を働かせた考察が行いやすく，各時代の特色も表現しやすくなるだけでなく，現代とのつながりに着目し，「よりよい社会の実現」を視野にそこで見られる課題を生徒が主体的に追究しやすくなり，評価対象となるヤマ場が生まれやすくなる。

総括に用いる評価（記録に残す評価）

2（②③） 守護大名と戦国大名，江戸時代の大名の違いに着目して，統一事業や統一政権の政策の特色を説明しよう

■ 何を見るか（資料と観点）

・発言内容・記録ノート（**態**）

ヤマ場の発表課題とその評価

▶ヤマ場の発表課題（生徒が設定する課題）について

　単元の指導計画 2 では，政治の推移に着目し，「中世の終わり」と「近世の始まり」の両側面をもつ戦国大名に焦点を当てて，その政治の意味や意義を問う課題を設定し，追究した結果を発表する場面が想定できる。

　　　　——→ 生徒が設定する課題について▶65頁の Tips 参照

　　　　——→ 記録ノートについて▶66頁の Tips 参照

▶評価のポイント：「主体的に学習に取り組む態度」の「おおむね満足できる」状況（B）

　社会を変える主体としての戦国大名に目を向け，その政治のよさや問題点を視野に入れて，よりよい社会の実現に向けての課題が追究できているかを判断する。歴史学習の場合，戦国大名という一時期のみの政治主体に目を向けると，継続的で粘り強さが求められるような考察ができないことが課題である。「守護大名の成長，戦国大名の登場，幕藩体制の確立によって，社会はどのように変わったのか」というように複数の政治主体の推移に着目できる課題を設定して追究すると，「十分満足できる」状況（A）も期待できる。

■ 学習状況をどう見るか（観点別学習状況の判定）

発言内容・記録ノート（ヤマ場の発表について）	態　度
▶▶例 **（1）生徒が設定する課題** 　戦国大名の登場によって，社会はどのように変わったのか。 **（2）発表内容** 　戦国大名は，領国内の争いをおさめ，産業や経済を発展させました。武田信玄のように，大規模な治水工事によって水害を防ぎ，耕地を広げた大名もいます。家臣や商工業者を城の周囲に集めたので，城下町も発展しました。強力な軍隊をつくり，他国の領国を攻めたりしなければ，日本全体としては平和な社会が築けたかもしれません。	B

［判定のポイント：「思考・判断・表現」の評価との関連性］

・日本全体から見れば争乱を繰り広げた戦国大名も，地域から見れば争乱をおさめた統治者としての側面があることに着目し，その政治の手法によって社会をどのようにによりよく変えていったのかを追究することができている。

・守護大名や幕藩体制との違いを踏まえたり，法令や文化といった様々な面にも目を向けたりして追究を続けることができれば，「主体的に学習に取り組む態度」だけでなく，「思考・判断・表現」の評価も「十分満足できる」状況（A）となりうる。

Tips 生徒が設定する課題と評価場面について
──「主体的に学習に取り組む態度」の評価①──

発表場面の設定

　生徒が自ら設定した課題の考察結果を発表するヤマ場が，単元の学習のどのタイミングで訪れるかは，課題と授業内容次第であるが，単元の初期段階に生徒が学習の見通しを立て，課題を設定することができるようにし，それを教師が把握しておけば，発表できそうな授業場面を想定し，時間枠を設定することが可能である。評価場面が重点化されると共に，１回の評価対象になる生徒も少人数に絞れるので，より具体的で個人の成長を促す評価とすることが期待できる。さらに，単元ごとに設定される評価規準ではなく，歴史的分野全体の評価規準を基に評価できることも効率化の重要な要素である。

ヤマ場の発表課題の例　○：つまずきと支援（指導に生かす評価）　　◎：記録に残す評価（総括に用いる）

学習課題（生徒が設定して追究し，発表するもの）	評価する観点と評価方法
❶　戦国大名の登場によって，社会はどのように変わったのか	記録ノート（**思**○，**態**◎）
❷　江戸幕府は，争乱のない社会をどのようにしてつくったのか	記録ノート（**思**○，**態**◎）
❸　世界との交流が自由にできない社会の問題点とは何か	記録ノート（**思**○，**態**◎）
❹　宗教改革によって，人々の生活はどのように改善されたのか	記録ノート（**思**○，**態**◎）
❺　庶民が文化の担い手になって，社会はどのように変わったのか	記録ノート（**思**○，**態**◎）
❻　強い統制下での安定した社会はよい社会と言えるだろうか	記録ノート（**思**○，**態**◎）

生徒が設定する課題とその評価

　生徒が設定する課題を最大公約数的に表現すれば，「よりよい社会をどうつくるか」というような大きな問いとなる。どのような社会がよりよい社会と言えるのかは，政治（外交も含む）や経済・産業，法，文化などの多様な領域に着目して追究するように指導する。より大きな問いほど，粘り強く追究を続ける必要があり，生徒には新たな知識を習得しながら考察を練り直したり，他の生徒が発表した内容との比較や関連などに着目して考察を深めたりするなどの自己調整が求められる。総括的評価を出す段階では，生徒がノート等に残した追究（自己調整）過程も評価資料となる。なお，第３学年の６〜７月頃に歴史的分野の学習を終えるときと，公民的分野の学習を終える３月に「よりよい社会をどうつくるか」というテーマでレポートを作成させ，総括的評価の資料とする。

「主体的に学習に取り組む態度」の評価の視点と「問い」のかたちの例

評価の視点	時代の特色を踏まえて自ら課題を設定しているか。	粘り強く追究し続けているか。
生徒の問い	どんな経緯で〜な社会となってしまったのか。	変えるにはどうしたらよいか。
	〜な社会はよい社会と言えるのか。問題点とは何か。	改善するにはどうしたらよいか。
	〜な社会をつくるには，どうすればよいか。	つくる上での課題とは何か。
	〜して，社会のどのような点がよくなったのか。	新たに課題となったこととは何か。

教科における　指導と評価の計画と評価例

Tips 学力向上に生かす記録ノートのつくり方・活用法
――「主体的に学習に取り組む態度」の評価②――

　生徒が自分の設定した課題について発表した内容は，学級別の専用のノートに輪番制で記録を取らせる。担当の生徒は記録を取るだけでなく，自分の考えや感想をノートに記述する。前回までに他の生徒が発表した記録から学べたことや疑問点なども記述してよい。発表者が記録を確認して内容を補足することもできる。

　記録ノートへの記入はできるだけ授業中に行わせる。ノートに記入したい生徒，記録を読みたい生徒は教師に知らせて，教室内をノートが自由に移動できるようにする。当日の授業の欠席者に対しては，貸し出しも可能とする。

　教師は授業で記録ノートに書かれた意見を紹介したり，前回までの授業内容の補充的指導を行ったりすることもできる。学級によって発表される内容が異なる場合や課題追究の「粘り強さ」に差が出てしまった場合などは，必要に応じて参考になる学級の学習状況も紹介し，学級全体の「自己調整力」が発揮できるようにする。

　自ら課題がなかなか設定できない生徒，発表ができない生徒については，記録ノートを読ませて，自分なりの課題を設定させたり，他の生徒の発表内容を課題追究の参考にさせたりして，「主体的に学習に取り組む態度」をバックアップできるようにする。生徒が自らスタートラインに立たない限り，「自己調整力」も「粘り強さ」も発揮のしようがないため，「主体的に学習に取り組む態度」は評価できない。

　なお，１人１台のコンピュータを活用して，全員分の発表やそれに対する意見等の情報を共有することができる時代となった。しかし，情報を集めるだけ集めて，評価・分析方法は今までのままということになると，教師はより多忙となる。テキストマイニングなどの手法を用いて，効率的に学習状況を把握し，学習評価を個別指導や授業に生かせるテクノロジーの向上を期待したい。

8（定期考査） 近世の日本では，何を守ることが重要だったのか

■ 何を見るか（資料と観点）

・論述問題（**思・態**）

単元の指導計画８の評価問題とその評価
【問題】
　中世と比べて，近世の日本は世の中が安定してよりよい社会となったと主張した生徒がいましたが，あなたはこの意見に賛成ですか，それとも反対ですか。特に江戸幕府が「守ろうとしたこと」に着目して，賛成または反対の理由も説明しなさい。

[評価のポイント]
　大きな争乱のない近世の社会を築いた江戸幕府の政策の意味や意義，伝統と文化の特色などを，中世との比較や現在とのつながりなどに着目して，多面的・多角的に考察できているかを評価（思考・判断・表現）すると共に，争乱がなくなったり，安定した社会が続いたりしたからよりよい社会になったという単純な説明ではなく，産業や文化の発達にふれたり，社会の秩序を保つために犠牲になっていたことはないか，という視点をもって，具体的な問題点を挙げるなどして粘り強く追究しているかを評価（主体的に学習に取り組む態度）する。

■ 学習状況をどう見るか（観点別学習状況の判定）

解答用紙（論述問題の解答）	思・判・表	態　度
▶▶例Ⅰ 　私は賛成です。徳川家康が開いた江戸幕府は，大名や百姓を法令で厳しく統制して，平和な世の中を守ることができました。平和な世の中になったおかげで農業などの産業も発達し，文化も栄えました。幕府は財政を守るために，様々な改革を実施しました。	B	B
[判定のポイント] ・社会が長期間にわたって安定した時代になったことを，政治，財政，法令，産業，文化といった様々な面を根拠として説明できている。 ・政治の具体的な改革の内容とその成果や課題にも触れられていれば，思考・判断・表現はＡとなり，さらによりよい改革のあり方を主張できていれば，主体的に学習に取り組む態度もＡとなる。		
▶▶例Ⅱ 　賛成です。近世がよりよい社会になったと判断した理由は，元禄文化や化政文化のような町人文化が栄えたことです。一定の条件のもとで，安全な旅行ができるようになったのも，治安が安定したからです。私は授業でも発表したように，江戸の人々が資源を無駄にせず，環境にやさしい生活をしていることに特に注目しました。持続可能な社会のために，徹底的なリサイクルを進めていくことがこれからの日本でも求められています。	B	A
[判定のポイント] ・授業で発表したことが単元末の評価問題の解答でも生かされ，現在とのつながりも指摘できるようになったことを確認し，よりよい社会の実現に向けて行動する意欲の一層の高まりが認められるので，主体的に学習に取り組む態度はＡとする。		
▶▶例Ⅲ 　私は反対です。もちろん天下が統一され，戦乱の世が終わったのは確かですが，武家諸法度による幕府の厳しい統制によって大名は反乱を起こせなくなり，参勤交代による財政の負担も大きく，藩の政治を失敗すれば改易される心配もあったので，現代のブラック企業に似ています。将軍の権威を守るために主従関係や上下関係を重んじる朱子学を幕府の学問としたことは，男尊女卑の風潮が社会に根づくことにつながり，女性がより活躍できる社会への変化が求められている現代とも無関係ではありません。キリスト教の禁止を徹底するために幕府は貿易も統制し，海外からの情報も独占しました。近世の社会の安定は，自由ではなく制限や管理・統制によって維持されたもので，近代や現代の社会が重視している人権の考え方が乏しかったことが，大きな課題でした。	A	A
[判定のポイント] ・参勤交代や文治政治など，江戸幕府が行った具体的な政策だけでなく，現代の社会で見られる課題との共通性にも触れられており，ヤマ場の発表で考察したことを踏まえて粘り強く考え，よりよい社会の実現を強く望んでいる態度が読み取れるので，どちらの観点もＡとする。		

数学の評価

ヤマ場づくりのポイント

数学における単元・授業のヤマ場の設計は，学習指導要領の内容の思考力・判断力・表現力等として重点化された部分と，その布石となる意味理解の授業とをセットで捉えたい。

例えば，1年「データの分布」で，単元におけるヤマ場の授業として，H25全国学調「美しい長方形」の活用問題のように，データに基づき分布の形に着目しながら，代表値を用いて判断していく統計的な問題解決の授業が思い浮かぶが，その前段として分布の特徴や代表値の意味理解を図り，後の活用問題へ伏線を張る授業も密かなヤマ場となる。その際，代表値の意味理解を図る授業では，後段の授業への布石として，扱う全ての代表値について，それぞれに指導に生かす評価（形成的評価）を位置付けることが考えられる。

単元テストや定期テストは，生徒の学習状況の変容を肯定的に見取るための材料としても位置付け，授業で扱った評価課題から少しだけステップアップした出題を取り入れることも考えられる。

指導に生かす評価のポイント

授業中の形成的評価は，誤答の傾向を分析したり生徒のつまずき等を把握したりすることを目的して，生徒の学習状況に応じて指導改善に生かすことが大切である。

例えば，「$V = \dfrac{1}{3} S h$ を，S について解きなさい。」という問題で誤答した生徒に，「$V = S \times h \div 3$ を，S について解きなさい。」と示したら，正答できたことがあった。つま

り，この生徒のつまずきは，「×」や「÷」を省略する文字式の意味理解にあるといえる。このような状況が見られる場合，類似問題を提示する際に，省略されている文字式の演算など着目すべき点を確認した上で，技能の習熟を図るなどの指導改善が考えられる。

また，例えば，「図形の合同」について，三角形の合同条件を基にして図形の基本的な性質を証明することが難しい生徒は，証明の方針を立てるところでつまずいている可能性がある。このような場合，結論を導くために必要な事柄を結論から逆向きに考えたり，仮定や仮定から導かれる事柄を明らかにしたりした上で，「仮定と結論を結び付けるためにあと何が言えればよいか」を探る活動を重視することが考えられる。

主体的に学習に取り組む態度の評価のポイント

「主体的に学習に取り組む態度」の観点は，生徒の学習活動を「知識・技能」や「思考・判断・表現」の観点で評価する際に，併せて粘り強く考えているか，自らの学習を調整しているかなどの側面からも評価することが考えられる。ただし，単元や学期末の総括的評価（評定）の際は，一問の正誤からだけでなく，授業の学習活動で粘り強く考えたり対話的な学びを通して自らの学習を調整したりする様子を重視したり，単元末テスト時点における一人一人の学習状況の変容を肯定的に見取ったことを評価資料としたりすることも大切である。

指導と評価の計画の作成

■単元■ 合同な図形（第2学年）
■学習指導要領との対応■ B 図形 （2）図形の合同

評価規準（学習を通して到達させたい最低限の姿）

知識・技能	思考・判断・表現	主体的に学習に取り組む態度
・平面図形の合同の意味及び三角形の合同条件について理解している。 ・証明の必要性と意味及びその方法について理解している。	・三角形の合同条件などを基にして三角形や平行四辺形の基本的な性質を論理的に確かめたり，証明を読んで新たな性質を見いだしたりすることができる。 ・三角形や平行四辺形の基本的な性質などを具体的な場面で活用することができる。	・証明のよさを実感して粘り強く考え，図形の合同について学んだことを生活や学習に生かそうとしたり，平面図形の性質を活用した問題解決の過程を振り返って評価・改善しようとしたりしている。

指導と評価の計画（単元・題材の学習をどう組み立てるか）

学習活動・学習課題 （丸付き数字は授業時数）	学習評価	
	つまずきと支援 （指導に生かす評価）	総括に用いる評価 （記録に残す評価）
①合同な三角形を見つけたり対応する辺や角の関係を表したりする		活動の様子（知）
②三角形の決定条件を基にして三角形の合同条件について調べる	活動の様子（知）	
③二つの三角形が合同かどうかを三角形の合同条件を使って判断する（1）	活動の様子（思）	
④二つの三角形が合同かどうかを三角形の合同条件を使って判断する（2）		ワークシート（思・態） p.70
⑤角の二等分線の作図を，三角形の合同条件を踏まえて振り返る		活動の様子（知）
⑥根拠となる事柄を明らかにして，簡単な図形の性質を証明する	ワークシート（知）	
単元テスト		評価問題（知・思）

[重点化のポイント]
　上の単元計画（全6時間）は，第4時の授業をヤマ場とした例である。
　基本的な図形の性質を三角形の合同条件を使って証明できるようになるには，三角形の合同を示すために，どの合同条件を使えばよいのかを見出す必要がある。
　そこで，第3・4時に，証明するための構想や方針を立てることの入口として，証明の書き方を扱う前の段階で重点的に指導する学習活動を位置付けている。第4時のねらいは，「図形の辺や角の相等関係に着目し，二つの三角形が合同かどうかを三角形の合同条件を使って判断する学習活動を通して，三角形の合同を証明するための構想や方針を立てることができるようにすること」としている。
　なお，第4時の評価問題と同様の問題を，単元テスト等でも出題する。その際には，証明を書く問題も出題し，その解答状況と関連付けて，基本的な図形の性質を論理的に確かめることができるかどうかも評価することが考えられる。なお，判断にあたっては，記号の書き忘れ等の表現不十分をある程度許容し，証明の筋道が正しいとわかることを重視するようにしたい。

第
1
部

第
2
部

第
3
部

教科における　指導と評価の計画と評価例

69

総括に用いる評価（記録に残す評価）

第④時 二つの三角形が合同かどうかを三角形の合同条件を使って判断する（2）

▌ 何を見るか（資料と観点）

・ワークシート（**思・態**）

第4時の学習活動とその評価

　本時の指導は，第5時以降に扱う証明問題を一部先取りして取り上げるなどして，以後の学習に見通しをもてるようにする。以下のような評価問題で，主に「思考・判断・表現」の学習状況を見取り，その際，三角形の合同条件を，証明等で使える知識として理解できるように支援することも大切である。

【問題】
右のように，線分ＡＤと線分ＢＣが点Ｏで交わっています。△ＡＯＣと△ＤＯＢにおいて，ＯＡ＝ＯＤ，ＯＣ＝ＯＢのとき，△ＡＯＣ＝△ＤＯＢがいえるか考えます。このとき，次の問いに答えなさい。

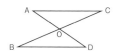

①なぎささんは，条件がもう一つあれば，三角形の合同条件のうち，「3組の辺がそれぞれ等しい」を使って，△ＡＯＣ＝△ＤＯＢがいえると考えています。そのためには，どんな条件があればよいですか。下のアからカまでの中から一つ選びなさい。
　　ア　ＯＡ＝ＯＤ　　　　イ　ＯＣ＝ＯＢ　　　　ウ　ＡＣ＝ＤＢ
　　エ　∠ＯＡＣ＝∠ＯＤＢ　オ　∠ＯＣＡ＝∠ＯＢＤ　カ　∠ＡＯＣ＝∠ＤＯＢ

②ひかるさんは，条件がもう一つあれば，三角形の合同条件のうち，「2組の辺とその間の角がそれぞれ等しい」を使って，△ＡＯＣ＝△ＤＯＢがいえると考えています。そのためには，どんな条件があればよいですか。下のアからカまでの中から一つ選びなさい。
　　ア　ＯＡ＝ＯＤ　　　　イ　ＯＣ＝ＯＢ　　　　ウ　ＡＣ＝ＤＢ
　　エ　∠ＯＡＣ＝∠ＯＤＢ　オ　∠ＯＣＡ＝∠ＯＢＤ　カ　∠ＡＯＣ＝∠ＤＯＢ

③次の問題の証明を完成するとき，なぎささんとひかるさんのどちらの考えを使って証明しますか。どちらか一人を選び，それを選んだ理由を説明しなさい。

　問題　右のように，線分ＡＤと線分ＢＣが点Ｏで交わっています。
　　　　　ＯＡ＝ＯＤ，ＯＣ＝ＯＢのとき，△ＡＯＣ＝△ＤＯＢであることを
　　　　　証明しなさい。

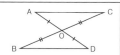

　証明）　△ＡＯＣと△ＤＯＢにおいて
　　　　　仮定より，ＯＡ＝ＯＤ，ＯＣ＝ＯＢ
　　　　　..

　　　　　△ＡＯＣ≡△ＤＯＢ

［評価のポイント］
・活用問題への伏線を張る授業として構想しており，その後の学習（「平行四辺形になるための条件」）で扱う問題場面を先回りして取り上げている。
・設問③は，三角形の合同条件を基にして証明の方針を考えることができるか（思考・判断・表現）と，証明の方針を粘り強く考えているかどうか（主体的に学習に取り組む態度）を見る問題である。設問①，②の解答状況と連動するかたちで，評価する。
・ひかるさんの考えを選択できれば，第4時の時点では，「思考・判断・表現」は「おおむね満足（Ｂ）」と考える。また，選んだ理由の説明で，2人の考えを比較し，根拠の有無など，消去法で判断したことを表そうとしている状況が見て取れれば，「主体的に学習に取り組む態度」も「おおむね満足（Ｂ）」と考える。

■ 学習状況をどう見るか（観点別学習状況の判定）

ワークシートの記述（問題の解答）	思・判・表	態　度
▶▶例Ⅰ	B	B

設問①　ア（誤答）
設問②　カ（正答）
設問③

　選んだ考え：ひかるさんの考え
　選んだ理由：なぎさんの考えでは証明できないから。

[判定のポイント]
・設問②に正答した上で，設問③でひかるさんの考えを選択している。また，理由の記述から二人の考えを比較しようとしている状況が見て取れる。したがって，「思考・判断・表現」と「主体的に学習に取り組む態度」とどちらも「おおむね満足できる」状況と判断できる。

	思・判・表	態　度
▶▶例Ⅱ	A	A

設問①　ウ（正答）
設問②　カ（正答）
設問③

　選んだ考え：ひかるさんの考え
　選んだ理由：なぎさんの考えでは，「ＡＣ＝ＤＢ」の条件が必要になるが，証明で示すには根拠がない。ひかるさんの考えの「∠ＡＯＣ＝∠ＤＯＢ」のほうは「対頂角は等しい」の性質により証明で示すことができるので，ひかるさんの考えを参考にすると証明できる。

[判定のポイント]
・設問①，②に正答した上で，設問③でひかるさんの考えを選択している。また，理由の記述から二人の考えを比較し，消去法で証明の方針を考えている状況が見て取れる。したがって，「思考・判断・表現」と「主体的に学習に取り組む態度」とどちらも「十分満足できる」状況と判断できる。

	思・判・表	態　度
▶▶例Ⅲ	B	A

設問①　ア（誤答）
設問②　カ（正答）
設問③

　選んだ考え：ひかるさんの考え
　選んだ理由：もし「∠ＡＯＣ＝∠ＤＯＢ」がいえれば，「２組の辺とその間の角がそれぞれ等しい」の合同条件に当てはまるから，ひかるさんの考えのほうが簡単に証明できる。

[判定のポイント]
・設問②に正答した上で，設問③でひかるさんの考えを選択している。根拠の有無を明記していないが，「思考・判断・表現」は「おおむね満足できる」状況と判断できる。また，理由の記述から，二人の考えを比較し，証明の方針を粘り強く考えている状況が見て取れる。したがって，「主体的に学習に取り組む態度」は「十分満足できる」状況と判断できる。

教科における　指導と評価の計画と評価例

理科の評価

単元や学習指導要領の中項目といった内容のまとまりにおいて，学習したことを活用して思考する学習課題や評価問題を設定し，「日常生活の中で生じる疑問を解決すること」や「学習内容を適用して思考し，問題を解決すること」を図る学習場面を，指導のヤマ場及び評価の舞台として捉えて，複数の観点を一体的に見取ることができるように指導と評価を計画したい。例えば，「太陽の見え方や，天気の変化を現在または今後の空の様子に関連付けて考える」「校地内に見られる植物（動物）を学んだことを根拠に分類する」「種類が不明な物質を実験により同定する」など，日常生活を科学的に捉え，調べるための実験を計画し，得られた結果と実験計画を往還して思考するような学習活動を，単元の後半に設定する。

指導に生かす評価のポイント

なかなか思考が進まない生徒やグループや，つまずきが見られている生徒が見られている場面に対しては，全員が理解するまで生徒に話し合わせ，互いの発言による生徒自身の気付きや理解を図る学習活動が効果的である。また，その時点での拙いイメージや説明を全体で共有しながら望ましい概念を形成していくような学習の方法も考えられる。学習形態はグループやペア，全体での話し合いや交流と様々に考えられるが，いずれにしても最後は一人一人に説明させたり記述させたりすることで表出させ，「わかったような気で終わらせない」ことが肝要である。また，生徒のつまずきの原因をあらかじめ想定することで，指導改善に生かすことができる。

> **Tips** つまずきの原因の想定について
>
> 例えば，「20 g×3個のおもりを2秒で垂直に50cm引き上げるために5Vの電圧で0.3Aの電流が流れるモーターを使った場合に必要な電圧と，電流を考え，実験により実証しなさい」という課題は，理論値（計算上の仕事）では成立する「仕事の原理」であるが，実際のモーターは理論値の通りには動かない。そこで再実験の必要性を実感し，実験により得られたデータから結果的にエネルギー効率の欠点を見出していく学習の過程が考えられる。このような学習活動では，以下のようなつまずきが考えられる。
> ①仮説形成段階でオームの法則や仕事の大きさの求め方が理解できていない（知識）
> ②仮説（数値）はわかっているが適切な回路のつなぎ方がわかっていない（技能）
> ③実験結果を仮説と比較して分析することが難しい（思考・判断）
> ④再実験の方法を構築できない（思考・判断）

記録に残す評価のポイント

課題解決にあたり，一度の仮説形成や実験・観察では実証が困難な課題を設定することで，解決に必要な知識・技能が「使える」レベルにあるか，科学的な思考力（実験データを適切に得られているか，仮説と比較した分析ができているか，実験の方法や理論は妥当であるか，など）が養われているか，自らの学習を調整しながら解決しようとしているかなどをレポート等により多面的に評価することが考えられる。例えば，「種類が不明な物質を実験により同定しなさい」という学習課題を設定し，知識・技能を正しく適用できるか，それらを基に思考・判断・表現し，仮説に基づく実験を立案，実験結果の分析・解釈，実験の妥当性の振り返りなどができているか，課題解決にあたり，粘り強く考え，自らの学びを調整できているかといった，一体的な観点別評価ができるものと考える。

指導と評価の計画の作成

単元 地球と宇宙（第3学年）
学習指導要領との対応 第2分野　（6）ア（イ）太陽系と恒星　⑦月や金星の運動と見え方

評価規準 (学習を通して到達させたい最低限の姿)

知識・技能	思考・判断・表現	主体的に学習に取り組む態度
身近な天体とその運動に関する特徴に着目しながら，月や金星の運動と見え方についての基本的な概念や原理・法則などを理解しているとともに，科学的に探究するために必要な観察・実験などに関する基本操作や記録などの基本的な技能を身に付けている。	月や金星の見え方について，天体の観察・実験などを行い，その結果を分析して解釈し，月や金星の見え方の特徴や関係性を見いだして表現しているとともに，探求の過程を振り返るなど，科学的に探究している。	月や金星の見え方に関する事物・現象に進んで関わり，見通しをもったり振り返ったりするなど，科学的に探究しようとしている。

指導と評価の計画 (単元・題材の学習をどう組み立てるか)

学習活動・学習課題 （丸付き数字は授業時数）	学習評価	
	つまずきと支援 （指導に生かす評価）	総括に用いる評価 （記録に残す評価）
事前課題　月の形や見える位置の変化について天体観測を行う	観測レポート（**態**）	
①②月が満ち欠けする理由やそれぞれの見える時間帯についてモデル実験を通して考察する	ノートの記述内容（**思**）	
③④日食についてモデル実験を通して理解する	ノートの記述内容（**知**）	
⑤月の満ち欠けと月食の違いについて考察する		ノートの記述内容 （**思・態**） 活動の様子（**態**）　p.74 ▶
⑥⑦金星の満ち欠けと位置関係による見える時間帯の違いをモデル実験で調べる	ノートの記述内容（**思**）	

［重点化のポイント］

　月の見え方に関して，月の満ち欠けと月食という，日常生活において誰もが見ているが疑問をもちやすい課題を，「記録に残す評価」の場として単元の終盤に設定する。
　この単元で想定される生徒のつまずきは，宇宙空間を地球から見た視点と地球の外から見た視点という普段では経験できない視点の移動が難しいことである。そこで，この授業を行うまでに，例えば，発泡スチロール製の球をいくつか用意し，太陽と地球の位置関係による季節の変化や天体の日周運動や年周運動を考え，実際の観測やコンピュータシミュレーションにより見られる空の様子と関係付けて捉える学習を繰り返すことで，「ヤマ場の授業」において空間的な見方，考え方を働かせて主体的に問題解決に向かい，生徒自身の力で見出す学習活動が展開できると考える。また，月の学習を始める段階では月の満ち欠けや日食について実際にモデルの球に当たる光でとらえさせ，その上で「どちらも月が欠ける現象である月食との違いは何か」と問題を設定することで，既習事項を生かして生徒が思考し，評価のポイントを明確にした授業につながるものと考え，第5時を重点とした。

総括に用いる評価（記録に残す評価）

第⑤時 月の満ち欠けと月食の違いについて考察する

■ 何を見るか（資料と観点）

・ノート（**思・態**），観察（**態**）

本時の学習課題とその評価

【課題】月の満ち欠けと月食との違いを説明しなさい

　この単元で獲得してきた月に当たる太陽の光の角度による満ち欠けを基に，太陽，地球，月の位置関係による月食との関係について，モデル実験を通して解決し説明する学習課題を設定する。それぞれの現象についてモデル実験の結果と実際の見え方や見える頻度との関係等を見出して，その根拠と共に記述させることを通して，思考・判断・表現と主体的に学習に取り組む態度を一体的に評価することをねらっている。実験中の活動の様子と合わせて評価する。

［評価のポイント］

▶**思考・判断・表現の評価をBとする判断のポイント**

　月の満ち欠けと月食の違いを説明した記述について，以下二つの視点のどちらかを満たしていることである。

　　①地球から見た月の形（月の見た目）に言及していること

　　②太陽，月，地球の位置関係をもとに説明していること

▶**主体的に学習に取り組む態度の評価の考え方とBとする判断のポイント**

　問題解決のための学習にあたり，モデル実験に取り組もうとする生徒の姿や，例えば他者の考えから自らの考えを調整し，それを確かめるべく試行錯誤しているかを見取ることで，主体的に学びに取り組む態度の評価にもつながると考える。

　グループでの実験において態度の状況がCと見られる生徒（例えば実験に参加しようとしない，またはグループの作業についていけていない生徒）については，生徒の観察においてその状況が見られた段階で個別にわからないことを表出させたり，生徒が思考する視点を与えたりする。そうすることで，1単位時間の学習の過程においても形成的評価と指導の一体化が図られ，Cの状況の生徒をBの姿に到達できるようにする手立ての一つとすることができる。その上で，モデル実験に取り組む生徒の姿を見取り，例えば座席表や名簿等に簡潔に記録しておくことで評価材料の一つとする。

　評価問題に対する説明をする段階で，その根拠を記述させることで，生徒がどのように思考したのかを見取ると共に，どのように取り組もうとしたのかを評価する資料の一つとすることができる。また，振り返りの記述からも評価資料がさらに得られ，前述の評価を補完することも考えられる。いずれにしても，グループ単位の見取りではなく「個」に返した判断材料とすることが大切である。

　主体的に学習に取り組む態度については，授業中の生徒の観察によって得られる評価資料と，記述によって得られる評価資料とを総合的に判断することが大切である。ただし，例えば観察によりCと見られる姿であればBの姿に到達できるようにするための手立てを講じるし，そのままCと見られる姿であり続けた生徒が，記述のみAの状況となることは考えにくいため，観察法により得られる評価と記述により得られる評価はある程度連動したものとなることが考えられる。また，観察によりAと見取った生徒の記述がCの状況だった場合は，文章などで表現することが難しいという個性をもつ生徒である可能性もあり，評価資料や手立てを個別に講じるなど，多面的に判断したい。

■ 学習状況をどう見るか（観点別学習状況の判定）

①実験ノートの記述，②活動の様子	思・判・表	態　度
▶▶例Ⅰ **（1）ノートの記述例（判定の根拠となる箇所）** ・「それぞれの違いは月の形の違いである。」 ・「モデル実験の結果から，地球から見える月の形の変化が満ち欠けと月食では違っていたから。」 **（2）活動の様子の例（評価資料として記録に残した姿）** ・地球のモデルの位置を操作しながら，月食の場合の月の形の変化を調べようとしている ・地球からの視点になるように自分やモデルの位置を固定して月の形の変化を調べようとしている ・「地球から見える月の形を調べ，欠けていく様子の違いに着目することで，説明することができました。」（振り返りの記述）	B	B
	［判定のポイント］ ・モデル実験を根拠として，月の見かけの形に着目し，地球から実際に見える月の形の違いに言及しているため思考・判断・表現をBと判定する。 ・モデル実験を通してそれぞれの見え方の違いを模索したことから，主体的に学習に取り組む態度をBと判定する。	
▶▶例Ⅱ **（1）ノートの記述例（判定の根拠となる箇所）** ・「太陽・地球・月の順で一直線に並んだときに起こる。」 ・「モデル実験の結果から，このときにしか月食は起こらなかった。月食が起きるときは満月である。また，並んでいないときには月は満ち欠けする。」 **（2）活動の様子の例（評価資料として記録に残した姿）** ・3つの天体の位置関係を意図的に操作して満ち欠けが起こる場合と月食が起こる場合について調べようとしている ・宇宙空間を俯瞰した目線から月食や月の満ち欠けが起こる条件を調べようとしている。 ・「モデル実験をしたら，どちらの現象も太陽に対する地球と月の位置の違いが関係しているのではないかと考えることができました。」（振り返りの記述）	B	B
	［判定のポイント］ ・モデル実験から，三つの天体の位置関係を根拠として説明しており，満ち欠けとの違いを説明しているため，思考・判断・表現をBと判定する。 ・多様な位置関係を想定してモデル実験に取り組んだ様子から，主体的に学習に取り組む態度はBと判定する。	
▶▶例Ⅲ **（1）ノートの記述例（判定の根拠となる箇所）** ・「太陽・地球・月の順で一直線に並んだときに起こるが，月は斜めに地球の周りを回っているため，満ち欠けと違い，月食は定期的に見られるものではない。」 ・「なぜ月食が毎月起こらないかが疑問だったが，Eさんと話し合って月の公転軌道を斜めにしてみたら，理解することができた。」 **（2）活動の様子の例（評価資料として記録に残した姿）** ・月食が毎月見られない現象であることと関連付けて，月のモデルを3次元的に（地球の公転面に対する傾きを意識しながら）操作して調べようとしている。 ・平面上では満月の時に月食となりそうなモデル実験について，他者の考えを取り入れて再度実験して調べようとしている。 ・「満月と違い，月食が定期的に起こらないまれな現象であることが，今回みんなと話し合いながら学んだことで明らかになりスッキリしました。」（振り返りの記述）	A	A
	［判定のポイント］ ・モデル実験を通して平面的な捉えでは説明に限界があることに気が付き，宇宙空間の3次元的な広がりに目を向けたものと判断し，思考・判断・表現を十分満足「A」と判定する。 ・他者と協働し自己調整しながら考えようとしていることから，主体的に学習に取り組む態度を十分満足「A」と判定する。	

教科における　指導と評価の計画と評価例

音楽の評価

学習指導要領の資質・能力の三つの柱は密接に関わっていることから，音楽科においては，「思考・判断・表現」と「知識」の評価規準を一つの授業に位置付けるなどの重点化の工夫が可能である。例えば，３年の「花の街」（江間章子作詞・團伊玖磨作曲）を取り扱う題材において，第１時に「花の街」の音楽の特徴を捉えたことを踏まえ，第２時の歌唱表現を創意工夫する場面で，「花の街」の曲想と音楽の構造や歌詞の内容との関わりを理解しているかどうか（知識），及び「花の街」の旋律や強弱の知覚・感受に基づいて歌唱表現を創意工夫し，思いや意図をもつことができているか（思考・判断・表現）の二つを一体的に評価することなどが考えられる。

一般的に，表現領域では「音楽表現を創意工夫する」場面，鑑賞領域では，設定された指導事項に沿って考え，「音楽のよさや美しさを味わって聴く」場面が題材における「指導のヤマ場」となることが多い。この場面に，「思考・判断・表現」の記録に残す評価を位置付けることが，指導と評価の計画を重点化する上で，最も効果的・効率的であると考える。

指導に生かす評価のポイント

歌ったり演奏したりするような活動場面における行動観察を基本として，そのまま放っておくと，記録に残す評価で「努力を要する状況」（Ｃ）と判断せざるを得ない学習状況を中心に的確な把握に努め，適切な指導を行うことが大切である。その際は，当該生徒への声かけや対話を通して，つまずきの中身を把握した上で，直接的な指導・支援だけでは

なく，グループ活動のメンバーやペア活動の相手などの身近な他者をモデルにしたり，相互にチェックしてアドバイスし合ったりするようなことを促し，他者との関わりの中で，自ら知識を得たり，技能を身に付けたりするような場面を創出して間接的に支援することも教師に工夫が求められる点である。

記録に残す評価のポイント

授業中における評価（観察など）と授業後における評価（ワークシートの記述など）を補完的に扱い，無理なく確実に記録に残す評価を行うことが大切である。年間35～45時間という授業時数であることを踏まえ，１単位時間あたり時間の記録に残す評価は，従前は１～２回が目安とされてきたが，評価の重点化を図る上ではさらに精選し，今後は０～２回とすることが考えられる。

生徒の学習状況を把握しながら工夫した授業を展開し，評価に基づく指導・支援を十分に行った上で，適切な場面において記録に残す評価を実施することが求められる。例えば，「主体的に学習に取り組む態度」の観点においては，題材の導入において，生徒に学習対象への関心をもたせる指導を行うことは当然であるが，その結果のみを記録に残す評価（評定の対象）とするのではない。その後の学習において，生徒がその関心を持続・向上させつつ，学習目標に向かって粘り強く取り組むことができるように支援していき，その成長の様子を観察したり，振り返りシートに記録させたりするなどして，題材の終末で総括的に評価することが望ましい。

指導と評価の計画の作成

題材 「赤とんぼ」の曲想を味わって，歌唱表現を工夫しよう（第1学年）
学習指導要領との対応 A表現（1）歌唱ア・イ（ア）・ウ（ア）（共通事項）（1）リズム，速度，旋律，強弱

評価規準（学習を通して到達させたい最低限の姿）

知識・技能	思考・判断・表現	主体的に学習に取り組む態度
・「赤とんぼ」の曲想と音楽の構造や歌詞の内容との関わりについて理解している。（知識） ・創意工夫を生かした表現で「赤とんぼ」を歌うために必要な発声，言葉の発音，身体の使い方などの技能を身に付け，歌唱で表している。（技能）	①「赤とんぼ」のリズム（拍子），速度，旋律，強弱を知覚し，それらの働きが生み出す特質や雰囲気を感受しながら，知覚したことと感受したこととの関わりについて考えている。 ②「赤とんぼ」をどのように歌うかについく思いや意図をもっている。	・「赤とんぼ」の歌詞が表している情景や心情，及び「赤とんぼ」の曲想に関心をもち，音楽活動を楽しみながら主体的・協働的に歌唱の学習活動に取り組もうとしている。

指導と評価の計画（単元・題材の学習をどう組み立てるか）

学習活動・学習課題 （丸付き数字は授業時数）	学習評価	
	つまずきと支援 （指導に生かす評価）	総括に用いる評価 （記録に残す評価）
①「赤とんぼ」の歌詞の内容や曲想に関心をもつと共に，リズム（拍子），速度，旋律，強弱を知覚・感受し，それらの関わりについて考えながら，1番から4番を通して歌う	活動の様子・ワークシート（知・思①・態）	活動の様子・ワークシート（思①）
②前時の学習を生かし，「赤とんぼ」の曲想と音楽の構造や歌詞の内容との関わりを理解して，「赤とんぼ」の歌唱表現を創意工夫する	活動の様子・ワークシート（技・思②）	活動の様子・ワークシート（知・思②）
③創意工夫を生かした表現で「赤とんぼ」を歌うために必要な技能を身に付け，学級における発表会において，独唱で歌うと共に他者の発表を聴き，互いのよさや工夫を共有する	演奏・活動の様子・ワークシート（態）	演奏（技），活動の様子・ワークシート（態）

p.79

［重点化のポイント］

　以上の「題材の指導と評価の計画」（全3時間）におけるヤマ場は，第2時の『赤とんぼ』の歌唱表現を創意工夫する場面と計画する。

　第1時においては，「赤とんぼ」の演奏を聴いたり，実際に歌ったりしながら，「赤とんぼ」の歌詞の内容や曲想に関心をもたせ，リズム，速度，旋律，強弱を知覚・感受し，それらの関わりについて考えることができるようにする（思考・判断・表現①）。第2時にグループまたはペアで歌唱表現を創意工夫する活動を設定し，曲想と音楽の構造や歌詞の内容との関わりについて理解しているかどうか（知識），「赤とんぼ」をどのように歌うかについて思いや意図をもっているかどうか（思考・判断・表現②）を評価する。行動観察だけで題材の評価を総括することは無理があると考えて，ワークシートなどを工夫し，理解したことや，ペアやグループで取り組んだことを踏まえた個人の思いや意図を書かせるようにし，授業中の評価（行動観察）と授業後の評価（ワークシートの記述）を補完的に扱うことで，無理なく全ての生徒の評価を記録に残すことができるようにする。

　なお，技能については，回数を重ねるほど習熟が図られると考え，第3時の発表を記録に残す評価（評定の対象）とする。また，「主体的に学習に取り組む態度」の評価については，3時間を通しての観察などを経て，第3時に総括する。

総括に用いる評価（記録に残す評価）

▌何を見るか（資料と観点）

・ワークシート（**思・態**）

題材　「赤とんぼ」の曲想を味わって、歌唱表現を工夫しよう

1年　　組　　号　氏名

題材の目標（できるようになってほしいこと）
- □　「赤とんぼ」の曲想と音楽の構造や歌詞の内容との関わりについて理解する。
- □　創意工夫を生かした表現で「赤とんぼ」を歌うために必要な発声、言葉の発音、身体の使い方などの技能を身に付ける。
- □　「赤とんぼ」のリズム（拍子）、速度、旋律、強弱を知覚し、それらの働きが生み出す特質や雰囲気を感受しながら、知覚したことと感受したこととの関わりについて考え、「赤とんぼ」の歌唱表現を創意工夫する。
- □　「赤とんぼ」の歌詞が表している情景や心情、及び「赤とんぼ」の曲想に関心をもち、音楽活動を楽しみながら主体的・協働的に歌唱の学習活動に取り組む。

題材の学習の流れ

第1時	第2時	第3時
「赤とんぼ」の内容や曲想に関心をもつとともに、リズム（拍子）、速度、旋律、強弱を知覚・感受し、それらの関わりについて考えながら、1番から4番を通して歌う。	前時の学習を生かし、「赤とんぼ」の曲想と音楽の構造や歌詞の内容との関わりを理解して、「赤とんぼ」の歌唱表現を創意工夫する。	創意工夫を生かした表現で「赤とんぼ」を〜技能を身に〜うとともに、互いのよき〜
（　月　日）	（　月　日）	（

【第1時】

詞が表している情景や心情、曲の雰囲気など ☞ 歌詞は1番から4番までありますね。	聴いたり歌ったりして気付いた〜 ☞ 拍子、速度、旋律の音のつな〜 に着目してみましょう。
他者の気付きの中で「なるほど」と思ったこと	他者の気付きの中で「なるほど、

「赤とんぼ」の音楽の特徴と歌詞の内容を整理してみよう

音楽の特徴	知覚	拍子　　/　拍子	速度	旋律の音のつながり方
	感受	感じ取ったこと		
歌詞の内容				

【第2時】
第1時の学習を生かし、「赤とんぼ」の歌唱表現を創意工夫して歌おう。
(1) 実際に歌い試しながら、どのように歌いたいのかを楽譜に書き込みましょう。

赤とんぼ

三木　露風　作詞
山田　耕筰　作曲

ゆうや　け　こやけ〜の　あか　とん　ぼ

おわれ　て　みたの〜は　〜　いつの〜ひ〜か

(2) あなたが特に表現の工夫をしたいと思うことを書きましょう。
（書き方の例：○○○○な気持ち（思い）を表したいので、△△△△したい。）

【第3時】
あなたが「赤とんぼ」の歌唱表現を創意工夫する3時間の学習に取り組んでの振り返りや学んだことを、歌詞の内容、曲想、拍子、速度、旋律、強弱などに触れながら書きましょう。

［評価のポイント］
　ワークシートは題材の目標，学習の流れを示して，題材の学習全体を見通すことができるようにしている。「知識」の評価については第1時及び第2時のワークシートの記述から判断し，「思考・判断・表現」の評価については第2時の授業における観察，及び（1）の楽譜の書き込みと（2）の記述を補完的に扱って判断する。
　「主体的に学習に取り組む態度」の評価については，第1時から第3時までの授業における観察，及び第3時の記述を補完的に扱って判断し，「技能」の評価については第3時の演奏で判断する。

■ 学習状況をどう見るか（観点別学習状況の判定）

第②時 ▶ 前時の学習を生かし，「赤とんぼ」の曲想と音楽の構造や歌詞の内容との関わりを理解して，「赤とんぼ」の歌唱表現を創意工夫する

（1）実際に歌い試しながら，どのように歌いたいのかを楽譜に書き込みましょう。
（2）あなたが特に表現の工夫をしたいと思うことを書きましょう。

[判定のポイント]
　第2時で，どのように工夫して歌いたいかを発言したり歌い表そうとしたりしている，または，感じ取った曲想や音楽の構造，歌詞の内容などと関わらせて，どのように歌いたいかをワークシート（1）の楽譜に書き込んだり，（2）に記述したりしていれば「思考・判断・表現」は「おおむね満足」できる状況（B）と判断する。

ワークシートの記述	思・判・表
▶▶例Ⅰ 「いつのーひーかーーー」の部分で，昔をなつかしむ気持ちを表したいので，p から少し盛り上げてすぐに消えていくように歌いたい。	B ・歌詞の内容と関わらせながら，曲の最後の繊細な部分の強弱を工夫して歌いたいということがわかる。
▶▶例Ⅱ 夕焼け空が空一面に広がる様子を表したいので，「ゆうやーーけこやけーのー」の部分を旋律の上行下行や言葉の抑揚を生かして，出だしの p から「け」の mf までたっぷりとクレッシェンドをした後，少しデクレッシェンドをして，次につなげるようにしたい。	A ・歌詞の内容や言葉の抑揚，音楽の構造（旋律の上行下行）と関わらせながら，冒頭の部分の強弱を細やかに工夫して歌いたいということがわかる。

第③時 ▶ 創意工夫を生かした表現で「赤とんぼ」を歌うために必要な技能を身に付け，学級における発表会において，独唱で歌うとともに他者の発表を聴き，互いのよさや工夫を共有する

あなたが「赤とんぼ」の歌唱表現を創意工夫する3時間の学習に取り組んでの振り返りや学んだことを，歌詞の内容，曲想，拍子，速度，旋律，強弱などに触れながら書きましょう。

[判定のポイント]
　全時を通して，「赤とんぼ」の曲想や歌詞が表している情景や心情に関心をもち，知覚・感受したことを基に，どのように歌うかについて考えたり，他者と共に歌い試したりしようとしている，または，第3時で，ワークシートに，自分が学んだことを，本題材の学習内容を踏まえて書いていれば，「主体的に学習に取り組む態度」は「おおむね満足」できる状況（B）と判断する。

ワークシートの記述	態度
▶▶例 「赤とんぼ」の表現を工夫して歌ったことで，言葉と旋律や旋律と強弱が深く関わっていることを学ぶことができた。また，いろいろな工夫を試す中で，歌詞に描かれている情景や心情を表すのに，3拍子のゆったりとした速度から生まれる穏やかな感じがとても合っていると思った。	A ・本題材の学習で，実際に歌い試すなどしながら，創意工夫する活動に意欲的に取り組んでいる姿や，そのことを通して，言葉と旋律と強弱との関わりや音楽の構造から生み出される曲想が歌詞の内容と深く関わっていることに気付くことができている。

教科における　指導と評価の計画と評価例

美術の評価

評価の重点化のポイント

　美術科における題材・授業のヤマ場は，表現・鑑賞のいずれの活動においても，活動の前段階やはじめの段階，授業の振り返りの場面でワークシート等を用いて活動について改めて考え，生徒が自分の感じたことを表出するまでの過程に向き合う時間に設計したい。

　毎授業の活動を振り返りながら省察したり，次への発展につなげたりすることを繰り返し行うことで，成果物として残る作品からだけでは読み取れない表現に至るまでのストーリーが見えてくる。また，例えば相互作品鑑賞会の場面では，成果物である作品に作品解説となるキャプションだけでなく，表現に結び付くまでの経緯や，失敗談等を付すことで，生徒一人一人が抱く価値を鑑賞者側に伝えることが叶い，相互に充実した鑑賞の活動へとつながる。このことで，評価においては生徒たちそれぞれの思いを理解しながら適切に評価できることにつながると考えられる。

指導に生かす評価のポイント

　美術科の授業での形成的評価は，特に表現の活動場面において教師と生徒のコミュニケーションを図りながら生徒のつまずきを把握し，生徒が叶えたいとすることを汲み取りながら寄り添うことで成り立つ。これは，活動を振り返ったり，次の制作段階を考えて記述するワークシートからも読み取ったりすることができる。前項でも挙げたように，表現までのストーリーを，生徒たちの制作段階で教師が理解していることで，適切な指導改善を

図ることができる。また，表現・鑑賞の活動の中に，生徒同士でのグループ活動による意見交換や，相互にアドバイスを投げかけ合う時間を制作段階の一つとすることで，生徒が自分自身の活動の改善点や，自信が持てる点を見出せることにもつながり，自分自身のつまずきを客観視することで次の活動につながると考えられる。

記録に残す評価のポイント

　美術科の「知識・技能」「思考・判断・表現」の評価は，生徒それぞれが設定した表現の主題に注目した上で行う必要がある。「主体的に学習に取り組む態度」は，「知識・技能」「思考・判断・表現」の評価と相互に関係しながら，生徒の実態を見取りながら判断していくことが望ましいと考えられる。

　表現の活動では作品が成果物として記録に残り，それが主な「記録に残す評価」として位置付けられる。鑑賞の活動においては，ワークシートなどの記録から活動の成果を読み取ることができる。特に表現の活動においては，題材の学びの集大成となる作品から，主に「知識・技能」「思考・判断・表現」の観点の評価を行い，作品に取り組む態度から，「主体的に学習に取り組む態度」のそれぞれの観点で評価を行うことができる。しかし，作品（成果物）をおも立てて判断するのでは，特に作品制作の途中過程における「思考・判断・表現」の評価が不十分である。授業中の観察や，制作と共に記録付けていくワークシートなどで，表現のプロセスを見取ることが重要である。

指導と評価の計画の作成

題材 マイアートコレクション（第1学年）
学習指導要領との対応 Ａ表現（1）イ（イ）　Ｂ鑑賞（1）イ（ア）

評価規準（学習を通して到達させたい最低限の姿）

知識・技能	思考・判断・表現	主体的に学習に取り組む態度
知 形や色彩，文字などの性質や，それらが感情にもたらす効果などを理解している。 技 意図に応じて表現方法を創意工夫して，制作の順序などを総合的に考えながら，見通しをもって表している。	発 美しさやよさを感じるものの魅力を伝えるために，伝える相手や内容などから主題を生み出し，形などが感情にもたらす効果や，分かりやすさと美しさなどとの調和を総合的に考え，表現の構想を練っている。 鑑 伝達のデザインの調和のとれた洗練された美しさなどを感じ取り，作者の心情や表現の意図と創造的な工夫などについて考えるなどして，美意識を高め，見方や感じ方を深めている。	態表 美術の創造活動の喜びを味わい主体的に主題を生み出し，冊子形式の作品として全体の構成を考え構想を練り，意図に応じて創意工夫し見通しをもって表す表現の学習活動に取り組もうとしている。 態鑑 美術の創造活動の喜びを味わい主体的に伝達のデザインの調和のとれた洗練された美しさなどを感じ取り，作者の心情や表現の意図と創造的な工夫などについて考えるなどの見方や感じ方を深める鑑賞の学習活動に取り組もうとしている。

指導と評価の計画（単元・題材の学習をどう組み立てるか）

学習活動・学習課題 （丸付き数字は授業時数）	学習評価	
	つまずきと支援 （指導に生かす評価）	総括に用いる評価 （記録に残す評価）
①参考作品，アイディアの例を鑑賞，及びマインドマップを用いて日常の中にあるアートについて考える	活動の様子・ワークシート（**態**）	活動の様子・ワークシート（**知**）
②マインドマップを使って発見した日常の中にある美しさやよさを感じるもの，興味・関心を抱いている事柄などから，どのような作品にしていくかのアイディアをワークシートに書き出し，作品の主題を決定する		活動の様子・ワークシート（**思・態**）
③冊子形式の作品であることを確認し，全体の構成を考えながらアイディアの構想を練る		活動の様子・ワークシート（**思・態**）p.82
④⑤⑥作品制作	活動の様子・作品（**思**）	活動の様子・ワークシート・作品（**知・思**）p.83
⑦作品制作途中段階での相互鑑賞	活動の様子・作品（**知・態**）	
⑧作品相互鑑賞会（プレゼンテーション形式）		活動の様子・ワークシート（**知・態**）

[重点化のポイント]
　以上の題材計画（全8時間）は，3時間目にある個々の表現の構想段階，及び，第8時にあるプレゼンテーション形式で行う相互鑑賞会の授業場面をヤマ場とした例である。
　本題材は，小学校の図画工作から美術へと学習の発展を遂げた中学1年生が，小学校図画工作で培った興味・関心を大切にしながら，造形的な視点を通して美しさやよさを感じたものを視覚的にまとめ，見る人に伝える作品とすることを目的としている。記録に残す評価として，冊子形式の作品にして制作する題材である。
　本題材におけるそれぞれの観点の評価は，いずれも作者である生徒が，自分にとってよいと感じたり，美しいと感じたりした事柄をどのようにして相手に伝えようとしているかがポイントとなる。生徒自身が他者を意識した時にどのような工夫をし，表現及び鑑賞の活動に取り組んでいるかを教師が見取ることを評価のねらいとしたい。

総括に用いる評価（記録に残す評価）

第③時 冊子形式の作品であることを確認し，全体の構想を考えながら
アイディアの構想を練る

■ 何を見るか（資料と観点）

・活動の様子・ワークシート（**思・態**）

第3時の学習活動とその評価
・具体的な作品制作に向けて，ここまで感じたこと・考えたことをワークシートに表出する活動。 ・ワークシートの記述内容は，総括的評価の資料とする。

■ 学習状況をどう見るか（観点別学習状況の判定）

本題材で用いるワークシートの例

1年 「マイアートコレクション」制作

1年　組　番

◆学習目標◆

◇美しさや良さを感じるものから着想を得てその魅力を理解し，形や色彩，文字を用いて相手に分かりやすく伝達する。　【知識・技能】
◇自分自身が美しさや良さを感じるものを，イラストレーションや写真を用いて構成し，表現する。　【思考・判断・表現】
◇自分自身が美しさや良さを感じるものに対して興味関心を持ち，その魅力を伝える。　【主体的に学習に取り組む態度】

①身の回りにあるアートマインドマップをかこう！（美術に関連したことでも日常生活の中から見出しても良い。）

私

②どんなアートをテーマにしてコレクションするか

私がコレクションにするアート テーマ（作品の主題）：

③冊子にするにあたってのレイアウトアイディア

④制作にあたって使用する材料など

> マインドマップは，いわゆる絵画や彫刻など美術的なものに偏らず，様々な場面から色彩・形の魅力に気づき，"アート"を感じられているかを見ていく。そのためには，教師による幅広い造形的な視点の投げかけが必要である。（第2時）

⑤授業記録　（今日の活動振り返りと次回の見通し・自己評価　A：よくできた・B：できた・C：できなかった）

回数	日付	①本日の活動振り返り　②次回の目標	評価
1	/ （　）	①今日はマインドマップを使い，私の身の回りのアートについて考えた。絵画など，美術的なアートはもちろんたくさんあるが，家の食器の形や洋服の色や晩ご飯の盛り付けの工夫など，家の中にもアートはたくさんあると感じた。 ②次回はマインドマップで出したアイディアの中からテーマを決定して，どんなアートコレクションにするかを決める。今日は色々なアイディアが出たが，次はテーマの内容をつめていき，制作していて楽しくなる作品にしていきたい。	A・B・C
2	/ （　）	①今日はテーマを決定し，アイディアを出した。私の母はたくさんの色の服を持っていて，毎日コーディネートを楽しんでいるので，母のファッションを色彩分析しながら，母の服で色相環をつくってアートコレクションにしたい。 ②次回は実際の作品にするにあたって，どんなコレクションの形にすれば見る人にとって分かりやすくて楽しくなる作品にできるかを考えて決めたい。	A・B・C
3	/ （　）	①今日は，コレクションを冊子の形式にするにあたって，どんな材料を使えば良いかを考えた。私は母のオシャレな雰囲気を伝えたいので，厚めの画用紙と金属のリングを使って，自分なりに決まった形の冊子を制作することに決めた。 ②美術室にある材料を来週までに確認しておき，無いものは用意して持っていき，制作に取りかかる。レイアウトを考えながらも，まずはページのフォーマットとなる形を切っていき，これから制作しやすくなるよう準備したい。	A・B・C
4	/ （　）	① ②	
5	/ （　）	① ②	
6	/ （　）	① ②	
7	/ （　）	①途中段階相互鑑賞会 ②	
8	/ （　）	☆★作品相互鑑賞会★☆	A・B・C

⑥作品制作や，鑑賞など，学習全体の振り返り

> 冊子として作品にすることの工夫やアイディア，鑑賞する側の目線になって考えてアイディアを出しているかを評価していく。（第3時）

> これらの記述はAと評価する内容の例である。活動内容が具体的に記録されていたり，考えたことが明確に書かれていたりすることをA判定の基準とする。B以下と判定されるのは，活動内容に具体性がなかったり，自分なりの考えが書かれていない場合である。（第1～8時）

何を見るか（資料と観点）

・活動の様子・ワークシート・作品（**知・思**）

> **第４〜６時の学習活動とその評価**
> ・前時までの構想をもとに，作品の制作を進める場面。
> ・完成した作品とワークシートをおもな資料として，表現のプロセスも含めて評価する。

学習状況をどう見るか（観点別学習状況の判定）

作品・表現のプロセス（活動の様子・ワークシート）	知・技	思・判・表
例Ⅰ （1）作品（マウイ島の景色）  （2）表現のプロセスの様子 作者の生徒自身にマウイ島の景色が大変印象強く残っていた様子で，主題決定がとても早かった。自前の色鉛筆セットを持参し，何重にも色を重ねて自分が感動した景色を再現しようと努力していた。	B 	B **[判定のポイント]** ・色鉛筆での手描きスケッチで美しい風景を鑑賞する人に伝えようとしている。 ・スケッチを通した自分なりの視点を伝えるための表現に，より工夫があるとよい。
例Ⅱ （1）作品（夏の雲）  （2）表現のプロセスの様子 「普段見ているものの中に面白さを見つけ出したい」という作者である生徒の意志が強く，主題が決定するまでに少し時間を要していた。雲を主題として決定できたことに満足していた様子であった。	A 	B **[判定のポイント]** ・造形的な視点での捉えが鋭く，日常の中に存在する何気ないものに目を向け，豊かな視点で表現している。 ・冊子にする上で，捉えた内容について，鑑賞者により明確に伝わる工夫があるとよい。
例Ⅲ （1）作品（アートアクアリウムレポート）  （2）表現のプロセスの様子 主題決定後，すぐに冊子の形状のアイディアスケッチに入り，デザインをよく練っていた。形状が決まってからコレクションにする内容をどのように載せるかを考え，工夫してレイアウトしていた。	A 	A **[判定のポイント]** ・冊子の形状からオリジナルで制作しており，鑑賞する人に作者が伝えたいとする内容の世界観を表現している。 ・解説も鑑賞する側を配慮したレイアウトになっており，見やすくまとめている。

保健体育の評価

指導と評価の計画を作成するにあたり，単元の終了時に，生徒に何ができるようになっていて欲しいか（生徒は「何が身に付いたか」）を考えて，指導のヤマ場と評価の舞台をどこに設定するかを構想する。

例えば，球技ではゲームの場面を評価の舞台に設定できる。ただし，ゲームの中で学習内容の何ができるようになったかを見取るためには，ゲーム前の活動で，自己やチームの課題を見つけ解決するための方策を練る取組みを設定しておくことが重要となる。

単元の後半に課題解決的な学習課題を構想し，そこを評価の舞台と設定した上で，そこから逆算するようにして，観点同士の関連も図りながら，計画を組み立てることが大切である。各観点の関連性を考慮し，学習内容を配置する順番を工夫して指導することで，評価の重点化も図りやすくなる。

指導に生かす評価のポイント

教師が行った指導によって，学習内容が生徒に身に付いているかを観察し，できていないものは何か，その理由は何かを探り，教師が実施している指導や支援方法が生徒の実態に合っているかを確認する。そして，指導と支援方法の修正点を見つけ出す。生徒の学習改善を目的として，指導の修正を行うための評価が，指導に生かす評価である。

例えば，球技ゴール型の授業でボール操作を指導した後で，指導したことが身に付いているかについて，授業中の生徒の学習状況を観察する。生徒のつまずいているポイントは何かについて，生徒の実態から分析し，助言

や支援方法を見つけ，指導を修正する。

このように，評価によって，次の指導方法を導き出し，生徒に学習内容が身に付くように，繰り返し指導していくことが大切である。

記録に残す評価のポイント

評価の重点化を図る上で，記録に残す評価を単元のどこに設定するのかを計画することが重要である。本事例の記録に残す評価については，文部科学省，国立教育政策研究所『「指導と評価の一体化」のための学習評価に関する参考資料』を基に設定した。

「知識・技能」の観点の「技能」と，「主体的に学習に取り組む態度」の二つの観点における評価は，参考資料の「技能の獲得，向上や態度の育成等に一定の学習期間が必要となること」（47頁4行目）との記述を参考に，単元の後半に評価時期を設定した。

また，「知識・技能」の観点の「知識」と，「思考・判断・表現」の二つの観点における評価は，「主に学習カード等に記述された内容から評価の材料を得ようとしていること」（47頁7行目）との記述を参考に，指導から期間をおかずに評価するように計画した。

そして，「生徒の発言等の観察評価によって得られた評価の材料を加味して評価の妥当性，信頼性等を高める工夫をしていること」（47頁9行目）を参考として評価する。学習状況を評価材料や理由と共に，補助簿等に記録を残しおき，観点別学習状況の評価を確定する際に用いる。ただし，記録に残す評価として収集するのは，Aとする学習状況に絞るなどして効率化を図ることも大切である。

指導と評価の計画の作成

単元 ハンドボール（第2学年）
学習指導要領との対応 E 球技 ゴール型（ハンドボール）

評価規準（学習を通して到達させたい最低限の姿）

知識・技能		思考・判断・表現	主体的に学習に取り組む態度
○知識 ①球技には，集団対集団，個人対個人での攻防を展開し，勝敗を競う楽しさや喜びを味わえる特性があることについて，言ったり書き出したりしている。 ②球技の各型の各種目において用いられる技術には名称があり，それらを身に付けるためのポイントがあることについて，学習した具体例を挙げている。 ③対戦相手との競争において，技能の程度に応じた作戦や戦術を選ぶことが有効であることについて，学習した具体例を挙げている。	○技能 ①ゴール方向に守備者がいない位置でシュートをすることができる。 ②マークされていない味方にパスを出すことができる。 ③パスを受けるために，ゴール前の空いている場所に動くことができる。 ④ボールを持っている相手をマークすることができる。	①提示された動きのポイントやつまずきの事例を参考に仲間の課題や出来映えを伝えている。 ②提供された練習方法から自己やチームの課題に応じた練習方法を選んでいる。 ③練習やゲームの場面で，最善を尽くす，フェアなプレイ等の良い取り組みを見付け，理由を添えて他者に伝えている。	①球技の学習に積極的に取り組もうとしている。 ②マナーを守ったり相手の健闘を認めたりしてフェアなプレイを守ろうとしている。 ③健康・安全に留意している。

指導と評価の計画（単元・題材の学習をどう組み立てるか）

学習活動・学習課題 （丸付き数字は授業時数）		学習評価	
		つまずきと支援 （指導に生かす評価）	総括に用いる評価 （記録に残す評価）
① オリエンテーション。特性について説明を聞く	ボール慣れゲーム		ノートの記述内容（知①）
② 技術の名称やポイントの説明を聞く ③	ボール操作（パス，シュート，ドリブル）／ パスゲーム・シュートゲーム（2対1，3対2）	活動の様子（態③）	ノートの記述内容（知②）
④ 空間に走りこむ動き（パスの出し方，パスを受ける動き，陣取りゲーム，守り方の確認） ⑤	速攻ゲーム（3対2，3対3）	活動の様子（技①） 活動の様子（技②）	
⑥ 課題や出来映えの確認		活動の様子（技③）	活動の様子・ノートの記述内容（思①）
⑦ 自己のチームの課題解決練習 ⑧ （課題解決方法を考え練習する）	簡易ゲームⅠ＆Ⅱ	活動の様子（技④）	活動の様子（態③） 活動の様子（技①②），活動の様子・ノートの記述内容（思②）
⑨ フェアなプレーについて説明を聞く。よい取組みを仲間に伝える	対抗戦ゲームⅠ＆Ⅱ	観察・ノートの記述内容（態②）	活動の様子・ノートの記述内容（思③）
⑩ 課題練習			ノートの記述内容（知③），活動の様子（態②）
⑪ （同上）			活動の様子（技③④，態①）
⑫ 単元のまとめ			総括的な評価

p.86

［重点化のポイント］

以上の単元計画は，全12時間扱いとし，自己やチームの課題を見つけ，解決する取組みを実施し，ゲームの中で攻防を展開できるように計画した。指導のヤマ場を第7時から第10時に設定し，フェアなプレイを大切にした活動ができる授業を展開した事例について取り上げる。単元の中間以降に自己やチームの課題に気付く指導内容を設定し，第9時に，フェアなプレイについての主体的に学びに向かう態度について，授業の中での具体的な行動を指摘し，何のためにフェアなプレイを大切にした取組みが大切なのかという概念的な知識を指導すると共に，思考・判断・表現については，記録に残す評価をする。第10時にフェアプレイについての主体的に学びに向かう態度について，記録に残す評価をする。

教科における　指導と評価の計画と評価例

総括に用いる評価（記録に残す評価）

第⑨～⑫時 ▶ フェアなプレーについて説明を聞く。よい取組みを仲間に伝える／課題練習／単元のまとめ

■ 何を見るか（資料と観点）

・ワークシート（**思・態**）

【問題】

次のＡさんの学習ノートの中で，ＡさんのよいところをＢさんが見つけて，それを伝えたことが書かれています。
このことを参考に次の各問いに答えなさい。

＜Ａさんの学習ノートより＞

　今日の保健体育の授業で，ハンドボールのゲームを行いました。チーム内には，勝敗を気にしすぎて，ルールを守らないで，ゲームを行っている人がいました。負けてしまったことを仲間の責任にしたり，相手チームを悪く言ったりしていました。

　私はルールやマナーを守って，全力で練習やゲームをすることを心がけています。今日のゲームの中でも私は，仲間が失敗しても「練習をしてきたことができたね」と声をかけました。同じチームのＢさんは，仲間に声をかけている私の姿を見つけて，言葉をかけてくれました。うれしかったです。

問い①　ハンドボールの授業の中で，あなたは，どのような場面で仲間のどんなよい取組み（練習やゲームの場面で，最善を尽くす，フェアプレイなど）を見つけて，仲間にどのように（理由を添えて）伝えましたか。次の言葉を使って説明しなさい。

　使う言葉：　（　場面　　　　見つけて　　　　伝えた　）
　文章の例：　（　どんな　）の場面で，（　誰が何をしていた　）を見つけて，（　何と言って　）伝えた。

問い②　①のよい取組みを取り上げた理由を説明しなさい。

［評価のポイント］

　評価問題は，思考・判断・表現と主体的に学習に取り組む態度の中の，「フェアプレイを守ろうとすること」についての学習内容である。発問は，今までの学習活動で身に付けた学習内容を生かして解答できるように作成した。

　①は，思考・判断・表現の評価として扱う問題である。これは，よい取組みについて学習した内容を理解し，考え，授業の場面で，よい取組みを見つけることができたかを評価する。

　②は，主体的に学習に取り組む態度の評価の参考として扱う問題である。これは，主体的に学習に取り組む態度として，実際の場面で行動として表出するには，知識が身に付き，その知識を活用して，実際の場面に当てはめることができるかが重要である。そのことから，ここでは，行動のポイントとなる，よい取組みと判断し取り上げた理由を基に評価する。

■ 学習状況をどう見るか（観点別学習状況の判定）

ワークシートの記述	思・判・表	態　度
▶▶例Ⅰ **①の記述例（仲間に伝えたこと）** 　チームの仲間が，試合が終了した場面で，対戦相手に，よいゲームで楽しかったと言っていた行動を見つけて，「勝っても負けても，よいところを認め合えるとゲームが楽しくなるよね」と伝えました。 **②の記述例（①を取り上げた理由）** 　これを取り上げた理由は，対戦相手を認めることで，互いを大切にする気持ちができ，もっと楽しいゲームができるようになると思ったからです。	B	B
	［判定のポイント］ 　思考・判断・表現については，フェアなプレイについての知識を生かし，実際の場面に当てはめ，よいプレイや取組みを見つけることができていることと，その理由も添えて伝えてあることから，「おおむね満足できる」状況（B）とした。 　主体的に学習に取り組む態度については，思考・判断・表現で取り上げたよい取組みは，何のために大切であると考え取り上げたかの理由が述べられていることから，「おおむね満足できる」状況（B）とした。		
▶▶例Ⅱ **①の記述例（仲間に伝えたこと）** 　チームの仲間が，試合が終了した場面で，対戦相手の全力でがんばる姿勢や，ルールを守ってプレイしていたことをほめ，相手よいゲームで楽しかった，と言っていた場面を見つけ，「他のチームであっても相手のよいところを認め合えるともっとゲームが楽しくなるね」と伝えました。 **②の記述例（①を取り上げた理由）** 　これを取り上げた理由は，ルールやマナーを守ってプレイをすると，安全で安心してプレイができるし，互いのプレイのよいところを認め合うことで互いを思いやる気持ちが高まるので，もっとハンドボールが楽しくなると思ったからです。	A	A
	［判定のポイント］ 　思考・判断・表現については，よいプレイや取組みを具体的に見つけることができていることと，その理由についても，詳しく説明し伝えてあることから，「十分満足できる」状況（A）とした。 　主体的に学習に取り組む態度は，思考・判断・表現で取り上げたよい取組みについて，何のために大切だと判断したかという理由が，具体的に詳しく述べられていることから「十分満足できる」状況（A）とした。		
▶▶例Ⅲ **①の記述例（仲間に伝えたこと）** 　チームの仲間が，試合が終了した場面で，対戦相手の全力でがんばる姿勢や，ルールを守ってプレイしていたことをほめ，相手によいゲームで楽しかった，と言っていた場面を見付け，「他のチームであっても相手のよいところを認め合えるともっとゲームが楽しくなるね」と伝えました。 **②の記述例（①を取り上げた理由）** 　これを取り上げた理由は，対戦相手を認めることで，互いを大切にする気持ちができ，もっと楽しいゲームができるようになると思ったからです。	A	B
	［判定のポイント］ 　思考・判断・表現「十分満足できる」状況（A），主体的に学習に取り組む態度「おおむね満足できる」状況（B）とした例である。 　思考・判断・表現では，よい取組みについて具体的な場面を見つけ伝えることができたが，何のためにその取組みが大切かという説明に具体的な説明が乏しく大まかであることから，主体的に学習に取り組む態度は「おおむね満足できる」状況（B）とした。		

教科における　指導と評価の計画と評価例

技術の評価

技術分野における評価を重点化する場面（ポイント）は，題材（15時間程度の学習のまとまり）の流れに沿うと，①「社会で利用されている技術」のまとめ，②「設計・計画」のまとめ，③「製作・制作・育成」のまとめ，④「社会の発展と技術」の学習，の4回あると考えられる。

それぞれの場面では，思考力，判断力，表現力等の育成と，主体的に学習に取り組む態度の醸成が重点とされている。そのため，①から④に至る各過程でじっくり取り組んできた成果を成果物として表現する場面を評価の舞台（記録に残す評価のタイミング）と考えれば，評価を重点化しやすくなる。

また，観点ごとに重点化する場面が異なることも考慮したい。

指導に生かす評価のポイント

授業中の形成的評価では，観点別の評価規準を参考にしながら生徒の状況を把握することで，適切な支援や授業改善に生かすことができる。

実習の場面では，不足している技能は何かを把握し，個別に技能を支援したり，場合によっては学級全体に示範等によって技能を追指導したりすることができる。どうしても毎時間の実習の様子（技能面の失敗や，加工精度，授業中の行動の様子等）を全て「記録に残す評価」へつなげたくなるが，まずは失敗した生徒がそこで何を学ぶか，どうやって修正していくかを把握することで，失敗を適切に修正し，当初に設定した自己課題を達成できるように支援することを大切にしたい。

記録に残す評価のポイント

生徒が自分の力でレポート課題を仕上げたり，設計・計画を図表にまとめたり，製作品を完成させたりする過程を通して資質・能力が最終的にどのくらい身に付いたのかを，生徒の振り返り記述やペーパーテスト等を併用して適切に把握することが大切になる。

学習指導要領の内容項目は，おおむね上記の①から④の各過程のヤマ場に対応している。毎時間に細かく評価することよりも，各過程の学習にじっくり取り組ませ，資質・能力をねらって育てて，その成長をねらって評価していく姿勢を大切にしたい。

(参考)総括的評価のための，評価資料ごとの重み付けのイメージ

指導事項	主な学習活動	知識・技能	重みの例	思考・判断・表現	重みの例	主体的に学習に取り組む態度	重みの例
(1) 生活や社会を支える技術	基礎的な技術の理解，込められた工夫調べ	工夫調べレポート	10%	工夫調べレポート	10%	工夫調べレポート	10%
		(授業中の課題)	10%			観察	10%
		定期考査 ペーパーテスト	15%	ペーパーテスト	10%		
(2) 技術による問題の解決	設計・製作			設計図・計画表	20%	作業記録表	10%
	製作・制作・育成	(授業中の課題)	10%			観察	20%
		成果物（作品等）	30%				
				製作後のふり返り	10%		
	問題解決のふり返り			完成・試用レポート	15%	完成・試用レポート	20%
	定期考査	ペーパーテスト	15%	ペーパーテスト	15%		
(3) 社会の発展と技術	話し合い活動等	ワークシート	10%	ワークシート	20%	ワークシート	30%

※知識・技能にある「(授業中の課題)」とは，ワークブック等で知識を整理した，工具等の名称を覚えた，練習作品を作った，等の学習課題を実施した場合に加味するという意味
※態度にある「観察」は，主観的にならないよう注意する

指導と評価の計画の作成

題材 ミニ自動スイッチで問題を解決しよう！（第２学年）
学習指導要領との対応 「C エネルギー変換の技術」（2）エネルギー変換の技術による問題の解決

評価規準 （学習を通して到達させたい最低限の姿）※第17, 18時及び定期考査についてのみ記載

知識・技能	思考・判断・表現	主体的に学習に取り組む態度
・安全・適切な製作，実装，点検及び調整等ができる技能を身に付けている。	・問題を見いだして課題を設定し，電気回路又は力学的な機構等を構想して設計を具体化するとともに，製作の過程や結果の評価，改善及び修正について考えている。	・よりよい生活の実現や持続可能な社会の構築に向けて，課題の解決に主体的に取り組んだり，振り返って改善したりしようとしている。

指導と評価の計画 （単元・題材の学習をどう組み立てるか）

学習活動・学習課題 （丸付き数字は授業時数）	学習評価	
	つまずきと支援 （指導に生かす評価）	総括に用いる評価 （記録に残す評価）
①〜⑥生活や社会を支えるエネルギー変換の技術		工夫調べレポート（知・思・態）
⑦〜⑧設計・計画　回路図，完成図（スケッチ）のまとめ		設計図（技・思）
⑨〜⑬製作（1）：設計に沿い，部品を配置して回路を製作	活動の様子（技）	
⑭〜⑯製作（2）：動作点検，実装，試用・修正，完成		製作品（技）
⑰製作（3）：実際に使って試用レポートにまとめる		レポート（思・態） p.90
⑱製作（4）：製作の振り返り		振り返りカード（態） p.91
⑲⑳社会の発展とエネルギー変換の技術		ワークシート（知・思・態）
定期考査　電気回路の設計について		ペーパーテスト（知・思） p.91

［重点化のポイント］

　ここでは，題材「ミニ自動スイッチで問題解決！」（全20時間扱い）のうち，前述の学習過程の③「製作のまとめ」に指導と評価を重点化した例である。

　①「生活や社会を支えるエネルギー変換の技術」の学習で，トランジスタ1個を用いた基本的なスイッチング回路について学習し，センサ部品や並列回路を組み合わせることで，自動でオン・オフする電気回路を設計・製作できることを知る。これを受けて，②「設計・計画」で生徒の生活をこの回路で解決する製作品や，社会にある問題を解決する模型を設計させる。自分で考えた設計に基づき，③「製作」で製作品を完成させる。完成した製作品を試用して実感したことをレポート課題にまとめることで，自らの問題解決を振り返る。その問題解決の経験を踏まえ，④「社会の発展と技術」では，再度社会にあるエネルギー変換の技術に目を向け，技術の発展や未来展望について自分なりの考えや態度を整理する。

　本評価例では③「製作」の終盤に評価の舞台を設定している。第17時では，製作品を試用してレポートにまとめさせることで，問題解決の評価や改善・修正について考えさせ，「思考・判断・表現」と「主体的に学習に取り組む態度」の評価資料にする。また，期末考査等を利用した評価問題でも学習状況を把握する。第18時では，設計，製作，試用の過程を振り返って記述させることで，「主体的に学習に取り組む態度」の評価資料にする。

総括に用いる評価 (記録に残す評価)

第⑰時 ▶ 製作 (3) ： 実際に使って試用レポートにまとめる

■ 何を見るか (資料と観点)

・レポート (**思・態**)

【課題】　あなたが設計・製作した製作品を，実際の場面で試用して，見つけた問題や設定した課題をどの程度解決できたのか，レポートにまとめよう。

[評価のポイント]
　この評価問題は，題材の終盤に位置付ける。設計当初に見出した「解決したい問題」と，実際に試用した結果とを照らし合わせて，うまくいったことや改善点を整理できていれば「思考・判断・表現」はBと判定し，改善案を考えられればAと判定する。それに併せて，うまくいった喜びや満足感が表出されていれば「主体的に学習に取り組む態度」はBと判定し，次の問題解決へつながる意欲や態度が表出されていればAと判定する。

■ 学習状況をどう見るか (観点別学習状況の判定)

レポートの記述	思・判・表	態　度
▶▶例Ⅰ ①作品名　リモコン見つけ隊 −○−○− ②解決したい問題　暗い部屋の中で，リモコンを見つけられない。 ③主な動作　リモコンに作品を取り付けて，暗い部屋でLEDが点灯するようにする。 ④うまくいったことや改善点 　問題解決度…… 75% 　自分が作っているときは，リモコンに合わせてプラスチック板を小さく加工して基板のウラ面をカバーすればよいと思っていたけれど，使っていたら上の部品側にもカバーがないと困ることがわかった。以前よりもリモコンを見つけやすくなった！	B	B
	[判定のポイント] ・この記述例では，製作の過程を振り返り，基板の実装について改善点を整理しているが，電気回路そのものの動作は評価できていない。そのため，「思考・判断・表現」はBと判定する。 ・併せて「主体的に学習に取り組む態度」を読み取るならば，うまくいったことに対する喜びや満足感は見られるが，次の問題解決へつながる意欲や態度までは読み取れないので，Bと判定する。	
▶▶例Ⅱ ①作品名　安心＝消灯 ②解決したい問題　おばあちゃんが食事を運んでいるとき，おぼんが傾いているのを気付けるようにしたい。 ③主な動作　傾きスイッチにより，おぼんが傾くとLEDが光り，オルゴールが鳴る。 ④うまくいったことや改善点 　問題解決度…… 50% おぼんが傾くと同時にセンサが作動して，オルゴールが鳴り，LEDが光り，気付くことができました。しかし一方向の傾き（写真だと手前のみ）にしかセンサが作動しないので，次回はセンサの位置や向きを工夫したい。 	A	A
	[判定のポイント] ・この記述例では，問題を見出して課題を設定し，製作品の設計・製作によって課題や問題を解決することができている。また結果を適切に評価し，改善や修正について具体的に考えているので，「思考・判断・表現」はAと判定する。 ・併せて「主体的に学習に取り組む態度」を読み取るならば，課題の解決に主体的に取り組んだり，振り返って改善したりしようとしている様子を読み取れるので，Aと判定する。	

製作（4）：製作の振り返り

・振り返りカード（**態**）

【問い】　あなたがこれから，生活や社会の問題を解決しようとしたとき，今回の学習（経験）を生かして，どのようなことを頑張りたいですか。

振り返りカードの記述	態　度
▶▶例　生活する中で，自分で不便だと感じた点や，家族や仲間が不便そうに使っている場面を見かけたら，何がだめでどうしたらいいのかを考えて問題解決に取り組みたいと思います。また，今回のような作品を私一人では作れないし，部品や道具が必要になってしまうので，そこにある物を使って何かを作ってみたり，他の物と組み合わせて新しい物をつくってみたりしたいです！	**A** **[判定のポイント]** ・題材の学習を通して，原因と解決策を考えようとする態度や，実生活でできる範囲で取り組みたいという態度が読み取れる。

定期考査　電気回路の設計について

・ペーパーテスト（**知・思**）

【問題】　授業で取り組んだ「電気回路の設計」について，次の各問いに答えなさい。

　Aさんは，福祉施設で職場体験をしたときに，「手の不自由な方にとっては，災害時にかい中電灯の電源スイッチをオンに切り替えるのは難しい」というお話を聞きました。
　そのような問題を解決するために，かい中電灯をコップのような容器に入れている間は LED が消灯し，かい中電灯を持ち上げると点灯するという「持ち上げ点灯ライト（右の写真）」を考えました。　※回路図は省略

(1) Aさんはセンサにあたる部品に，光に反応する CdS セルを用いて「暗いときはオフ，明るいときはオン」となる回路を設計したが，うまく動作しなかった。うまく動作しない場面を一つ挙げなさい。
(2) 目的の動作を実現するために最も適切な改良案を，次のア～エから一つ選びなさい。
　　ア．磁気に反応する部品を用いて，部品と磁石が離れている間は LED が点灯する回路
　　イ．磁気に反応する部品を用いて，部品と磁石が近づいている間は LED が点灯する回路
　　ウ．傾きに反応する部品を用いて，本体を傾けている間は LED が点灯する回路
　　エ．２つの端子が接触している間は LED が消灯し，端子が離れていると点灯する回路

テストの回答	知・技	思・判・表
▶▶例Ⅰ (1)の例　周囲が明るい昼間だと，コップを持ち上げても点灯しない。（誤答） (2)の例　イ（誤答）	**A**	**B**
・この答案は，自動スイッチの仕組みや電子部品の機能について理解しているが，動作の結果を適切に考えられていない（動作が逆になっている）と判断する。そのため「知識・技能」はA，「思考・判断・表現」はBと判定する。		
▶▶例Ⅱ (1)の例　周囲が暗い夜間だと，コップを持ち上げても暗いままのため，LED は点灯しない。（正答） (2)の例　ア（正答）	**A**	**A**
・この答案は，自動スイッチの働きや CdS セル等の電子部品の機能を理解しており，実際に動作させる場面の状況を想像して適切に結果を評価し，修正案を考えられていると判断する。よって，「知識・技能」はA，「思考・判断・表現」もAと判定する。		

家庭の評価

家庭科は，習得した力がその後の生活でどのように有用なのかという点を見通しながら学習する教科であり，その点を捉えて評価することが大切である。このような学習は，①選択肢を広げる，②生きて働く知識・技能を身に付ける，③柔軟に使える知識・技能にするという3点において有用と言われている（河村，2018）。

評価例（94〜95頁）は，教科書に記載されているハンバーグの調理を基に，生徒が調理科学の要素とおいしさのかかわりを探究できるように，単元の指導と評価の計画を作成した。教科書の調理方法に沿って調理したハンバーグ（以下，通常ハンバーグと呼ぶ）には，おいしく調理をするための調理科学の要素が生かされている。その要素とは，①ひき肉に塩を入れてしっかりこねること（回数は30回），②卵を入れること，③パン粉を入れることである。このうち，いずれかの調理科学の要素を行わずに調理したハンバーグ（以下，引き算ハンバーグと呼ぶ）が，どのようなハンバーグになったか探究する学習課題を設定した。それぞれの調理科学の要素はハンバーグを完成させるまでにどのような働きをしているか，引き算ハンバーグからそれぞれの調理科学の要素を理解することができているかを評価の舞台とする。

指導に生かす評価のポイント

河村（2018）は，家庭科の知識・技能について，生徒が自分の生活で有用なものにしておく必要があると述べている。実習，作品製作，体験を通して，自分の身体を使い，実感を伴って理解をし，自分だけの言葉で綴る学習過程を通してこそ，自分のものとして定着していくと考えられる。このように自分のものとして考える場面を単元の指導のヤマ場及び評価の舞台と想定することが考えられる。

本単元では，第4時の指導のヤマ場で，生徒が試食をする中で，通常ハンバーグと引き算ハンバーグの違いを実感することが，習得した知識・技能が，その生徒自身の今後の生活に必要なものとして定着するためのきっかけになると考える。すなわち，調理科学の要素の意味や必要性を理解することになる。

授業者はこの場面でていねいに見取りを行い，つまずきの支援や学習の定着に生かすことが重要である。さらに，完成した料理，調べ学習の内容等，様々な場面で，生徒同士の学びの交流や相互評価を支援したい。

記録に残す評価のポイント

調理実習を実施するときには，一人一人の包丁の扱いや行動を，その場でていねいに見取ることが難しい。そこで改めて時間を設けて包丁の扱い方，食材の切り方等の実技テストを実施するとよい。生徒が家庭で練習をする時間を考慮した上で実施し，「知識・技能」の記録に残す評価とする。

「思考・判断・表現」の評価では，自分の生活の中での調理の場面を想定して課題解決をするようなパフォーマンステストに取り組ませることが有用である。本稿の評価例では，自分自身の生活の中で「知識・技能」を使おうとしているか，生徒一人一人に問いかけるワークシートを用意した。

指導と評価の計画の作成

題材 肉の調理　ハンバーグを作ろう（第1学年）
学習指導要領との対応 B 衣食住の生活（3）日常食の調理と地域の食文化

評価規準（学習を通して到達させたい最低限の姿）

知識・技能	思考・判断・表現	主体的に学習に取り組む態度
・肉や調理用具等の安全と衛生に留意した調理について理解し実践できる。 ・日常食としてのハンバーグの調理の仕方と調理科学の要素について理解している。	・日常食としてのハンバーグの調理の仕方について，調理科学の要素について試食で気づくことができる。 ・気づいたことを論理的に表現するなどして課題を解決する力を身に付けている。	・よりよい生活の実現に向けて，日常食としてのハンバーグの調理について調理科学の要素を使った調理に関心を持つ。

指導と評価の計画（単元・題材の学習をどう組み立てるか）

学習活動・学習課題 （丸付き数字は授業時数）	学習評価	
	つまずきと支援 （指導に生かす評価）	総括に用いる評価 （記録に残す評価）
①調理実習の計画		
②③調理実習（通常ハンバーグと引き算ハンバーグの調理と試食）		
④調理実習の振り返り（食べ比べた様子をお互いに発表）	ワークシート（**知**）， 試食（**思**）	
⑤［調べ学習］　興味がある調理科学の要素について詳しく調べよう	ワークシート（**思・態**）	
⑥調べ学習の整理（ミニ新聞作り），発表原稿作り	ワークシート（**思・態**）	
⑦報告会		ワークシート（**態**）
⑧ハンバーグをおいしく調理するための調理科学の要素を説明する。「おいしいハンバーグのレシピを書いてみよう」		ワークシート（**知・思**） p.94

> **[重点化のポイント]**
> 　以上の単元計画（全8時間）は，第4時の授業を指導のヤマ場，第8時を評価の舞台とした例である。その前提として大切になる第2・3時の調理実習の試食では，以下のようなことに配慮する。
> 　引き算ハンバーグと通常ハンバーグの2種類のハンバーグを比較して確かめることが試食の目的である。2種類のハンバーグを比較するポイントは，ハンバーグの焼き色，焼き加減である。試食の時間を長めに設定し，十分に五感を働かせて食べることを大切にし，これをワークシートに記録するように伝える。
> 　第4時の調理実習の振り返りでは，試食の感想を記述後，振り返りをお互いに聴き合うことで引き算をしたハンバーグの調理のプロセスが，どのような調理科学の要素をもつか理解させたい。まず，食べ比べた様子をお互いに発表し合い，その後，授業者が引き算をしたことによりどのような調理科学の要素をもつのか理解する。うまくできなかった部分を考え，全員でこれらの調理科学の要素について共有していく。
> 　第5時以降に，自分が興味をもった調理科学の要素に着目してタブレットを使って調べ，調べたことを新聞にまとめ，それを基にして発表会を行い，調べたことを共有する。単元の最後にハンバーグの調理科学の要素について確認を行い，おいしいハンバーグのレシピを考えてみることにつなぎたい。

教科における　指導と評価の計画と評価例

総括に用いる評価（記録に残す評価）

第⑧時 ハンバーグをおいしく調理するための調理科学の要素を説明する

▌何を見るか（資料と観点）

・ワークシート（**知・思**）

【問題】
　加熱することで肉を安全においしく食べられること，そしてハンバーグをおいしく作ることができるためのいくつかの調理科学の要素について学びました。

（1）ハンバーグをおいしく調理するための①〜③の調理科学の要素が，ハンバーグのおいしさにどのようにかかわっているか説明しなさい。

　　　①ひき肉に塩を入れてからしっかりこねること（回数は30回）
　　　②卵を入れること
　　　③パン粉を入れること

（2）おいしいハンバーグのレシピを書いてください。特に自分が調べ学習でよくわかったことは，ていねいに書くようにしてください。

［評価のポイント］
　この問題は，題材の評価規準（93頁）を踏まえて，「知識・技能」と「思考・判断・表現」を一体的に見取る問題として設定した。
▶【知識・技能】の評価
　調理科学の要素の①〜③が，①肉がしっかりとまとまる，②つなぎの役割をすること，③ふっくらジューシーにすることが理解できていることで評価した。三つの要素について記述ができていればA，一つ〜二つの要素について記述できていればBとする。
▶【思考・判断・表現】の評価
　生徒が調べ学習の中で調理科学の要素について学んだ成果をここで見ていく。生徒は，①〜③の調理科学の要素について，以下のことを調べてくると予想される。①肉の細胞から水が出て，肉がしっかりと結着する性質がある，②卵は焼くことによって固まる性質をもつ，③パン粉は肉を焼くときに出る肉汁を吸収する役割をもつ。
　自分が調べ学習で調べてよくわかったこと，身に付いたこと以外に，発表会で仲間が調べた調理科学の要素について記述できる生徒も出てくることを期待したい。
　右頁に，調べ学習の中で，調理科学の要素②卵を入れることを調べた生徒の解答例について，判定例を示す。

参考文献：
・望月朋子・河村美穂（2020）．調理科学を学ぶ教材としてのハンバーグ調理の可能性：中学校調理実習における引き算ハンバーグの試み．埼玉大学教育学部教育実践総合センター紀要，第18号，pp85-92．
・河村美穂（2018）．第5章中学校・高等学校の家庭科の授業を知る．伊藤葉子編著．新版授業力UP家庭科の授業．日本標準．pp100-102．
・河村美穂編著（2020）．初等家庭科教育．ミネルヴァ書房．p74．

■ 学習状況をどう見るか（観点別学習状況の判定）

ワークシートの記述	知・技	思・判・表
▶▶例Ⅰ **（1）の記述例（調理科学の要素とおいしさのかかわり）** ①ひき肉に塩を入れてこねるときに，塩を全体にいきわたらせてまんべんなく塩の味が付くようにしたいから。 ②卵を入れるのは，<u>つなぎになるから。</u> ③パン粉を入れるのは，ふっくら，ジューシーなハンバーグになるから。 **（2）の記述例（ハンバーグのレシピ案）** 1. たまねぎをみじん切りにして，バターでいためる。 2. パン粉を牛乳に入れる。→ふっくらジューシーになる！ 3. ボウルにひき肉，塩を入れてよく混ぜてから，玉ねぎとパン粉，卵，こしょうを入れて混ぜる。<u>卵にはつなぎの役割がある。</u> 4. 形を小判型にして真ん中を少しくぼませる。 5. フライパンでハンバーグの両面を中火で焼く。 6. ずっと中火だと焼きすぎて固くなってしまうから弱火にする。竹串を刺して焼けたか確かめる。	B	B
	[判定のポイント] ・（1）で，三つの調理科学の要素のうち，②，③について理解ができている。 ・（2）のレシピで，自分が調べ学習で調べた調理科学の要素②卵を入れることについて記述できておらず，成果は見られない。 ・このため，知識・技能はB，思考・判断・表現はBと判定した。	
▶▶例Ⅱ **（1）の記述例（調理科学の要素とおいしさのかかわり）** ①ひき肉に塩を入れて30回こねる（混ぜる）のは，粘り気が出てまとまりやすく，崩れにくくなるから。こねる回数が少ないとまとまらなくて，触ったらぼろぼろになってしまう。 ②卵を入れるのは，<u>ハンバーグにまとまりをもたせるから（つなぎ）。</u> ③パン粉を入れるのはとてもふっくらとしたハンバーグができ，肉汁を吸う働きがあるから。 **（2）の記述例（ハンバーグのレシピ案）** 1. たまねぎをみじん切りにして，バターでいためる。ハンバーグにいためたたまねぎを入れると甘みが出て，肉のくさみを消してくれる。 2. パン粉を牛乳に入れる。牛乳を入れることで，酸味と甘味が増しておいしくなる。 3. ボウルにひき肉，塩を入れて混ぜる。30回くらいが一番よくて，ひき肉に粘り気が出てくる。粘り気が出てひき肉がくっつきやすくなって，しっかりとしたハンバーグに仕上がる。たまねぎと牛乳入りパン粉，卵，こしょうを入れて混ぜる。<u>つなぎの役割をする卵には，たくさんの栄養があり，卵を入れることでハンバーグにまとまりをもたせ，おいしいハンバーグにでき上がる！</u> 4. 手と手で形作ったお肉をパンパンと入れかえることで空気を抜く働きをしてから，真ん中をくぼませる。割れたりしないできれいな形に焼ける。 5. ハンバーグの両面に焦げ目が付くまで，フライパンで中火で焼く。たんぱく質は中火でやることによって固まり，肉汁を閉じ込めることができる。パン粉を入れると，肉汁を吸い込むため，肉汁が流れ出ない。 6. 蓋をして，弱火で焼いて竹串を刺して，肉汁が透明になればいい。ふっくらおいしいハンバーグ！！	A	A
	[判定のポイント] ・（1）で，三つの調理科学の要素について理解ができている。 ・（2）のレシピの中で，自分が調べ学習で調べた調理科学の要素②卵を入れることについて記述できていて，成果が見られる。 ・このため，知識・技能はA，思考・判断・表現はAと判定した。	

教科における　指導と評価の計画と評価例

外国語の評価

生徒の既有の知識・経験を生かした単元を貫く課題からパフォーマンステストへ

私が指導と評価の計画を立てる際に意識していることは、「コミュニケーションを行う目的や場面、状況などに応じて、生徒が既有の知識・経験を生かしながら、○○する」という視点に基づいた単元を貫く課題を設定することである。

英語の授業は、教科書の内容に左右されやすいところがあり、「教科書で教える」という視点に立たなければ、生徒は学習に乗れず、一人一人の学びが成立しにくい。私は各単元の主たるテーマとそこで用いられている言語材料、表現などを分析し、生徒が日常生活、他教科、総合的な学習の時間などでの知識や経験を生かせる課題を設定している。例えば、ある国の祭典行事を扱っている単元を、生徒が地元の祭りを ALT に紹介する構成にするだけでも、生徒の既有の知識・経験が生きる展開となり、学習の必然性も高まる。

さらに、単元の課題を通して学んだ内容を、パフォーマンステストや定期考査などでパラレルな課題として課す（生徒がコミュニケーションの目的や状況を見いだせない問題を出題しない）ことで、学習の目的を生徒と教師が共有することも大切だと考えている。

教師が単元の目標を見失わない見取りとフィードバックの循環

生徒にフィードバックを与えるためには、単元の目標と、それに沿って生徒を見取る視点（評価規準）が必要である。

私は、単元開始時に「知識・技能」「思考・判断・表現」に関する言語的目標と、「主体的に学習に取り組む態度」の言語外目標について記したプログレスカード（98頁）を活用して、単元の目標や評価規準について、あらかじめ生徒と明示的に共有する方法をとっている。例えば、「ALT の○○先生のニーズに応じて、自分が住む葛塚地区に関するイベントなどを詳しく説明することができる」という単元の目標を生徒に明示する。そして、日々の授業で何かを紹介するときに、それを知らない相手の立場に立った表現をした生徒を見取り、学級全体で「○○さんは相手の立場になって表現しているね」と単元の目標に関するフィードバックを行う。教師と生徒が常に単元の目標を見失わず、大切にすべきことを焦点化できるようにすることが大切である。

単元を貫く課題や定期考査などそれぞれの特性に応じた記録に残す評価

一つの評価課題で三つの観点のすべてを同時に評価することが、今後、必要となってくるが、一つの評価課題ですべての観点を評価することは、「評価のための評価」になりかねない。そのため、評価課題の特性に応じて記録に残す評価を行う。例えば、単元を貫く課題では、コミュニケーションの目的の視点から「思考・判断・表現」「主体的に学習に取り組む態度」を重点的に評価したり、定期考査では技能面の視点から「知識・技能」を重点的に評価したりするなど、評価の重点化を図りたい。

指導と評価の計画の作成

単元 Places to Go, Things to Do（第3学年）　NEW CROWN ENGLISH SERIES 3（三省堂）
学習指導要領との対応 1 目標（5）書くこと　イ

評価規準 (学習を通して到達させたい最低限の姿)

知識・技能	思考・判断・表現	主体的に学習に取り組む態度
・関係代名詞（主格・目的格）の特徴やきまりを理解している。 ・自分の生活に関することについて，関係代名詞（主格・目的格）や教科書の重要表現などの語句や文を用いて書く技能を身に付けている。	・ALT の家族のニーズ（葛塚地区の伝統，文化などを体験できる）に応じて，葛塚地区のイベントの紹介文を書くために，イベントの背景や自分の考えを整理し，まとまりのある文章を書いている。	・ALT の家族のニーズ（葛塚地区の伝統，文化などを体験できる）に応じて，葛塚地区のイベントの紹介文を書くために，イベントの背景や自分の考えを整理し，まとまりのある文章を書こうとしている。

指導と評価の計画 (単元・題材の学習をどう組み立てるか)

学習活動・学習課題 （丸付き数字は授業時数）	学習評価	
	つまずきと支援 (指導に生かす評価)	総括に用いる評価 (記録に残す評価)
①主格の関係代名詞 that，which を用いて，新潟市の有名なイベントについて ALT に紹介する		
②主格の関係代名詞 who を用いて，葛塚地区に関する有名な人や職場体験先の職業などを紹介する		
③目的格の関係代名詞 that を用いて，葛塚地区で自分が一番好きな観光スポットを紹介する		
④ ALT から家族が楽しめる葛塚地区のイベントを紹介してほしいという依頼を受ける		
⑤ブラジルの文化を紹介したレポートを読み参考にしながら，葛塚地区の文化の特徴を単文でまとめる		
⑥ブラジルのサンバパレードを紹介したレポートを読み参考にしながら，葛塚まつりの特徴を単文でまとめる		
⑦教科書を参考に作成した教師のモデル文を基に，新潟市の有名なイベントを紹介するための紹介文を教師と共に作成する	ワークシート（**思**）	
⑧葛塚地区の有名なイベントについて ALT に紹介するための紹介文を作成する		ワークシート（**思**）， プログレスカード（**態**）　**p.98**
定期考査（単元課題を基にしたパラレルな課題） 「あなたは学級で ALT に新潟市の有名なイベントを紹介することになりました。あなたは，事前に内容をメモでまとめました。メモの内容に合うように，紹介文を書きなさい」		ペーパーテスト（**知**）

[重点化のポイント]

　本単元の目標は，葛塚地区の有名なイベントについての紹介文を作成することである。ALT の家族の様々なニーズ（葛塚地区の伝統，文化などを体験できる）に応じて，イベントの背景や自分の考えなどを整理し，関係代名詞や教科書の重要表を用いて，まとまりのある文章を書くことができるようにする。
　この単元を実施するにあたり，総合的な学習の時間との関連を図る。生徒は地元の「葛塚まつり」で行われている灯籠を次世代に引き継ぐために，灯籠を製作するプロジェクトに取り組んだ。この際に葛塚地区の伝統，葛塚まつり，灯籠の背景などを学んでいることから，ALT に地元のイベントを伝えたいという目的意識を抱きやすい。折しも，教科書のトピックがブラジルのサンバパレードを取り扱い，生徒がイベントを紹介するために必要な表現が多く用いられている。そこで，単元の終盤の「記録に残す評価」として，「葛塚地区の有名なイベントを ALT に紹介しよう」を設定し，単元の序盤，中盤で習得した関係代名詞や教科書の重要表現を活用して，ALT のニーズに応じた紹介文を書く課題に取り組ませる。

総括に用いる評価（記録に残す評価）

第⑧時 葛塚地区の有名なイベントについてALTに紹介するための紹介文を作成する

■ 何を見るか（資料と観点）

・ワークシート「ALT への紹介文」（思）

> 【問題】 ALT の先生に葛塚地区の有名なイベントを紹介することになりました。
> ALT の先生のニーズを踏まえて，7 文以上で紹介しましょう。
> 【ALT のニーズ】※コミュニケーションの目的，状況を明確化
> ○ 家族が楽しめるようにしたい
> ○ そのイベントが何で，いつ行われるか知りたい
> ○ 葛塚の地区の伝統や文化を知ったり，体験したりしたい

生徒と共有した「評価基準表」

観点	達成項目
文量	□ 7 文以上
内容	□ イベントが何で，いつ行われるか書かれている □ イベントで何を楽しめるか書かれている □ 葛塚地区の伝統や文化について書かれている
言語	□ 関係代名詞 □ 教科書の重要表現（take places, be based on 〜など） □ 段落の構成（例：First, Second など）

評価5…7文以上，かつ他の観点の6項目
　　　　以上のことができている
評価4…7文以上，かつ他の観点の6項目
　　　　ができている
評価3…7文以上，かつ関係代名詞と内
　　　　容の項目のどれかができている
評価2…7文に満たないが他の観点の2項
　　　　目ができている
評価1…上記の項目ができていない

・プログレスカード（態）

i：単元の目標

ii：領域別の学習内容

iii：日々の振り返り記録

iv：単元の総合振り返り

①葛塚地区のイベントを紹介するために
　できるようになったこと，工夫したこ
　とは？
②自分の立てたコミュニケーションの目
　標に対して，がんばったことは？

[プログレスカードの例]
　単元の取組みを記録する学習カードで， i
には単元の目標の明示， ii には領域別の学習
内容の明示， iii には日々の振り返り記録（自
分の立てたコミュニケーションの目標も含
む）， ivには単元の総合振り返りを記入する枠
組みになっている。
　総合振り返りの欄（iv）に単元の目標に対
する取組みを言語的目標と言語外目標の2点
から振り返りを行い，コミュニケーションに
対する「見方・考え方」の高まりを評価する。

■ 学習状況をどう見るか（観点別学習状況の判定）

　（1）は，98頁に示した「評価基準表」の評価3に達している状況であれば，「おおむね満足」とする。（2）は，総合振り返り（ⅳ）の言語的目標（①）と言語外目標（②）の項目で，「自己調整」「粘り強さ」のどちらかが見取れる状況であれば「おおむね満足」とする。

（1）ワークシートの記述，（2）プログレスカードの記述	思・判・表	態　度

▶▶例Ⅰ

（1）ワークシート「ALTへの紹介文」の記述　　　　　　　　　　　　**B**

　　I want to tell you about "Kuzutsuka Festival". It is a famous festival that is in September. I have some reasons.

　　First, You can eat sweets. They are many kinds of sweet. Second, you can see floats. They are very cool.

　　For these reasons, I think this festival is the good event for your family.

> 紹介文については「内容：葛塚地区の伝統や文化」「言語：教科書の重要表現」などが不足している。

（2）プログレスカード「ⅳ」の記述　　　　　　　　　　　　　　　**B**

　①コミュニケーションの表現では，「名詞（もの）＋ that, which」「名詞（人）＋ who」などの後置修飾の表現として関係代名詞を習いました。名詞を説明するために，後ろから語句をかけて説明するので，語順をこれから気を付けていきたいです。

　②前のレッスン同様に相手との会話でコミュニケーションをうまくとれました。継続していきたいです。

> プログレスカードについては，「コミュニケーションへの態度向上（粘り強さ）」の点で不十分さがある。

▶▶例Ⅱ

（1）ワークシート「ALTへの紹介文」の記述　　　　　　　　　　　**A**

　　I want to tell your family about "Kuzutsuka Festival". It is a famous festival that takes place every year, usually in September. I have two reasons.

　　First, you can eat a lot of traditional food. You can buy it at many stores on the street. Second, you can see many big floats. We call them "Toro". They are based on special themes that each team chooses. These floats have long history and they are our tradition.

　　For these reasons, I think Kuzutsuka Festival is the good event for your family.

> 評価基準表の「評価5」の達成項目をおさえている。「思考・判断・表現」で重視するコミュニケーションの目的などに応じて，葛塚地区のイベントの内容を単元の重要表現を活用しながら表現している。

（2）プログレスカード「ⅳ」の記述　　　　　　　　　　　　　　　**A**

　①前は「これは○○です。」という説明しかできませんでした。このレッスンで関係代名詞を習い，「これは□□という○○です。」と１文で詳しく葛塚まつりについて説明できるようになりました。他にも前のレッスンで習った First, Second, などの理由を説明する表現を組み合わせて使い，ALTの先生にわかりやすく伝えることができました。

　②今回は「相手のことを考えてコミュニケーションする」が目標でした。ALTの先生が葛塚まつりの伝統をあまり知らないと考えたので，灯籠について詳しく説明することを心がけました。私たちの伝統であることなどその歴史を強調することによって，はじめて説明を聞いた人も，興味をもってきっと読んでくれると思いました。

> 「主体的に学習に取り組む態度」の評価の二つの視点から，単元の課題解決の出口としてコミュニケーションの態度の変容を書いている。特に「粘り強さ」について，相手の立場に立つことと，伝統文化を伝える意義とを関連付けて書いている。

［判定のポイント］

　ALTへの紹介文（1）については，単元の主たる言語材料である関係代名詞をコミュニケーションの目的に応じて活用し，まとまりのある文章を書けているかを評価した。なお，「知識・技能」の「技能」についても，この課題で評価することは可能かもしれない。しかしながら，教師が事前に生徒へ添削を繰り返している点から，生徒が関係代名詞の特徴を踏まえて本当に書くことができているか判断しかねる。そのため，後日，定期査査でパラレルな内容の問題を作成し，「知識・技能」の評価問題を課した。公平さを保つため，授業で生徒が選択していないイベントを紹介する設定にし，生徒が授業で身に付けた内容，言語を活用する力を測る問題にする。

　単元の課題を解決した後，プログレスカード（2）で言語的目標と言語外目標の2点から振り返りを行った。理由として，言語的目標ならば「関係代名詞の特徴のまとめ方」「後置修飾の作り方」「英語の語順の作り方」，言語外目標ならば「仲間との協働性」「相手の立場を考える」など，「主体的に学習に取り組む態度」の評価の視点である「英語のパフォーマンスを高める取組みの改善（自己調整）」，「コミュニケーションへの態度向上（粘り強さ）」の高まりの実感を促すことにつながるからである。この2点のどちらかが書かれていれば「おおむね満足」とした。

第**3**部.

学習評価のそもそもと
これから

目標準拠評価の導入

評価基準に照らして評価する――目標準拠評価の導入

　学習評価のここ20年の歩みを振り返ってみると，平成13（2001）年の指導要録の改訂で大きな変革が始まりました。この時の改訂で**目標準拠評価**が全面的に採用されたためです。そもそもこの目標準拠評価という言い方は，それまで絶対評価と呼ばれていた評価方法の表現を改めたものです。目標準拠評価は，生徒の学習状況を評価基準に照らすことにより，その達成状況を評価するものです。絶対評価という言い方を改めたのは，この言葉が絶対不変の評価基準があるような響きをもっていたためです。あくまで評価基準は人為的に設定されたものであり，研究の成果や価値観の変化により変わることもありうるのです。

　平成13年以前も**観点別評価**については絶対評価（目標準拠評価）でしたが，評定は「絶対評価を加味した相対評価」とされており，曖昧なままでした。部分的に相対評価を認めていたために，評定に関しては相対評価が実態であったといったほうがよいでしょう。

　絶対評価を目標準拠評価と言い換えたわけですが，目標準拠評価のもともとの用語は，英語の**クライテリオン準拠評価（criterion referenced assessment）**でした。クライテリオン準拠評価は，1963年にアメリカのグレイサー（Glaser, R.）が提案したものです。彼は相対評価に対して，**一定の評価基準に照らして生徒の学習状況を判断する**べきであると主張しました。なおグレイサー自身は，この時点ではクライテリオン準拠テストと言っています。

クライテリオン準拠評価の二つの解釈

　グレイサー自身は，評価基準がどうあるべきかに関して，具体的な提案をしていませんでした。その後，評価基準の設定方法について二つの考え方が登場しました。一つはポファム（Popham, J.W.）によるものです。彼は**ドメイン（domain）**の概念を持ち込みました。ドメインとは**評価の対象とする範囲**のことです。ドメインを明確に定義し，その範囲内で考えられるすべての問題群から一部を抽出してテストし，そのテストに正解した割合は，すべての問題群をテストした場合の正解数の割合を示しているとしました。正解数が一定の割合（例えば60%）を上回れば，対象とする学習範囲について習得したと評価したり，いくつかの割合（60%と80%など）を決めて区分すれば，3段階で評価したりすることになります。割合といっても，テストの場合は通常，点数で示しますので，点数で区分を示すことになります。この区分に用いられる点数をカッティング・ポイントまたはカット・スコアなど

と言います。学校内で**従来から用いられてきたペーパーテスト（多数の問題から構成されるテスト）は，暗黙にですが，ほぼこのドメイン準拠評価の考え方で実施されてきた**と考えられます。

　ドメインを明確に区分し，そのドメインで考えられる問題群から実際にテストする問題を抽出するという方法を用いて評価できるのは，学習すべき内容の一部になります。例えば，「連立一次方程式の計算」「江戸時代の主な出来事」「圧力と体積」などの場合とか，「教科書の p.35から p.55までの内容」のように評価する範囲を明確に区分できる場合です。しかし，科学的な思考とか数学的な思考などでは，明確にその内容を区分できるわけではありません。また国語の論理的な文章なども明確な範囲を区分できないのです。

　ドメインを明確に区分できない学習の場合に，評価基準の設定方法として考えられたのが，サドラー（Sadler, R.）による**スタンダード準拠評価（standard referenced assessment）**です。ドメインを設定できないのは，先に述べた思考力や判断力のような，欧米で**高次の思考技能（higher order skills）**と言われるものです。例えば，科学的な思考は特定の学習内容（例えば，電気，溶液の性質）に限定されていないので，範囲が非常に広範囲にわたります。その点で明確な範囲を設定できるわけではないのです。

　また，思考力等は多数の問題を解かせて，その正解数で評価することは非常に困難です。思考力や判断力は初歩的で幼稚な思考から，高度で洗練された思考までのいくつかのレベルのどの段階かを評価しなければなりません。問題に正解した数で評価できるような量的なものではないからです。このような場合に適した評価基準の設定方法として，サドラーは**レベルの特徴を言葉で表現した評価基準と，各レベルの評価基準に到達したと判断される生徒の作品例（作文，レポート，制作物など）の二つを用いてレベルの違いの理解を図る方法**を提案し，これをスタンダード準拠評価と呼びました。

　なお，洗練のレベルの違いを示す別の評価基準の設定方法として，**ルーブリック（rublic）**があります。ルーブリックはもともと特定の課題に対応した評価基準でした。いっぽう，スタンダード準拠評価の場合は，いろいろな課題に共通して用いることのできる評価基準となっている点が異なっています。スタンダード準拠評価はドメインの設定を考えていないのに対して，ルーブリックはドメインの考え方を残しているとも言えるでしょう。（注：なお，ルーブリックには，多種類の学習課題に対応した「一般的なルーブリック（generic rublic）」もあります。この場合のルーブリックは，ドメインの考え方をしていないとみることもできます。）

国立教育政策研究所の参考資料

　平成13年の改訂を契機として，評価基準の設定を各学校の工夫に任せていたそれまでの方針を転換して，国自体が参考資料として評価基準（評価規準）の設定例を示すようになりました。さらに，平成22（2010）年の改訂からは，評価基準に加えて，評価基準に到達したと見られる生徒の作品例も示すようになり，スタンダード準拠評価の考え方を部分的に取り入れるようになりました。

2 観点別学習状況の評価

分析的な評価とその限界

　現在，学校で用いられている評価方法は，その多くを20世紀初めに開発された知能テストに負っています。知能テストはもちろん知能を測定するものですが，知能テストで開発された評価方法を知能の測定以外にも使用するようになってからは，漠然と能力を評価するものと考えるようなりました。この能力について分析的に考えたのが**ブルーム（Bloom, B.S.）**です。ブルームは1956年に「教育目標の分類学（Taxonomy of Educational Objectives）」を著して，能力の内容を分析的に考えることを提案しました。ブルームは認知的な領域の能力を六つの構成要素に分けて考えました。

　その六つとは，知識（knowledge），理解（comprehension），応用（application），分析（analysis），総合（synthesis），評価（evaluation）です。さらに，これらの六つの能力は階層構造をもっていると主張しました。つまり，知識を習得してから理解に進み，理解が習得できてから応用に進むという具合に，知識が最下層で評価を最上位とする階層構造です。また六つの能力を評価する問題も例示していました。わが国の観点別評価の各項目も能力を分析的に捉える点では同様ですが，分類の仕方は異なっています。

　ブルームの能力の分類とその階層構造について，それを確認・検証する研究がその後行われました。その結果，六つの能力の階層構造については否定されました。最下層の知識にも非常に難しいものがあり，知識や理解が分析や総合よりも易しいとは限らないのです。さらに問題になったのは，六つの能力を別々にテストしたり評価したりすることの難しさです。特に，応用，分析，総合，評価といった，いわゆる**高次の思考技能に相当するようなものは，それぞれを区分して評価することは難しく，ある種の問題解決プロセスを通して一体的にしか評価できない**と考えられるようになりました。これらの研究結果は次に述べるように，わが国で令和2年から実施が始まった学習指導要領と，これに対応する観点別評価にも大きく影響することとなりました。

観点の区分の問題

　目標準拠評価となった平成13年以降，観点は国語だけが5観点（「関心・意欲・態度」「話す・聞く能力」「書く能力」「読む能力」「言語についての知識・理解・技能」）で，他の教科は4観点（「関心・意欲・態度」「思考・判断」「技能・表現」「知識・理解」）でした。

平成22年の改訂では「技能・表現」から表現がなくなって「技能」となり，「思考・判断」に表現が移って「思考・判断・表現」となりました。これは思考，判断したことを表現すると考えて，思考，判断と一体化して評価しようとするものでした。

　平成13年以来の課題として考えられてきたのは，各教科の「知識・理解」と「技能」の観点の意味が似通っていて，区別して評価するのが困難であることでした。これは前述したブルームの6区分の問題とも密接に関連しています。つまり，能力を細かに区分しても，実際にその区分通りに評価できるわけではないことと関係しています。わが国では「知識・理解」と「技能」を別々に評価するのが難しいという点に，ブルームの区分と同じ問題が現れていました。

3観点への移行

　新しい学習指導要領は，これまでの内容中心の教育課程の編成から，資質や能力の育成をより前面に出すことを目指しています。内容中心というのは，指導すべき知識や概念を中心に記述する教育課程のことです。これに対して資質や能力の育成を目指す教育課程とは，どのような能力や技能を育成するかを中心に記述する教育課程のことです。具体的には，「知識・技能」「思考力・判断力・表現力等」「学びに向かう力・人間性等」の三つの柱に従って編成されています。このような編成方法に変えた成果がどの程度あったかは議論のあるところでしょうが，この三つの柱を受けた観点の構成も**「知識・技能」「思考・判断・表現」「主体的に学習に取り組む態度」**の三つに整理されました。「主体的に学習に取り組む態度」は，「学びに向かう力，人間性等」のうち，評価できる部分を観点として設定したものとしています。

　この三つの観点のうちで，認知的な能力について評価する観点は「知識・技能」「思考・判断・表現」の二つになりました。これは前述したようにブルームの六つの分類が，最終的には**知識等と高次の思考技能を区分して評価**できる程度となったことと一致しています。わが国の観点「思考・判断・表現」は高次の思考技能にほぼ相当します。認知的な能力をこれまでの3観点から2観点に変えたことで，観点の内容の区別が付きにくいという問題は今回解消されたと考えられます。

　「知識・技能」の観点は，個別的に評価できる学習内容（個別の知識や概念）であるのに対して，「思考・判断・表現」の観点は，知識や技能を統合して用いて問題や課題を解決する能力として考えるべきでしょう。たとえて言えば，「知識・技能」はコンピュータの部品（電源装置，CPU，ハードディスクなど）が揃っているかを評価する観点，「思考・判断・表現」は部品が集まってコンピュータ全体として働く機能を評価する観点と言えるでしょう。「主体的に学習に取り組む態度」という新しい観点は，従来の「関心・意欲・態度」の観点の内容に，**メタ認知能力**と**粘り強く学習に取り組む態度**を加えた観点と考えられますが，後で述べるように評価の難しい観点です。

3 学習の改善に生かす評価 ——形成的評価

形成的評価への注目

　中教審教育課程部会の「児童生徒の学習評価に関するワーキンググループ」での新学習指導要領に対応した評価の検討の中で，特に注目されたのが**形成的評価**でした。従来は学習評価といえば指導要録の内容の検討，つまり**総括的評価**を前提とした議論でした。しかし，今回は形成的評価が議論の対象となりました。学校で形成的評価をもっと本格的に実施するには，どのような方策が必要かを検討したのです。このような形成的評価の重視は，世界的な流れに沿ったものと考えられます。

　1998年，イギリスのブラック（Black, P.）等が Assessment in Education 誌に発表した論文で，1998年以前の約10年間に発表された形成的評価に関する研究論文を調査して，形成的評価を実施した場合の効果が非常に大きいことを示しました。この論文を契機に，形成的評価に関する理論的，実践的な研究が本格的に始まったのです。その世界的な流れが，新しい学習指導要領に対応した学習評価の検討の中で，形成的評価の重視につながったと考えられます。

形成的評価が機能する条件

　ブラック等の論文以前から，形成的評価が機能するために必要な条件を示していたのが前出のサドラーです。彼は，1989年の"Formative assessment and the design of instructional systems."という論文の中で，三つの条件を指摘しました。

- **・生徒が学習の目標について理解していること**
- **・生徒が学習の目標と自分の学習の状況との乖離について知っていること**
- **・生徒が学習の目標と自分の学習の状況との乖離を埋める方法を指導されること**

　ここでサドラーが言う学習の目標とは，漢字の学習や簡単な足し算のようなものではなくて，思考力等に関わる目標，高次の思考技能に関わる目標のことです。漢字の学習や計算の場合には，生徒に学習の目標を理解させるのはそれほど難しくはありません。しかし，「論理的な文章を書く」とか，「イマジネーション豊かな文を書く」などの目標を理解させるのは簡単なことではありません。このような場合には，論理的な文章の実例やイマジネーションに富んだ文章の例を示し，どこがポイントかを生徒に説明することが必要です。これは言語表現の評価基準と事例を組み合わせるスタンダード準拠評価と同様の考え方に立脚しています。

効果を上げるために必要なこと

　前述のブラック等の論文は，形成的評価の効果を示しただけでなく，現状の問題点，工夫を必要とする分野についても指摘していました。さらにその後の実践研究で，形成的評価が効果を上げるために必要なことがわかってきました。その中で二つのことについてここでは説明したいと思います。

　まず第1に問題となったのは「教師の質問」です。教師の質問には，生徒の考えを引き出し，問題があればすぐに改善のための方策を考えることができる即時性があります。また，質問により生徒の考えを深める効果も期待できます。それはちょうど，ギリシャのソクラテスが用いた問答法のような効果であり，生徒に考えることを促すのです。

　しかしながら現状は，必ずしもそのような効果を期待できないと言われています。問題点をいくつか挙げると，教師が質問して生徒に考えさせる時間の非常に短いことが，調査の結果からわかっています。せいぜい数秒答えを待つ程度で，すぐにヒントを言ったり別の生徒に答えさせたりしてしまう場合が多いのです。教師としては，生徒が無言でいる沈黙の時間になかなか耐えられないのです。しかし，生徒に考えさせるには，もっと長い時間解答を待つことが必要です。もちろん用語や単語で答えることを目的とする質問であれば，長い時間を必要とするわけではなく，わからなかったら時間を与えても意味はありません。このような**「知っている・知らない」で解答するような質問ばかりでは，生徒の思考力を育成することはできません**し，生徒が考えていることを聞き出し，学習の改善に生かすこともできません。

　これらの問題から，**質問した場合には今まで以上に考える時間を与える**こと，沈黙の時間も忍耐強く待つ必要があります。また，「どう考えますか」とか「どうなるでしょうか」というような質問をできるだけすること，2択式（はい・いいえ）の質問にならざるを得ない場合でも，**生徒の解答を聞いた後「なぜそう考えますか」という質問をする**ことが必要です。

　二つめの問題は，「評価結果を生徒に伝える方法」です。**点数や順位を伝えるだけでは学習の改善にほとんど役立たない**ことがわかっています。点数がよかったり，順位の上位だったりした生徒の自尊感情を高める効果はありますが。「がんばったね」とか「よくやったね」などと伝えるのも，学習の改善効果に乏しいことがわかっています。

　最も学習の改善効果があったのは，**学習の目標に照らして，生徒の学習状況がどの点で問題や課題があり，どの点でよかったのかを生徒に伝える**ことです。この改善効果は，先に述べたサドラーの形成的評価が効果的であるための三つの条件の重要性を改めて確認するものです。

　わが国の学習評価の仕組みから考えると，形成的評価として機能するのは主として観点別評価と考えられます。特に各観点の評価基準が充実すれば，評価基準を生徒にも理解させることで形成的評価の機能を果たすことになります。今のところ評定にそのような役割を期待することはできません。

学習評価のそもそもとこれから

107

4 様々な評価方法を併用する

評価方法の多様化と信頼性・妥当性

　近年の教育評価の基本的な考え方は，評価しようとする能力や技能が以前よりも広がってきたのに対応して，評価に用いる手段も多様化する必要があるとしています。前節で述べたように授業中の教師の質問は，評価の手段としてのみならず，生徒に考えさせる方法として指導の面でも重要です。また，従来から用いられてきた**ペーパーテスト**にも多様なものがあり，それぞれの特質を踏まえて，評価目的に沿った適切な形式を用いる必要があります。最近では，ペーパーテストに加えて**パフォーマンス評価**や**ポートフォリオ評価**などが登場してきました。これらの新しい評価方法は，**従来のペーパーテストでは評価が難しい能力や技能を評価する**のに適しています。

　評価方法に求められる質の指標として，「**信頼性**」と「**妥当性**」があります。信頼性は，同じ評価を繰り返し行っても同様の結果が出るかを問うものです。妥当性は，評価しようとしている能力や技能を実際に評価しているかを問うものです。評価方法により信頼性と妥当性の要求をどの程度満たすかは異なってきます。多くの場合，信頼性を高めようとすると妥当性は低くなり，妥当性を高めると信頼性は低くなります。また，**形成的評価の場合には妥当性が重視されるのに対して，総括的評価の場合には信頼性が重視される**こととなります。評価の結果が生徒の進路に影響したり，教師や学校の評価につながったりするものとして保護者や一般社会の注目を浴びる場合を，**ハイ・ステイクス**と言いますが，このような場合には，特に信頼性が重視されます。

ペーパーテスト

　ペーパーテストには，多肢選択式，語句で解答するもの，短文で答えるもの，さらに長い論述を求めるものまであります。多肢選択式や語句で解答するペーパーテストは，**短時間で広い範囲の学習事項を評価する**のに適しています。この方式では信頼性，特に評価者間信頼性が高いのが普通です。短文で答える場合には，多肢選択式や語句で解答する場合よりは，評価できる学習範囲が狭くなり，評価者間信頼性が低くなります。大学入学共通テストで100字程度の短文で解答する問題を出題する予定であったのですが，採点の公平性に疑問があるとする批判を受けて中止になりましたが，正確には評価者間信頼性に関する批判というべきです。長い論述を求める場合には，採点が難しくなり，評価者間信頼性を高めるために

は，採点者の訓練などの工夫が必要となります。

パフォーマンス評価

　パフォーマンス評価は，評価しようとする能力や技能を実際に用いる中で評価しようとする方法です。例えばペーパーテスト上に理科の実験器具の図を描いて，問題に解答させることもできます。しかし，ペーパーテストの問題に解答できたからといって，実際に実験観察活動ができるとは言えません。実際の実験観察活動では，ペーパーテスト上で示すことのできない様々な環境条件等が影響してくるからです。そのため，ペーパーテスト上の代替物で評価するのでなく，実際の場面を設定して評価する方法をパフォーマンス評価と言うようになりました。もともとパフォーマンス評価は，体育や美術など実技を伴う教科で行われていたものですが，それ以外の教科でも実施する必要があると考えられるようになって，改めてパフォーマンス評価として注目されるようになりました。パフォーマンス評価の具体的な内容は教科によって異なります。社会科では地域の問題や課題についての調査活動，数学では現実社会で起こっている出来事を数学的に考える課題，国語では文章を書いたり，話したり聞いたりする活動が該当します。

　パフォーマンス評価では，**課題等の活動全体を実施する**ことが望ましいと言われています。例えば理科の実験観察活動の一部を取り出して評価するよりも，実験観察活動の一連の流れの中で評価することが望ましいということです。それは一部を取り出して評価した結果と，全体の流れの中で同じ部分を評価した結果は同じではないことがわかっているからです。一部を取り出して評価するのは，全体を実施する時間的余裕のないときに限るべきでしょう。

　パフォーマンス評価の実施には時間を要するため，何回もできるわけではありません。そのため評価しようとする能力や技能が発揮される課題や問題を十分に選択して実施することが必要です。その点で，指導や評価のヤマ場を考える必要があります。パフォーマンス評価の場合，妥当性が高くなるのが普通です。信頼性に関しては，もともと信頼性の概念そのものがペーパーテストを前提として考えられたものであるため，普通の信頼性を当てはめて考えることはできません。パフォーマンス評価の場合は評価者間信頼性が問題となると考えるべきです。

ポートフォリオ評価

　ポートフォリオ評価は生徒が学習活動で作成した作品等（制作物，レポート，エッセイ等）を，ファイルに保存する評価方法です。ファイルに保存するのは，生徒の能力や技能を代表する作品等です。保存された作品等を上回ると判断される作品が新たに制作された場合は，作品を入れ替えていく必要があります。こうすることで，**保存されている作品を見れば，該当時点での生徒の能力や技能がどの程度まで達したか，そのプロフィールを把握できる**のがこの評価方法の特徴です。例えば国語では，散文，詩，短歌，論理的な文章などいろいろな種類の作品を集めることで，生徒の国語の能力の全体を示すこととなります。

5 これからの学習評価の課題

評価基準の整備・充実

　平成13年の指導要録の改訂以来，国が評価基準の参考資料を作成し，さらに実際の生徒の作品を用いた評価事例集も参考資料に含めるようになったことはすでに述べました。しかしながら，わが国の目標準拠評価には課題が残されていると言わざるを得ません。

　問題の第1は，各観点のB（おおむね満足）にあたる評価基準は参考資料に示されていますが，A（十分満足）にあたる評価基準が示されていないことです。Aにあたる評価基準が示されていないため，何ができたらAと判断するか指針がない状態です。Aの評価基準がなくても，Aにあたる生徒の作品を用いた評価事例が数多く示されれば，Aに求められるおおよその内容を理解することができます。しかしながら，参考資料に示された評価事例は数が少なすぎて，そのような機能を果たすことはできません。もちろん本書で示された評価事例がそのような働きに少しでも寄与することを期待します。

　Aの評価基準がないことは，評価以前の問題として，指導の目標が見えないことになります。学習指導要領には基本的に，Bの目標しか記述されていません。今回の参考資料（「『指導と評価の一体化』のための学習評価に関する参考資料」）でのBの基準は，学習指導要領の目標として記述された文末「〜すること」を「〜している」に書き替えて作られたものですから，結果的にBの基準しか示されていないことになります。そうすると，生徒がBの基準に到達した場合，次に何を目指して指導すべきかがわからないこととなります。当然これは形成的評価を実施する場合にも困ります。またBの基準についても，学習指導要領の記述の文末を変えただけのものですから，非常に簡単なものです。生徒の様々な学習の達成状況を判断するには不十分と言わざるを得ません。**Aの評価基準を示すことと，評価基準に対応した評価事例集をもっと充実すること**がこれからの課題となります。

評価の統一性 (comparability) の問題

　ここで言う**評価の統一性**とは，学校間や地域間で，評価に関して全体として同じような判断をしているかを問う概念です。これに対して**評価者間信頼性**は，同一の生徒の解答や作品等について，同じような評価が行われているかを問うものです。たとえて言えば，評価の統一性はマクロのレベル，評価者間信頼性はミクロのレベルの一致の程度を問題とするものです。評価の結果が学校内だけで用いられる場合には，評価の統一性が求められることはあり

ません。しかし，評価の結果が学校間や地域間で用いられて，生徒の将来に影響したり，学校の比較や地域の比較に用いられたりする場合には，この評価の統一性が必要になります。

　評価の統一性を確保するために用いられる手続きが**モデレーション**です。これは各学校や地域の評価が同じような判断基準で行われているかを確認する手続きのことです。モデレーションの方法はいくつかありますが，よく用いられるのはグループ・モデレーションです。これは一定の地域の学校が生徒の作品等を持ち寄り，同じような作品に対して同じような評価をしているかを確認することです。同じような評価をするために，評価基準や評価基準の適用方法などについて話し合うのです。

　わが国では，評価基準については国の参考資料がありますが，これは観点別評価に関するものであり，観点から評定を導き出す方法については，各学校の裁量に任されています。そのため，**評定に関しては評価の統一性が確保されていない**ことになります。評価結果がハイ・ステイクスになる場合には，これを統一することが必要であると考えられます。

形成的評価と総括的評価の関係

　形成的評価で得た評価結果を総括的評価で利用することに関しては，評価の専門家の間でも意見が分かれています。形成的評価と総括的評価では目的が全く違うので，形成的評価で得た評価結果を総括的評価に利用すべきでないという意見と，利用してもよいのではないかという意見に二分されています。確かに形成的評価では妥当性が重視されるのに対して，総括的評価では信頼性が重視されるので，この点を考えれば両者は分けて考えるべきでしょう。しかしながら，形成的評価は日常的に行われるのに対して，総括的評価は一定の時点でしか行われませんので，形成的評価のほうが継続的に生徒の姿を見ていく点で，一時期の生徒の状況を見る総括的評価よりは，生徒の状況がよくわかると言えます。

　逆に総括的評価の結果を形成的評価に利用することについては，総括的評価を実施する時点では指導が終了しているので，原理的には総括的評価の結果を指導の改善に直接用いることはできません。

「主体的に学習に取り組む態度」の評価

　この観点は従来の「関心・意欲・態度」の観点に代わって設定されたものです。観点の内容としては，従来の「関心・意欲・態度」の意味内容に加えて，自らの学習を調整しようとする態度（メタ認知能力）と粘り強く学習に取り組む態度，欧米でレジリエンス（resilience）と言われるものを加えた観点であると考えられています。

　しかしながら，文部科学省が示している観点の趣旨は，教科によってかなり異なっており，メタ認知能力に言及していない教科もあります。粘り強く学習に取り組む態度に関しても，教科によって違っています。教科によって扱いが異なるのは，やはりこの観点を評価する場合の難しさを示していると考えられます。

Tips 「評価規準」と「評価基準」

　「評価規準」と「評価基準」の使い分けには様々な考え方や立場がある。本書では原則として「評価基準」の表記で統一しているが，文部科学省の文書等では「評価規準」が用いられている。そこで本書では，文部科学省からの引用が明確な場合のみ「評価規準」と表記している。

　なお，文部科学省の資料では，学習指導の狙いが生徒の学習状況として実現された状況を具体的に示したものが「評価規準」であると説明されている。また，この用語には，子供たちが身に付けた資質・能力の質的な面，すなわち，学習指導要領の目標に基づく幅のある資質・能力の育成の実現状況の評価を目指すという意味合いが含意されているということである。

参考文献：

・文部科学省国立教育政策研究所「『指導と評価の一体化』のための学習評価に関する参考資料」令和2年3月
・文部省「小学校教育課程一般指導資料」平成5年9月
・藤岡秀樹「評価規準と評価基準」『教育評価事典』図書文化，2006年，p.80。
・鈴木秀幸「『基準』か『規準』か：評価用語の混乱を超えて」『スタンダード準拠評価』図書文化，2013年，p.82-88。

付　録.

評価規準に関する資料

観点別学習状況の評価における
A基準のキーワード

　観点別評価の「十分満足できる（A）」状況とは，「評価規準に照らし，児童生徒が実現している学習の状況が質的な高まりや深まりをもっていると判断される場合」であり，その具体的な姿は多様に想定されます。ただし，実際の評価場面（おもに総括的評価）において，どこまでをBとして評価すべきか，悩むことが少なくありません。評価の信頼性を高める上でも，「評価規準（B基準）」に対応する「A基準」の設定があるとよいでしょう。

何を根拠とするか

〔既存の資料を活用する〕
・各教科の「見方・考え方」（加点要素として参考にする，右頁参照）
・上位学年の評価規準（国研『参考資料』のほか，出版社が発行しているものも参考になります）

〔研究知見を参照する〕
・学習内容が「使えるレベル」になっている（cf. 学力の三層構造，13頁）
・学習内容が「精緻化」されている（学んだことを自分の言葉で詳しく説明できる）
・「メタ認知」を働かせている（自分の学習状況を客観的に把握して制御できる）

〔対話的に学ぶ姿に着目する〕
・グループ学習等で積極的に人と関わって学ぶ姿は，「主体的に学習に取り組む態度」において，加点的に評価するための資料として捉えやすいところがあります。ただし，目標や学習内容，学習活動に応じて発揮している姿を捉えることがポイントです。「困っている友達に援助的に関わった」という行動を例に考えてみましょう。

　　①国語の学習課題に取り組む中で，理解に遅れの見られる友達に，<u>自分の学んだこと（習得状況）を生かして，</u>ここまでの学習内容をかみ砕いて説明していた
　　　→「国語」の「主体的に学習に取り組む態度」の評価資料として採用を検討する
　　　　cf. 中学校国語における「主体的に学習に取り組む態度」の観点の趣旨……「言葉を通じて積極的に人と関わったり，思いや考えを深めたりしながら，言葉がもつ価値を認識しようとしているとともに，言語感覚を豊かにし，言葉を適切に使おうとしている。」
　　②日常生活の中で，友達の私的な悩みに寄り添っていた
　　　→「行動の記録」の評価資料として採用を検討する
　　③行事や係活動に関わって，友達の悩みを解決する状況が見られた
　　　→「特別活動の記録」の評価資料として採用を検討する

A基準のキーワード

　各教科の見方・考え方，過去の評価事例等を参考にして，A基準（A判定の根拠）に用いられてきたキーワードを集めました（116〜119頁）。

教科	見方・考え方
国語	対象と言葉，言葉と言葉との関係を，言葉の意味，働き，使い方等に着目して捉えたり問い直したりして，言葉への自覚を高めること
社会	（地理）社会的事象を位置や空間的な広がりに着目して捉え，地域の環境条件や地域間の結び付きなどの地域という枠組みの中で，人間の営みと関連付けること （歴史）社会的事象を時期，推移などに着目して捉え，類似や差異などを明確にしたり事象同士を因果関係などで関連付けたりすること （公民）社会的事象を政治，法，経済などに関わる多様な視点（概念や理論など）に着目して捉え，よりよい社会の構築に向けて，課題解決のための選択・判断に資する概念や理論などと関連付けること
数学	事象を数量や図形及びそれらの関係などに着目して捉え，論理的，統合的・発展的に考えること
理科	自然の事物・現象を，質的・量的な関係や時間的・空間的な関係などの科学的な視点で捉え，比較したり，関係付けたりするなどの科学的に探究する方法を用いて考えること
音楽	音楽に対する感性を働かせ，音や音楽を，音楽を形づくっている要素とその働きの視点で捉え，自己のイメージや感情，生活や社会，伝統や文化などと関連付けること
美術	よさや美しさなどの価値や心情などを感じ取る力である感性や，想像力を働かせ，対象や事象を造形的な視点で捉え，自分としての意味や価値をつくりだすこと
保健体育	（体育）運動やスポーツを，その価値や特性に着目して，楽しさや喜びとともに体力の向上に果たす役割の視点から捉え，自己の適性等に応じた『する・みる・支える・知る』の多様な関わり方と関連付けること （保健）個人及び社会生活における課題や情報を，健康や安全に関する原則や概念に着目して捉え，疾病等のリスクの軽減や生活の質の向上，健康を支える環境づくりと関連付けること
技術・家庭	（技術）生活や社会における事象を，技術との関わりの視点で捉え，社会からの要求，安全性，環境負荷や経済性などに着目して技術を最適化すること （家庭）家族や家庭，衣食住，消費や環境などに係る生活事象を，協力・協働，健康・快適・安全，生活文化の継承・創造，持続可能な社会の構築等の視点で捉え，生涯にわたって，自立し共に生きる生活を創造できるよう，よりよい生活を営むために工夫すること
外国語	外国語で表現し伝え合うため，外国語やその背景にある文化を，社会や世界，他者との関わりに着目して捉え，コミュニケーションを行う目的や場面，状況等に応じて，情報を整理しながら考えなどを形成し，再構築すること

※各教科の見方・考え方は，中央教育審議会答申（平成28年12月21日）及び学習指導要領を基にしました

観点別学習状況の評価におけるA基準のキーワード

A 基準（A 判定の根拠）に用いられるキーワード①　国語，社会，数学，理科

教科	観点	知識・技能	思考・判断・表現	主体的に学習に取り組む態度
国語	見方・考え方	対象と言葉，言葉と言葉との関係を，言葉の意味，働き，使い方等に着目して捉えたり問い直したりして，言葉への自覚を高めること		
	キーワード	難しい言葉を言い換えたり補ったりしている／指示語や接続詞を効果的に使用している／類似する言葉の違いを説明できる／言葉の選択や表現が文章にもたらすイメージについて言及している／推敲前後の文章の違いを明確に説明できる／現代語と古語の違いを的確に捉えている／筆者独自のものの見方・考え方に着目している／読み手を惹きつける言葉を選んでいる／古語ならではの表現の仕方や効果，リズムの美しさを指摘している／ほかの言葉で言い換えることができる／場面や相手に応じた適切な表現方法を用いている／伝えたい言葉や内容がわかりやすくなるようにレイアウトを工夫している／意味のまとまりや区切りを明確に意識している／聞きやすい声の大きさや速さで話している／正確に〜している／幅広く〜している	止揚した意見を述べながら／たとえや具体的な描写を交えながら／複数の語句や表現方法を適切に交えながら／内容を要約するような見出しを付けながら／段落相互の関係を捉えながら／文章と図表の関係を考えながら／登場人物の心情を声に込めながら／全体の構成や場面を考えながら／中心的な内容と付加的な内容を区別しながら／話の要点をつかみながら／文体を選びながら／複数の資料を比較しながら／相手や場面に応じながら／キーワードを捉えながら／言葉をよく吟味しながら／言葉の順番や語感を意識しながら／よりよい結論を目指しながら／筋道を立てながら／不明瞭な部分を確認しながら／論拠を明確にしながら／筆者の意図に注目しながら／複数の心情を捉えながら／問いの答えを予想しながら／相互関係を読み取りながら	論理展開や重要語句に着目しようとしている／登場人物の気持ちや著者の意図等を想像しようとしている／友達のよさを自分の発表に生かそうとしている／読み手を意識して工夫しようとしている／共通点や違いを意識しようとしている／これまでの学習を振り返って考えようとしている／気に入った表現を見つけようとしている／新しい言葉に興味をもとうとしている／話の中心を明確にしようとしている／様々な見方をしようとしている／自分の読書生活に生かそうとしている／視点をもって論理的に批評しようとしている／現代的な文脈で読み替えようとしている／何度も修正しながら〜している／進んで〜している／幾つも〜している／繰り返し〜している／積極的に〜している／自分の言葉で〜している／より多く〜している
社会	見方・考え方	（地理）社会的事象を位置や空間的な広がりに着目して捉え，地域の環境条件や地域間の結び付きなどの地域という枠組みの中で，人間の営みと関連付けること （歴史）社会的事象を時期，推移などに着目して捉え，類似や差異などを明確にしたり事象同士を因果関係などで関連付けたりすること （公民）社会的事象を政治，法，経済などに関わる多様な視点（概念や理論など）に着目して捉え，よりよい社会の構築に向けて，課題解決のための選択・判断に資する概念や理論などと関連付けること		
	キーワード	複数の資料から読み取っている／正確でわかりやすい資料を作成している／適切に分類しながらそれぞれの事象を説明している／統計資料等から将来の課題を読み取っている／違いや変化がわかりやすい表を作成している／地名や土地利用の様子から歴史的な事柄について予想を立てている／個別の事象と全体を関連付けながら調べている／思想的背景についても触れている	時代や地域を代表する特徴や価値，課題を考えながら／より多くの資料を関連付けながら／社会的条件の変化や時代背景を踏まえながら／複数の時代や人物，国や地域を比較しながら／二項対立をこえる考察を加えながら／現代に与える影響も考察しながら／各位の立場に触れながら／地理的条件や社会的条件と関連付けながら／調べた事実を根拠にしながら／自分の住む地	追究テーマを設定しようとしている／さらに調べようとしている／将来の課題を読み取ろうとしている／複数の事象を取り上げて全体的な特色を考察しようとしている／時代や地域を代表する特徴や価値について考えようとしている／より多くの資料を用いて考察を深めようとしている／自分がどう関わるべきかも含めて述べようとしている／主張の根拠を挙げようとしてい

		／権利や政策の内容と共に定められている理由について根拠を挙げて説明している／同じ政策に関する複数の記事を収集している／イメージマップを用いるなどして問題点や課題を整理している／観点ごとに整理している／人々の願いや努力を具体的に聞き取っている／用途に応じてデータや資料を活用している	域や生活と関連付けながら／自分の課題をもちながら／追究するための視点や方法を具体的に考えながら／双方の立場で考えながら／論拠を明らかにしながら／エピソードや記録を基に説明しながら／地形や交通網，産業などを関連付けながら／当事者の思いや願いと関連付けながら／社会的事象同士を関連付けながら／複数の視点で考えながら／事実と目的を関連付けながら	る／身の回りの事象と比較しようとしている／さらなる疑問や感想をもとうとしている／自分の経験に関連付けて振り返ろうとしている／社会の一員としての在り方を具体的に考えようとしている／自分の地域のよさに目を向けようとしている／具体的な行動目標をもとうとしている／当事者の立場に立って考えようとしている／進んで〜している／積極的に〜している
数学	見方・考え方	事象を数量や図形及びそれらの関係などに着目して捉え，論理的，統合的・発展的に考えること		
	キーワード	手際よく求めることができる／場面に応じた方法を理解している／確かめの必要性や方法についても理解している／定理に基づいて説明できる／特性を捉えて理解している／概念を正しく捉えている／言葉や図を用いて説明している／どの場面でも手際よくできる／速く正確にできる／効率的に〜できる／確実に〜できる／正確に〜できる／どんな数でも〜できる／複数の方法で〜できる／	仮定や予測を基にしながら／反例を挙げながら／複数の図形を比べながら／図形の性質と日常生活や社会の事象を関連付けながら／異なる条件についても説明しながら／新たな命題を示しながら／違いを理解しながら／意味理解に基づきながら／筋道を立てながら／きまりを見出しながら／共通点や相違点に注目しながら／根拠を交えながら／既習事項と関連付けながら／複数の考え方を用いながら／グラフや数直線や式を使いながら	数学的事象のよさに気付いて積極的に活用している／以前に学んだことを生かそうとしている／身の回りの事象に生かそうとしている／日常生活や社会の事象と数学の事象を関連付けようとしている／類似点や相違点に着目しようとしている／繰り返し〜している／予測や仮説をもって〜している／見通しをもって〜している／進んで〜している／正確に〜しようとしている／より効率的に〜しようとしている
理科	見方・考え方	自然の事物・現象を，質的・量的な関係や時間的・空間的な関係などの科学的な視点で捉え，比較したり，関係付けたりするなどの科学的に探究する方法を用いて考えること		
	キーワード	正確なデータを取っている／安全に配慮している／記号や化学式などを正確に記述している／誤差が出ることを考慮している／誤差がなるべく少なくなるように操作している／より多くの要素を図示している／集めた情報をわかりやすく整理しながら記録している／複数の例を挙げている／生活の現象を科学的に説明している／既習事項と関連付けて理解している／連続性がわかりやすいように記録している／正しく〜している／手際よく〜している	様々な要因を指摘しながら／別の方向からも考えながら／相違点も見出しながら／より多くの観点について比較しながら／複数の要素を関連付けながら／基準を決めて予想しながら／連続性を見出しながら／視点を基に違いや変化を予想しながら／定義を基に自分の考えを表現しながら／ある程度の根拠をもちながら／一般化して説明しながら／実験結果の違いを定量的に考えながら／環境とのかかわりを考慮しながら／生活経験と関連付けながら／日常事象と関連付けながら	変化しないものについても見出そうとしている／たくさんの例を挙げようとしている／共通点や相違点を見出そうとしている／自分の経験や体験を基に考えようとしている／自分なりの課題を見出して調べようとしている／条件を変えながら調べようとしている／よりよい効果を得るための工夫をしようとしている／身の回りの現象と関連付けて説明しようとしている／様々な方法で〜している／繰り返し〜している／見通しをもって〜している／継続的に〜している／進んで〜している

A 基準（A 判定の根拠）に用いられるキーワード②　音楽，美術，保健体育，技術・家庭，外国語

教科	観点	知識・技能	思考・判断・表現	主体的に学習に取り組む態度
音楽	見方・考え方	音楽に対する感性を働かせ，音や音楽を，音楽を形づくっている要素とその働きの視点で捉え，自己のイメージや感情，生活や社会，伝統や文化などと関連付けること		
	キーワード	曲想に適したリズムや調にふさわしい終止感を理解している／正確に楽譜に表現している／リズムや音をほとんど正確に演奏している／和音の構成音とそれ以外の音を適切に組み合わせている／確実に～している／しっかりと～している／ふさわしい方法で～している／正確に～している／わかりやすくなるように～している	表現と理由を適切に関連付けながら／間や速度，強弱を生かした表現を工夫しながら／複数の要素を取り入れながら／まとまりのある音楽としての構成を工夫しながら／自分のイメージに合った的確な表現を工夫しながら／幾つかの考えを試しながら／曲想と創意工夫を関連付けながら／曲と歌詞を関連付けながら／思いやイメージや意図を具体的に表現に生かそうとしながら	グループをリードしようとしている／何度も推考している／よりよい表現を追求している／様々なリズムを積極的に試している／注意深く聴き取ろうとしている／他者の意見を参考にしようとしている／自分が知覚・感受したこと伝えようとしている／表現の体験を鑑賞に生かそうとしている／複数の特徴に関心をもとうとしている／様々なアイデアを繰り返し試そうとしている／繰り返し～している
美術	見方・考え方	よさや美しさなどの価値や心情などを感じ取る力である感性や，想像力を働かせ，対象や事象を造形的な視点で捉え，自分としての意味や価値をつくりだすこと		
	キーワード	用具の特性を生かしながら制作している／材料の特性を生かして自分のイメージを表現している／配色の効果や構成美を生かして表現している／独創的なアイディアスケッチをしている／表現方法や表現したい内容に沿った制作の順序を考えている／材料の特性をより詳しく理解している／複数の材料を組み合わせている／いろいろな方法を組み合わせている／様々な表現の効果を詳しく理解している／様々な表現方法を詳しく理解している	明暗陰影の効果も考えながら／洗練された美しさを考えながら／全体と部分のバランスを考えながら／より多くの人に伝わるデザインを意識しながら／他者の考えを自分の感覚に反映させながら／様々な画材や材料の特性を組み合わせながら／他者の表現のよさを感じ取りながら／色彩の効果や表現方法を具体的に考えながら／根拠を明確にしながら／環境や空間に適した材料を用いながら／自分の価値観をもって批評しながら／伝統的な美術文化と現代の美術文化を比較しながら／類似点や違いを比較しながら	よりよい表現を目指そうとしている／素材のよさや美しさを感じ取ろうとしている／複数の表現方法からイメージに合うものを選ぼうとしている／自分の価値意識をもって味わおうとしている／解釈を深めようとしている／作者の思いを感じ取ろうとしている／見方や感じ方を広げようとしている／作者の心情やメッセージを正確に読み取ろうとしている／作品のよさを背景も踏まえながら深く追究しようとしている／意図をもって繰り返し試している／細部の表現にもこだわっている／様々な表現を次々と試みている
保健体育	見方・考え方	（体育）運動やスポーツを，その価値や特性に着目して，楽しさや喜びとともに体力の向上に果たす役割の視点から捉え，自己の適性等に応じた「する・みる・支える・知る」の多様な関わり方と関連付けること （保健）個人及び社会生活における課題や情報を，健康や安全に関する原則や概念に着目して捉え，疾病等のリスクの軽減や生活の質の向上，健康を支える環境づくりと関連付けることって，自立し共に生きる生活を創造できるよう，よりよい生活を営むために工夫すること		
	キーワード	安定した動作で滑らかにできる／一連の動きがスムーズにできる／ダイナミックで正確な動きができる／リ	適宜修正しながら／状況に対応しながら／自己の課題に応じながら／動きのよさや効果に気付きながら／効	協力的に活動しようとしている／励ましの声をかけながら前向きに活動しようとしている／自分や仲間の体

		ズミカルな動きができる／具体例を交えて説明できる／関連する事項も含めて知っている／自分の体力や生活に合った方法を知っている	果的な練習方法を選びながら／心身の状態を確かめながら／自分の動きを発見しながら／友達のよい動きを取り入れながら／ルールに従いながら／より複雑な動きで／生活に関連付けながら	や心の状態を確かめながら取り組もうとしている／進んで～している／常に～している／粘り強く～している／繰り返し～している／単元を通して～している／常に～している／
技術・家庭	見方・考え方	（技術）生活や社会における事象を，技術との関わりの視点で捉え，社会からの要求，安全性，環境負荷や経済性などに着目して技術を最適化すること （家庭）家族や家庭，衣食住，消費や環境などに係る生活事象を，協力・協働，健康・快適・安全，生活文化の継承・創造，持続可能な社会の構築等の視点で捉え，生涯にわたって，自立し共に生きる生活を創造できるよう，よりよい生活を営むために工夫すること		
	キーワード	【技術分野】 より精密な製作図を書いている／どのように有用か量的・質的に説明できる／安全・経済・環境面など複数の視点を考慮している／使用状況に応じた調整ができる／危険性や予想される事故について指摘できる／効率的なプログラムに修正できる／安全に配慮しながら安定的にできる 【家庭分野】 他教科の学習と関連付けて理解している／栄養量と共に嗜好や季節，費用なども考慮して検討できる／利点と問題点について説明できる／環境に配慮した方法を選ぶことができる／作業の流れや要点を説明できる／目的に合った方法を理解している／手際よく～できる	【技術分野】 安全・環境・コスト面などから比較・検討しながら／目的に応じた工夫・改善を加えながら／政策上の制約条件や自分自身の加工技能を考慮しながら／社会や環境に関する課題を取り上げながら／検討したことを工程表にわかりやすくまとめながら／短時間で効率よく動くように工夫しながら 【家庭分野】 生活の改善を考えながら／対象者の年齢や嗜好，調理法，季節，費用なども考慮しながら／環境への影響も考えながら／料理に合う部位や切り方，調味方法を工夫しながら／衣服と社会生活のかかわりを考えながら／完成後の活用方法も考えながら／家族それぞれの立場で考えながら	【技術分野】 技術が製品にもたらす効果を考えようとしている／技術の発達が生活や社会，環境にもたらす影響を考えようとしている／安全性を考慮しようとしている／知的財産権を保護しようとしている／プラス面とマイナス面に分けて説明しようとしている／使用後の取り扱いを考えようとしている 【家庭分野】 地域の一員として積極的にかかわろうとしている／安全に配慮しようとしている／目的に応じた方法を考えようとしている／環境への影響を考えようとしている／多様な方法を検討しようとしている／消費者の自覚を高めようとしている／複数の観点から見出そうとしている／生活経験を踏まえて考えようとしている
外国語	見方・考え方	外国語で表現し伝え合うため，外国語やその背景にある文化を，社会や世界，他者との関わりに着目して捉え，コミュニケーションを行う目的や場面，状況等に応じて，情報を整理しながら考えなどを形成し，再構築すること		
	キーワード	常に要点を聞き取っている／確実に読み取っている／誤りのない正しい英文で話すことができる／正しい文法を用いている／既習表現を適切に用いている／伝えたい内容をわかりやすく整理している／文章の内容を正しく理解できる／正確に～できる／適切に～できる／安定的に～している	概要や要点を安定的に適切に聞き取りながら／書き手の考えを適切に読み取りながら／相手に問いかけたり，情報を付加したりしながら／伝えたい内容を整理しながら／ジェスチャーを付けたり伝えたい言葉を強調したりしながら／声の調子やイントネーション等を工夫して気持ちを表しながら／より伝わりやすい構成を意識しながら	自分の考えを詳しく述べたり効果的に引用したりしようとしている／自分自身で修正しようとしている／自ら目標をもって試行錯誤しようとしている／粘り強く取り組もうとしている／安定的に～しようとしている

内容のまとまりごとの評価規準（例）
第1学年

1　目標と評価の観点及びその趣旨

目標（1）	目標（2）	目標（3）
社会生活に必要な国語の知識や技能を身に付けるとともに，我が国の言語文化に親しんだり理解したりすることができるようにする。	筋道立てて考える力や豊かに感じたり想像したりする力を養い，日常生活における人との関わりの中で伝え合う力を高め，自分の思いや考えを確かなものにすることができるようにする。	言葉がもつ価値に気付くとともに，進んで読書をし，我が国の言語文化を大切にして，思いや考えを伝え合おうとする態度を養う。

知識・技能	思考・判断・表現	主体的に学習に取り組む態度
社会生活に必要な国語の知識や技能を身に付けているとともに，我が国の言語文化に親しんだり理解したりしている。	「話すこと・聞くこと」，「書くこと」，「読むこと」の各領域において，筋道立てて考える力や豊かに感じたり想像したりする力を養い，日常生活における人との関わりの中で伝え合う力を高め，自分の思いや考えを確かなものにしている。	言葉を通じて積極的に人と関わったり，思いや考えを確かなものにしたりしながら，言葉がもつ価値に気付こうとしているとともに，進んで読書をし，言葉を適切に使おうとしている。

2　内容のまとまりごとの評価規準（例）

A　話すこと・聞くこと

ア　紹介や報告など伝えたいことを話したり，それらを聞いて質問したり意見などを述べたりする活動		
知識・技能	思考・判断・表現	主体的に学習に取り組む態度
・指示する語句と接続する語句の役割について理解を深めている。（(1)エ）	・「話すこと・聞くこと」において，目的や場面に応じて，日常生活の中から話題を決め，集めた材料を整理し，伝え合う内容を検討している。（A(1)ア） ・「話すこと・聞くこと」において，必要に応じて記録したり質問したりしながら話の内容を捉え，共通点や相違点などを踏まえて，自分の考えをまとめている。（A(1)エ）	・積極的に集めた材料を整理し，学習の見通しをもって報告しようとしている。
上記以外に設定することが考えられる評価規準の例		
・音声の働きや仕組みについて，理解を深めている。（(1)ア） ・事象や行為，心情を表す語句の量を増し，話や文章の中で使うことを通して，語感を磨き語彙を豊かにしている。（(1)ウ） ・語句の辞書的な意味と文脈上の意味との関係に注意して話や文章の中で使うことを通して，語感を磨き語彙を豊かにしている。（(1)ウ） ・比喩，反復，倒置，体言止めなどの表現の技法を理解し使っている。（(1)オ） ・原因と結果，意見と根拠など情報と情報との関係について理解している。（(2)ア） ・比較や分類，関係付けなどの情報の整理の仕方，引用の仕方や出典の示し方について理解を深め，それらを使っている。（(2)イ） ・古典には様々な種類の作品があることを知っている。（(3)イ） ・共通語と方言の果たす役割について理解している。（(3)ウ） ・漢字の行書の基礎的な書き方を理解して，身近な文字を行書で書いている。（(3)エ(イ)） ・読書が，知識や情報を得たり，自分の考えを広げたりすることに役立つことを理解している。（(3)オ）	・「話すこと・聞くこと」において，自分の考えや根拠が明確になるように，話の中心的な部分と付加的な部分，事実と意見との関係などに注意して，話の構成を考えている。（A(1)イ） ・「話すこと・聞くこと」において，相手の反応を踏まえながら，自分の考えが分かりやすく伝わるように表現を工夫している。（A(1)ウ）	・進んで情報の整理の仕方を使って，学習課題に沿って意見を述べようとしている。

イ　互いの考えを伝えるなどして，少人数で話し合う活動		
知識・技能	思考・判断・表現	主体的に学習に取り組む態度
・音声の働きや仕組みについて，理解を深めている。((1)ア) ・語句の辞書的な意味と文脈上の意味との関係に注意して話や文章の中で使うことを通して，語感を磨き語彙を豊かにしている。((1)ウ)	・「話すこと・聞くこと」において，相手の反応を踏まえながら，自分の考えが分かりやすく伝わるように表現を工夫している。(A(1)ウ)	・粘り強く表現を工夫し，今までの学習を生かして対話しようとしている。
上記以外に設定することが考えられる評価規準の例		
・事象や行為，心情を表す語句の量を増し，話や文章の中で使うことを通して，語感を磨き語彙を豊かにしている。((1)ウ) ・指示する語句と接続する語句の役割について理解を深めている。((1)エ) ・比喩，反復，倒置，体言止めなどの表現の技法を理解し使っている。((1)オ) ・原因と結果，意見と根拠など情報と情報との関係について理解している。((2)ア) ・比較や分類，関係付けなどの情報の整理の仕方，引用の仕方や出典の示し方について理解を深め，それらを使っている。((2)イ) ・共通語と方言の果たす役割について理解している。((3)ウ)	・「話すこと・聞くこと」において，目的や場面に応じて，日常生活の中から話題を決め，集めた材料を整理し，伝え合う内容を検討している。(A(1)ア) ・「話すこと・聞くこと」において，自分の考えや根拠が明確になるように，話の中心的な部分と付加的な部分，事実と意見との関係などに注意して，話の構成を考えている。(A(1)イ) ・「話すこと・聞くこと」において，必要に応じて記録したり質問したりしながら話の内容を捉え，共通点や相違点などを踏まえて，自分の考えをまとめている。(A(1)エ) ・「話すこと・聞くこと」において，話題や展開を捉えながら話し合い，互いの発言を結び付けて考えをまとめている。(A(1)オ)	・積極的に指示する語句と接続する語句の役割について理解を深め，学習課題に沿って話し合おうとしている。

B　書くこと

ア　本や資料から文章や図表などを引用して説明したり記録したりするなど，事実やそれを基に考えたことを書く活動		
知識・技能	思考・判断・表現	主体的に学習に取り組む態度
・比較や分類，関係付けなどの情報の整理の仕方，引用の仕方や出典の示し方について理解を深め，それらを使っている。((2)イ) ・読書が，知識や情報を得たり，自分の考えを広げたりすることに役立つことを理解している。((3)オ)	・「書くこと」において，根拠を明確にしながら，自分の考えが伝わる文章になるように工夫している。(B(1)ウ)	・粘り強く自分の考えが伝わる文章になるように工夫し，学習の見通しをもって説明する文章を書こうとしている。
上記以外に設定することが考えられる評価規準の例		
・学年別漢字配当表の漢字のうち900字程度の漢字を書き，文や文章の中で使っている。((1)イ) ・事象や行為，心情を表す語句の量を増し，話や文章の中で使うことを通して，語感を磨き語彙を豊かにしている。((1)ウ) ・語句の辞書的な意味と文脈上の意味との関係に注意して話や文章の中で使うことを通して，語感を磨き語彙を豊かにしている。((1)ウ) ・指示する語句と接続する語句の役割について理解を深めている。((1)エ) ・比喩，反復，倒置，体言止めなどの表現の技法を理解し使っている。((1)オ) ・原因と結果，意見と根拠など情報と情報との関係について理解している。((2)ア) ・字形を整え，文字の大きさ，配列などについて理解して，楷書で書いている。((3)エ(ア))	・「書くこと」において，目的や意図に応じて，日常生活の中から題材を決め，集めた材料を整理し，伝えたいことを明確にしている。(B(1)ア) ・「書くこと」において，書く内容の中心が明確になるように，段落の役割などを意識して文章の構成や展開を考えている。(B(1)イ) ・「書くこと」において，読み手の立場に立って，表記や語句の用法，叙述の仕方などを確かめて，文章を整えている。(B(1)エ) ・「書くこと」において，根拠の明確さなどについて，読み手からの助言などを踏まえ，自分の文章のよい点や改善点を見いだしている。(B(1)オ)	・進んで情報と情報との関係について理解し，学習の見通しをもって記録する文章を書こうとしている。

国立教育政策研究所「内容のまとまりごとの評価規準（例）」

イ　行事の案内や報告の文章を書くなど，伝えるべきことを整理して書く活動		
知識・技能	思考・判断・表現	主体的に学習に取り組む態度
・指示する語句と接続する語句の役割について理解を深めている。((1)エ)	・「書くこと」において，書く内容の中心が明確になるように，段落の役割などを意識して文章の構成や展開を考えている。(B(1)イ) ・「書くこと」において，読み手の立場に立って，表記や語句の用法，叙述の仕方などを確かめて，文章を整えている。(B(1)エ)	・積極的に表記や語句の用法，叙述の仕方などを確かめ，学習課題に沿って行事の案内の文章を書こうとしている。
上記以外に設定することが考えられる評価規準の例		
・学年別漢字配当表の漢字のうち900字程度の漢字を書き，文や文章の中で使っている。((1)イ) ・事象や行為，心情を表す語句の量を増し，話や文章の中で使うことを通して，語感を磨き語彙を豊かにしている。((1)ウ) ・語句の辞書的な意味と文脈上の意味との関係に注意して話や文章の中で使うことを通して，語感を磨き語彙を豊かにしている。((1)ウ) ・比喩，反復，倒置，体言止めなどの表現の技法を理解し使っている。((1)オ) ・原因と結果，意見と根拠など情報と情報との関係について理解している。((2)ア) ・比較や分類，関係付けなどの情報の整理の仕方，引用の仕方や出典の示し方について理解を深め，それらを使っている。((2)イ) ・字形を整え，文字の大きさ，配列などについて理解して，楷書で書いている。((3)エ(ア)) ・読書が，知識や情報を得たり，自分の考えを広げたりすることに役立つことを理解している。((3)オ)	・「書くこと」において，目的や意図に応じて，日常生活の中から題材を決め，集めた材料を整理し，伝えたいことを明確にしている。(B(1)ア) ・「書くこと」において，根拠を明確にしながら，自分の考えが伝わる文章になるように工夫している。(B(1)ウ) ・「書くこと」において，根拠の明確さなどについて，読み手からの助言などを踏まえ，自分の文章のよい点や改善点を見いだしている。(B(1)オ)	・粘り強く語句の辞書的な意味と文脈上の意味との関係に注意し，学習の見通しをもって報告する文章を書こうとしている。
ウ　詩を創作したり随筆を書いたりするなど，感じたことや考えたことを書く活動		
知識・技能	思考・判断・表現	主体的に学習に取り組む態度
・事象や行為，心情を表す語句の量を増し，話や文章の中で使うことを通して，語感を磨き語彙を豊かにしている。((1)ウ) ・比喩，反復，倒置，体言止めなどの表現の技法を理解し使っている。((1)オ)	・「書くこと」において，目的や意図に応じて，日常生活の中から題材を決め，集めた材料を整理し，伝えたいことを明確にしている。(B(1)ア)	・進んで集めた材料を整理し，学習課題に沿って詩を創作しようとしている。
上記以外に設定することが考えられる評価規準の例		
・学年別漢字配当表の漢字のうち900字程度の漢字を書き，文や文章の中で使っている。((1)イ) ・語句の辞書的な意味と文脈上の意味との関係に注意して話や文章の中で使うことを通して，語感を磨き語彙を豊かにしている。((1)ウ) ・単語の類別について理解している。((1)エ) ・指示する語句と接続する語句の役割について理解を深めている。((1)エ) ・原因と結果，意見と根拠など情報と情報との関係について理解している。((2)ア) ・比較や分類，関係付けなどの情報の整理の仕方，引用の仕方や出典の示し方について理解を深め，それらを使っている。((2)イ) ・字形を整え，文字の大きさ，配列などについて理解して，楷書で書いている。((3)エ(ア)) ・読書が，知識や情報を得たり，自分の考えを広げたりすることに役立つことを理解している。((3)オ)	・「書くこと」において，書く内容の中心が明確になるように，段落の役割などを意識して文章の構成や展開を考えている。(B(1)イ) ・「書くこと」において，根拠を明確にしながら，自分の考えが伝わる文章になるように工夫している。(B(1)ウ) ・「書くこと」において，読み手の立場に立って，表記や語句の用法，叙述の仕方などを確かめて，文章を整えている。(B(1)エ) ・「書くこと」において，根拠の明確さなどについて，読み手からの助言などを踏まえ，自分の文章のよい点や改善点を見いだしている。(B(1)オ)	・積極的に比喩，反復，倒置，体言止めなどの表現の技法を使い，今までの学習を生かして随筆を書こうとしている。

C　読むこと

ア　説明や記録などの文章を読み，理解したことや考えたことを報告したり文章にまとめたりする活動		
知識・技能	思考・判断・表現	主体的に学習に取り組む態度
・指示する語句と接続する語句の役割について理解を深めている。（(1)エ） ・原因と結果，意見と根拠など情報と情報との関係について理解している。（(2)ア）	・「読むこと」において，文章の中心的な部分と付加的な部分，事実と意見との関係などについて叙述を基に捉え，要旨を把握している。（C(1)ア）	・粘り強く文章の要旨を把握し，学習の見通しをもって理解したことを報告しようとしている。

上記以外に設定することが考えられる評価規準の例		
・学年別漢字配当表に示されている漢字に加え，その他の常用漢字のうち300字程度から400字程度までの漢字を読んでいる。（(1)イ） ・事象や行為を表す語句の量を増し，話や文章の中で使うことを通して，語感を磨き語彙を豊かにしている。（(1)ウ） ・語句の辞書的な意味と文脈上の意味との関係に注意して話や文章の中で使うことを通して，語感を磨き語彙を豊かにしている。（(1)ウ） ・比喩，反復，倒置，体言止めなどの表現の技法を理解し使っている。（(1)オ） ・比較や分類，関係付けなどの情報の整理の仕方，引用の仕方や出典の示し方について理解を深め，それらを使っている。（(2)イ） ・読書が，知識や情報を得たり，自分の考えを広げたりすることに役立つことを理解している。（(3)オ）	・「読むこと」において，目的に応じて必要な情報に着目して要約し，内容を解釈している。（C(1)ウ） ・「読むこと」において，文章の構成や展開，表現の効果について，根拠を明確にして考えている。（C(1)エ） ・「読むこと」において，文章を読んで理解したことに基づいて，自分の考えを確かなものにしている。（C(1)オ）	・積極的に語句の辞書的な意味と文脈上の意味との関係に注意し，学習課題に沿って考えたことをレポートにまとめようとしている。

イ　小説や随筆などを読み，考えたことなどを記録したり伝え合ったりする活動		
知識・技能	思考・判断・表現	主体的に学習に取り組む態度
・事象や行為，心情を表す語句の量を増し，話や文章の中で使うことを通して，語感を磨き語彙を豊かにしている。（(1)ウ）	・「読むこと」において，場面の展開や登場人物の相互関係，心情の変化などについて，描写を基に捉えている。（C(1)イ） ・「読むこと」において，文章を読んで理解したことに基づいて，自分の考えを確かなものにしている。（C(1)オ）	・進んで登場人物の相互関係などを捉え，学習課題に沿って考えたことをスピーチしようとしている。

上記以外に設定することが考えられる評価規準の例		
・学年別漢字配当表に示されている漢字に加え，その他の常用漢字のうち300字程度から400字程度までの漢字を読んでいる。（(1)イ） ・語句の辞書的な意味と文脈上の意味との関係に注意して話や文章の中で使うことを通して，語感を磨き語彙を豊かにしている。（(1)ウ） ・単語の類別について理解している。（(1)エ） ・指示する語句と接続する語句の役割について理解を深めている。（(1)エ） ・比喩，反復，倒置，体言止めなどの表現の技法を理解し使っている。（(1)オ） ・原因と結果，意見と根拠など情報と情報との関係について理解している。（(2)ア） ・比較や分類，関係付けなどの情報の整理の仕方，引用の仕方や出典の示し方について理解を深め，それらを使っている。（(2)イ） ・音読に必要な文語のきまりや訓読の仕方を知り，古文や漢文を音読し，古典特有のリズムを通して，古典の世界に親しんでいる。（(3)ア） ・共通語と方言の果たす役割について理解している。（(3)ウ） ・読書が，知識や情報を得たり，自分の考えを広げたりすることに役立つことを理解している。（(3)オ）	・「読むこと」において，文章の中心的な部分と付加的な部分，事実と意見との関係などについて叙述を基に捉え，要旨を把握している。（C(1)ア） ・「読むこと」において，目的に応じて必要な情報に着目して要約したり，場面と場面，場面と描写などを結び付けたりして，内容を解釈している。（C(1)ウ） ・「読むこと」において，文章の構成や展開，表現の効果について，根拠を明確にして考えている。（C(1)エ）	・積極的に古文や漢文を音読し，学習の見通しをもって考えたことを記録しようとしている。

ウ　学校図書館などを利用し，多様な情報を得て，考えたことなどを報告したり資料にまとめたりする活動		
知識・技能	思考・判断・表現	主体的に学習に取り組む態度
・比較や分類，関係付けなどの情報の整理の仕方，引用の仕方や出典の示し方について理解を深め，それらを使っている。((2)イ) ・読書が，知識や情報を得たり，自分の考えを広げたりすることに役立つことを理解している。((3)オ)	・「読むこと」において，目的に応じて必要な情報に着目して要約し，内容を解釈している。(C(1)ウ)	・積極的に必要な情報に着目し，学習課題に沿って考えたことを資料にまとめようとしている。
上記以外に設定することが考えられる評価規準の例		
・学年別漢字配当表に示されている漢字に加え，その他の常用漢字のうち300字程度から400字程度までの漢字を読んでいる。((1)イ) ・事象や行為，心情を表す語句の量を増し，話や文章の中で使うことを通して，語感を磨き語彙を豊かにしている。((1)ウ) ・語句の辞書的な意味と文脈上の意味との関係に注意して話や文章の中で使うことを通して，語感を磨き語彙を豊かにしている。((1)ウ) ・指示する語句と接続する語句の役割について理解を深めている。((1)エ) ・比喩，反復，倒置，体言止めなどの表現の技法を理解し使っている。((1)オ) ・原因と結果，意見と根拠など情報と情報との関係について理解している。((2)ア) ・古典には様々な種類の作品があることを知っている。((3)イ)	・「読むこと」において，文章の中心的な部分と付加的な部分，事実と意見との関係などについて叙述を基に捉え，要旨を把握している。(C(1)ア) ・「読むこと」において，場面の展開や登場人物の相互関係，心情の変化などについて，描写を基に捉えている。(C(1)イ) ・「読むこと」において，文章の構成や展開，表現の効果について，根拠を明確にして考えている。(C(1)エ) ・「読むこと」において，文章を読んで理解したことに基づいて，自分の考えを確かなものにしている。(C(1)オ)	・進んで引用の仕方や出典の示し方を使い，学習の見通しをもって考えたことを報告しようとしている。

第2学年

1　目標と評価の観点及びその趣旨

目標（1）	目標（2）	目標（3）
社会生活に必要な国語の知識や技能を身に付けるとともに，我が国の言語文化に親しんだり理解したりすることができるようにする。	論理的に考える力や共感したり想像したりする力を養い，社会生活における人との関わりの中で伝え合う力を高め，自分の思いや考えを広げたり深めたりすることができるようにする。	言葉がもつ価値を認識するとともに，読書を生活に役立て，我が国の言語文化を大切にして，思いや考えを伝え合おうとする態度を養う。

知識・技能	思考・判断・表現	主体的に学習に取り組む態度
社会生活に必要な国語の知識や技能を身に付けているとともに，我が国の言語文化に親しんだり理解したりしている。	「話すこと・聞くこと」，「書くこと」，「読むこと」の各領域において，論理的に考える力や共感したり想像したりする力を養い，社会生活における人との関わりの中で伝え合う力を高め，自分の思いや考えを広げたり深めたりしている。	言葉を通じて積極的に人と関わったり，思いや考えを広げたり深めたりしながら，言葉がもつ価値を認識しようとしているとともに，読書を生活に役立て，言葉を適切に使おうとしている。

2　内容のまとまりごとの評価規準（例）

A　話すこと・聞くこと

ア　説明や提案など伝えたいことを話したり，それらを聞いて質問や助言などをしたりする活動

知識・技能	思考・判断・表現	主体的に学習に取り組む態度
・話し言葉と書き言葉の特徴について理解している。（(1)イ） ・情報と情報との関係の様々な表し方を理解し使っている。（(2)イ）	・「話すこと・聞くこと」において，資料や機器を用いるなどして，自分の考えが分かりやすく伝わるように表現を工夫している。（A(1)ウ）	・積極的に表現を工夫し，学習課題に沿って提案しようとしている。

上記以外に設定することが考えられる評価規準の例		
・言葉には，相手の行動を促す働きがあることに気付いている。（(1)ア） ・抽象的な概念を表す語句の量を増し，話や文章の中で使うことを通して，語感を磨き語彙を豊かにしている。（(1)エ） ・類義語と対義語，同音異義語や多義的な意味を表す語句などについて理解し，話や文章の中で使うことを通して，語感を磨き語彙を豊かにしている。（(1)エ） ・話や文章の構成や展開について理解を深めている。（(1)オ） ・敬語の働きについて理解し，話や文章の中で使っている。（(1)カ） ・意見と根拠，具体と抽象など情報と情報との関係について理解している。（(2)ア） ・目的や必要に応じて，楷書又は行書を選んで書いている。（(3)ウ(イ)） ・本や文章などには，様々な立場や考え方が書かれていることを知り，自分の考えを広げたり深めたりする読書に生かしている。（(3)エ）	・「話すこと・聞くこと」において，目的や場面に応じて，社会生活の中から話題を決め，異なる立場や考えを想定しながら集めた材料を整理し，伝え合う内容を検討している。（A(1)ア） ・「話すこと・聞くこと」において，自分の立場や考えが明確になるように，根拠の適切さや論理の展開などに注意して，話の構成を工夫している。（A(1)イ） ・「話すこと・聞くこと」において，論理の展開などに注意して聞き，話し手の考えと比較しながら，自分の考えをまとめている。（A(1)エ）	・進んで敬語の働きについて理解し，今までの学習を生かして説明しようとしている。

イ　それぞれの立場から考えを伝えるなどして，議論や討論をする活動

知識・技能	思考・判断・表現	主体的に学習に取り組む態度
・意見と根拠，具体と抽象など情報と情報との関係について理解している。（(2)ア）	・「話すこと・聞くこと」において，自分の立場や考えが明確になるように，根拠の適切さや論理の展開などに注意して，話の構成を工夫している。（A(1)イ） ・「話すこと・聞くこと」において，論理の展開などに注意して聞き，話し手の考えと比較しながら，自分の考えをまとめている。（A(1)エ）	・粘り強く自分の考えをまとめ，今までの学習を生かして議論しようとしている。

上記以外に設定することが考えられる評価規準の例		
・言葉には，相手の行動を促す働きがあることに気付いている。((1)ア) ・話し言葉と書き言葉の特徴について理解している。((1)イ) ・抽象的な概念を表す語句の量を増し，話や文章の中で使うことを通して，語感を磨き語彙を豊かにしている。((1)エ) ・類義語と対義語，同音異義語や多義的な意味を表す語句などについて理解し，話や文章の中で使うことを通して，語感を磨き語彙を豊かにしている。((1)エ) ・話や文章の構成や展開について理解を深めている。((1)オ) ・敬語の働きについて理解し，話や文章の中で使っている。((1)カ) ・情報と情報との関係の様々な表し方を理解し使っている。((2)イ) ・目的や必要に応じて，楷書又は行書を選んで書いている。((3)ウ(イ)) ・本や文章などには，様々な立場や考え方が書かれていることを知り，自分の考えを広げたり深めたりする読書に生かしている。((3)エ)	・「話すこと・聞くこと」において，目的や場面に応じて，社会生活の中から話題を決め，異なる立場や考えを想定しながら集めた材料を整理し，伝え合う内容を検討している。(A(1)ア) ・「話すこと・聞くこと」において，資料や機器を用いるなどして，自分の考えが分かりやすく伝わるように表現を工夫している。(A(1)ウ) ・「話すこと・聞くこと」において，互いの立場や考えを尊重しながら話し合い，結論を導くために考えをまとめている。(A(1)オ)	・積極的に話や文章の構成や展開について理解を深め，学習課題に沿って討論しようとしている。

B　書くこと

ア　多様な考えができる事柄について意見を述べるなど，自分の考えを書く活動		
知識・技能	思考・判断・表現	主体的に学習に取り組む態度
・意見と根拠，具体と抽象など情報と情報との関係について理解している。((2)ア) ・本や文章などには，様々な立場や考え方が書かれていることを知り，自分の考えを広げたり深めたりする読書に生かしている。((3)エ)	・「書くこと」において，表現の工夫とその効果などについて，読み手からの助言などを踏まえ，自分の文章のよい点や改善点を見いだしている。(B(1)オ)	・積極的に自分の文章の改善点を見いだし，学習課題に沿って意見を述べる文章を書こうとしている。

上記以外に設定することが考えられる評価規準の例		
・言葉には，相手の行動を促す働きがあることに気付いている。((1)ア) ・話し言葉と書き言葉の特徴について理解している。((1)イ) ・学年別漢字配当表に示されている漢字を書き，文や文章の中で使っている。((1)ウ) ・抽象的な概念を表す語句の量を増し，話や文章の中で使うことを通して，語感を磨き語彙を豊かにしている。((1)エ) ・類義語と対義語，同音異義語や多義的な意味を表す語句などについて理解し，話や文章の中で使うことを通して，語感を磨き語彙を豊かにしている。((1)エ) ・単語の活用，助詞や助動詞などの働き，文の成分の順序や照応など文の構成について理解している。((1)オ) ・話や文章の構成や展開について理解を深めている。((1)オ) ・情報と情報との関係の様々な表し方を理解し使っている。((2)イ) ・目的や必要に応じて，楷書又は行書を選んで書いている。((3)ウ(イ))	・「書くこと」において，目的や意図に応じて，社会生活の中から題材を決め，多様な方法で集めた材料を整理し，伝えたいことを明確にしている。(B(1)ア) ・「書くこと」において，伝えたいことが分かりやすく伝わるように，段落相互の関係などを明確にし，文章の構成や展開を工夫している。(B(1)イ) ・「書くこと」において，根拠の適切さを考えて説明や具体例を加えるなど，自分の考えが伝わる文章になるように工夫している。(B(1)ウ) ・「書くこと」において，読み手の立場に立って，表現の効果などを確かめて，文章を整えている。(B(1)エ)	・進んで学年別漢字配当表に示されている漢字を書き，今までの学習を生かして提案を述べる文章を書こうとしている。

イ　社会生活に必要な手紙や電子メールを書くなど，伝えたいことを相手や媒体を考慮して書く活動		
知識・技能	思考・判断・表現	主体的に学習に取り組む態度
・敬語の働きについて理解し，話や文章の中で使っている。((1)カ)	・「書くこと」において，伝えたいことが分かりやすく伝わるように，段落相互の関係などを明確にし，文章の構成や展開を工夫している。(B(1)イ)	・粘り強く文章の構成や展開を工夫し，学習の見通しをもって手紙を書こうとしている。

	• 「書くこと」において，読み手の立場に立って，表現の効果などを確かめて，文章を整えている。（B(1)エ）	

上記以外に設定することが考えられる評価規準の例

知識・技能	思考・判断・表現	主体的に学習に取り組む態度
• 言葉には，相手の行動を促す働きがあることに気付いている。((1)ア) • 話し言葉と書き言葉の特徴について理解している。((1)イ) • 学年別漢字配当表に示されている漢字を書き，文や文章の中で使っている。((1)ウ) • 抽象的な概念を表す語句の量を増し，話や文章の中で使うことを通して，語感を磨き語彙を豊かにしている。((1)エ) • 類義語と対義語，同音異義語や多義的な意味を表す語句などについて理解し，話や文章の中で使うことを通して，語感を磨き語彙を豊かにしている。((1)エ) • 単語の活用，助詞や助動詞などの働き，文の成分の順序や照応など文の構成について理解している。((1)オ) • 話や文章の構成や展開について理解を深めている。((1)オ) • 意見と根拠，具体と抽象など情報と情報との関係について理解している。((2)ア) • 情報と情報との関係の様々な表し方を理解し使っている。((2)イ) • 目的や必要に応じて，楷書又は行書を選んで書いている。((3)ウ(イ)) • 本や文章などには，様々な立場や考え方が書かれていることを知り，自分の考えを広げたり深めたりする読書に生かしている。((3)エ)	• 「書くこと」において，目的や意図に応じて，社会生活の中から題材を決め，多様な方法で集めた材料を整理し，伝えたいことを明確にしている。（B(1)ア） • 「書くこと」において，根拠の適切さを考えて説明や具体例を加えたり，表現の効果を考えて描写したりするなど，自分の考えが伝わる文章になるように工夫している。（B(1)ウ） • 「書くこと」において，表現の工夫とその効果などについて，読み手からの助言などを踏まえ，自分の文章のよい点や改善点を見いだしている。（B(1)オ）	• 積極的に話し言葉と書き言葉の特徴について理解し，学習課題に沿って電子メールを書こうとしている。

ウ 短歌や俳句，物語を創作するなど，感じたことや想像したことを書く活動

知識・技能	思考・判断・表現	主体的に学習に取り組む態度
• 類義語と対義語，同音異義語や多義的な意味を表す語句などについて理解し，話や文章の中で使うことを通して，語感を磨き語彙を豊かにしている。((1)エ) • 単語の活用，助詞や助動詞などの働き，文の成分の順序や照応など文の構成について理解している。((1)オ)	• 「書くこと」において，表現の効果を考えて描写するなど，自分の考えが伝わる文章になるように工夫している。（B(1)ウ）	• 進んで表現の効果を考えて描写し，今までの学習を生かして短歌を創作しようとしている。

上記以外に設定することが考えられる評価規準の例

知識・技能	思考・判断・表現	主体的に学習に取り組む態度
• 話し言葉と書き言葉の特徴について理解している。((1)イ) • 学年別漢字配当表に示されている漢字を書き，文や文章の中で使っている。((1)ウ) • 抽象的な概念を表す語句の量を増し，話や文章の中で使うことを通して，語感を磨き語彙を豊かにしている。((1)エ) • 話や文章の構成や展開について理解を深めている。((1)オ) • 意見と根拠，具体と抽象など情報と情報との関係について理解している。((2)ア) • 情報と情報との関係の様々な表し方を理解し使っている。((2)イ) • 漢字の行書とそれに調和した仮名の書き方を理解して，読みやすく速く書いている。((3)ウ(ア)) • 目的や必要に応じて，楷書又は行書を選んで書いている。((3)ウ(イ)) • 本や文章などには，様々な立場や考え方が書かれていることを知り，自分の考えを広げたり深めたりする読書に生かしている。((3)エ)	• 「書くこと」において，目的や意図に応じて，社会生活の中から題材を決め，多様な方法で集めた材料を整理し，伝えたいことを明確にしている。（B(1)ア） • 「書くこと」において，伝えたいことが分かりやすく伝わるように，段落相互の関係などを明確にし，文章の構成や展開を工夫している。（B(1)イ） • 「書くこと」において，読み手の立場に立って，表現の効果などを確かめて，文章を整えている。（B(1)エ） • 「書くこと」において，表現の工夫とその効果などについて，読み手からの助言などを踏まえ，自分の文章のよい点や改善点を見いだしている。（B(1)オ）	• 粘り強く話や文章の構成や展開について理解を深め，学習の見通しをもって物語を創作しようとしている。

127

C　読むこと

ア　報告や解説などの文章を読み，理解したことや考えたことを説明したり文章にまとめたりする活動		
知識・技能	思考・判断・表現	主体的に学習に取り組む態度
・抽象的な概念を表す語句の量を増し，話や文章の中で使うことを通して，語感を磨き語彙を豊かにしている。((1)エ)	・「読むこと」において，文章全体と部分との関係に注意しながら，主張と例示との関係などを捉えている。(C(1)ア) ・「読むこと」において，文章と図表などを結び付け，その関係を踏まえて内容を解釈している。(C(1)ウ)	・積極的に内容を解釈し，学習課題に沿って理解したことを説明しようとしている。
上記以外に設定することが考えられる評価規準の例		
・言葉には，相手の行動を促す働きがあることに気付いている。((1)ア) ・第1学年までに学習した常用漢字に加え，その他の常用漢字のうち350字程度から450字程度までの漢字を読んでいる。((1)ウ) ・類義語と対義語，同音異義語や多義的な意味を表す語句などについて理解し，話や文章の中で使うことを通して，語感を磨き語彙を豊かにしている。((1)エ) ・助詞や助動詞などの働き，文の成分の順序や照応など文の構成について理解しているとともに，話や文章の構成や展開について理解を深めている。((1)オ) ・意見と根拠，具体と抽象など情報と情報との関係について理解している。((2)ア) ・情報と情報との関係の様々な表し方を理解し使っている。((2)イ) ・本や文章などには，様々な立場や考え方が書かれていることを知り，自分の考えを広げたり深めたりする読書に生かしている。((3)エ)	・「読むこと」において，目的に応じて複数の情報を整理しながら適切な情報を得て，内容を解釈している。(C(1)イ) ・「読むこと」において，観点を明確にして文章を比較するなどし，文章の構成や論理の展開，表現の効果について考えている。(C(1)エ) ・「読むこと」において，文章を読んで理解したことや考えたことを知識や経験と結び付け，自分の考えを広げたり深めたりしている。(C(1)オ)	・粘り強く，文の成分の順序や照応など文の構成について理解し，学習課題に沿って考えたことをノートにまとめようとしている。

イ　詩歌や小説などを読み，引用して解説したり，考えたことなどを伝え合ったりする活動		
知識・技能	思考・判断・表現	主体的に学習に取り組む態度
・第1学年までに学習した常用漢字に加え，その他の常用漢字のうち350字程度から450字程度までの漢字を読んでいる。((1)ウ)	・「読むこと」において，登場人物の言動の意味などについて考えて，内容を解釈している。(C(1)イ) ・「読むこと」において，文章を読んで理解したことや考えたことを知識や経験と結び付け，自分の考えを広げたり深めたりしている。(C(1)オ)	・粘り強く登場人物の言動の意味を考え，学習課題に沿って引用して解説しようとしている。
上記以外に設定することが考えられる評価規準の例		
・言葉には，相手の行動を促す働きがあることに気付いている。((1)ア) ・抽象的な概念を表す語句の量を増し，話や文章の中で使うことを通して，語感を磨き語彙を豊かにしている。((1)エ) ・類義語と対義語，同音異義語や多義的な意味を表す語句などについて理解し，話や文章の中で使うことを通して，語感を磨き語彙を豊かにしている。((1)エ) ・単語の活用，助詞や助動詞などの働き，文の成分の順序や照応など文の構成について理解するとともに，話や文章の構成や展開について理解を深めている。((1)オ) ・意見と根拠，具体と抽象など情報と情報との関係について理解している。((2)ア) ・情報と情報との関係の様々な表し方を理解し使っている。((2)イ) ・作品の特徴を生かして朗読するなどして，古典の世界に親しんでいる。((3)ア)	・「読むこと」において，文章全体と部分との関係に注意しながら，登場人物の設定の仕方などを捉えている。(C(1)ア) ・「読むこと」において，文章と図表などを結び付け，その関係を踏まえて内容を解釈している。(C(1)ウ) ・「読むこと」において，観点を明確にして文章を比較するなどし，文章の構成や論理の展開，表現の効果について考えている。(C(1)エ)	・積極的に現代語訳や語注などを手掛かりに作品を読み，学習課題に沿って考えたことを説明しようとしている。

- 現代語訳や語注などを手掛かりに作品を読むことを通して，古典に表れたものの見方や考え方を知っている。((3)イ)
- 本や文章などには，様々な立場や考え方が書かれていることを知り，自分の考えを広げたり深めたりする読書に生かしている。((3)エ)

ウ　本や新聞，インターネットなどから集めた情報を活用し，出典を明らかにしながら，考えたことなどを説明したり提案したりする活動		
知識・技能	思考・判断・表現	主体的に学習に取り組む態度
・類義語と対義語，同音異義語や多義的な意味を表す語句などについて理解し，話や文章の中で使うことを通して，語感を磨き語彙を豊かにしている。((1)エ) ・情報と情報との関係の様々な表し方を理解し使っている。((2)イ)	・「読むこと」において，観点を明確にして文章を比較するなどし，文章の構成や論理の展開，表現の効果について考えている。(C(1)エ)	・積極的に文章を比較するなどし，学習課題に沿って出典を明らかにしながら考えたことを説明しようとしている。

上記以外に設定することが考えられる評価規準の例		
・言葉には，相手の行動を促す働きがあることに気付いている。((1)ア) ・第1学年までに学習した常用漢字に加え，その他の常用漢字のうち350字程度から450字程度までの漢字を読んでいる。((1)ウ) ・抽象的な概念を表す語句の量を増し，話や文章の中で使うことを通して，語感を磨き語彙を豊かにしている。((1)エ) ・助詞や助動詞などの働き，文の成分の順序や照応など文の構成について理解しているとともに，話や文章の構成や展開について理解を深めている。((1)オ) ・敬語の働きについて理解し，話や文章の中で使っている。((1)カ) ・意見と根拠，具体と抽象など情報と情報との関係について理解している。((2)ア) ・作品の特徴を生かして朗読するなどして，古典の世界に親しんでいる。((3)ア) ・現代語訳や語注などを手掛かりに作品を読むことを通して，古典に表れたものの見方や考え方を知っている。((3)イ) ・本や文章などには，様々な立場や考え方が書かれていることを知り，自分の考えを広げたり深めたりする読書に生かしている。((3)エ)	・「読むこと」において，文章全体と部分との関係に注意しながら，主張と例示との関係や登場人物の設定の仕方などを捉えている。(C(1)ア) ・「読むこと」において，目的に応じて複数の情報を整理しながら適切な情報を得たり，登場人物の言動の意味などについて考えたりして，内容を解釈している。(C(1)イ) ・「読むこと」において，文章と図表などを結び付け，その関係を踏まえて内容を解釈している。(C(1)ウ) ・「読むこと」において，文章を読んで理解したことや考えたことを知識や経験と結び付け，自分の考えを広げたり深めたりしている。(C(1)オ)	・粘り強く情報と情報との関係について理解し，学習の見通しをもって考えたことを提案しようとしている。

国語

国立教育政策研究所「内容のまとまりごとの評価規準（例）」

第3学年

1 目標と評価の観点及びその趣旨

目標（1）	目標（2）	目標（3）
社会生活に必要な国語の知識や技能を身に付けるとともに，我が国の言語文化に親しんだり理解したりすることができるようにする。	論理的に考える力や深く共感したり豊かに想像したりする力を養い，社会生活における人との関わりの中で伝え合う力を高め，自分の思いや考えを広げたり深めたりすることができるようにする。	言葉がもつ価値を認識するとともに，読書を通して自己を向上させ，我が国の言語文化に関わり，思いや考えを伝え合おうとする態度を養う。

知識・技能	思考・判断・表現	主体的に学習に取り組む態度
社会生活に必要な国語の知識や技能を身に付けているとともに，我が国の言語文化に親しんだり理解したりしている。	「話すこと・聞くこと」，「書くこと」，「読むこと」の各領域において，論理的に考える力や深く共感したり豊かに想像したりする力を養い，社会生活における人との関わりの中で伝え合う力を高め，自分の思いや考えを広げたり深めたりしている。	言葉を通じて積極的に人と関わったり，思いや考えを広げたり深めたりしながら，言葉がもつ価値を認識しようとしているとともに，読書を通して自己を向上させ，言葉を適切に使おうとしている。

2 内容のまとまりごとの評価規準（例）

A 話すこと・聞くこと

ア 提案や主張など自分の考えを話したり，それらを聞いて質問したり評価などを述べたりする活動		
知識・技能	思考・判断・表現	主体的に学習に取り組む態度
・敬語などの相手や場に応じた言葉遣いを理解し，適切に使っている。((1)エ) ・具体と抽象など情報と情報との関係について理解を深めている。((2)ア)	・「話すこと・聞くこと」において，場の状況に応じて言葉を選ぶなど，自分の考えが分かりやすく伝わるように表現を工夫している。(A(1)ウ)	・積極的に場の状況に応じて言葉を選び，学習課題に沿って提案しようとしている。
上記以外に設定することが考えられる評価規準の例		
・理解したり表現したりするために必要な語句の量を増し，話や文章の中で使うことを通して，語感を磨き語彙を豊かにしている。((1)イ) ・慣用句や四字熟語などについて理解を深め，話や文章の中で使うことを通して，語感を磨き語彙を豊かにしている。((1)イ) ・和語，漢語，外来語などを使い分けることを通して，語感を磨き語彙を豊かにしている。((1)イ) ・話や文章の種類とその特徴について理解を深めている。((1)ウ) ・情報の信頼性の確かめ方を理解し使っている。((2)イ) ・長く親しまれている言葉や古典の一節を引用するなどして使っている。((3)イ) ・時間の経過による言葉の変化や世代による言葉の違いについて理解している。((3)ウ) ・自分の生き方や社会との関わり方を支える読書の意義と効用について理解している。((3)オ)	・「話すこと・聞くこと」において，目的や場面に応じて，社会生活の中から話題を決め，多様な考えを想定しながら材料を整理し，伝え合う内容を検討している。(A(1)ア) ・「話すこと・聞くこと」において，自分の立場や考えを明確にし，相手を説得できるように論理の展開などを考えて，話の構成を工夫している。(A(1)イ) ・「話すこと・聞くこと」において，話の展開を予測しながら聞き，聞き取った内容や表現の仕方を評価して，自分の考えを広げたり深めたりしている。(A(1)エ)	・進んで情報の信頼性の確かめ方を理解して使い，学習の見通しをもって主張しようとしている。

イ 互いの考えを生かしながら議論や討論をする活動		
知識・技能	思考・判断・表現	主体的に学習に取り組む態度
・情報の信頼性の確かめ方を理解し使っている。((2)イ)	・「話すこと・聞くこと」において，自分の立場や考えを明確にし，相手を説得できるように論理の展開などを考えて，話の構成を工夫している。(A(1)イ) ・「話すこと・聞くこと」において，進行の仕方を工夫したり互いの発言を生かしたりしながら話し合い，合意形成に向けて考えを広げたり深めたりしている。(A(1)オ)	・粘り強く論理の展開を考え，今までの学習を生かして議論しようとしている。

130

上記以外に設定することが考えられる評価規準の例		
・理解したり表現したりするために必要な語句の量を増し，話や文章の中で使うことを通して，語感を磨き語彙を豊かにしている。((1)イ) ・慣用句や四字熟語などについて理解を深め，話や文章の中で使うことを通して，語感を磨き語彙を豊かにしている。((1)イ) ・和語，漢語，外来語などを使い分けることを通して，語感を磨き語彙を豊かにしている。((1)イ) ・話や文章の種類とその特徴について理解を深めている。((1)ウ) ・敬語などの相手や場に応じた言葉遣いを理解し，適切に使っている。((1)エ) ・具体と抽象など情報と情報との関係について理解を深めている。((2)ア) ・長く親しまれている言葉や古典の一節を引用するなどして使っている。((3)イ) ・時間の経過による言葉の変化や世代による言葉の違いについて理解している。((3)ウ) ・自分の生き方や社会との関わり方を支える読書の意義と効用について理解している。((3)オ)	・「話すこと・聞くこと」において，目的や場面に応じて，社会生活の中から話題を決め，多様な考えを想定しながら材料を整理し，伝え合う内容を検討している。(A(1)ア) ・「話すこと・聞くこと」において，場の状況に応じて言葉を選ぶなど，自分の考えが分かりやすく伝わるように表現を工夫している。(A(1)ウ) ・「話すこと・聞くこと」において，話の展開を予測しながら聞き，聞き取った内容や表現の仕方を評価して，自分の考えを広げたり深めたりしている。(A(1)エ)	・積極的に相手や場に応じた言葉遣いを使い，学習の見通しをもって討論しようとしている。

B　書くこと

ア　関心のある事柄について批評するなど，自分の考えを書く活動		
知識・技能	思考・判断・表現	主体的に学習に取り組む態度
・長く親しまれている言葉や古典の一節を引用するなどして使っている。((3)イ)	・「書くこと」において，目的や意図に応じて，社会生活の中から題材を決め，集めた材料の客観性や信頼性を確認し，伝えたいことを明確にしている。(B(1)ア) ・「書くこと」において，表現の仕方を考えたり資料を適切に引用したりするなど，自分の考えが分かりやすく伝わる文章になるように工夫している。(B(1)ウ)	・粘り強く自分の考えが分かりやすく伝わる文章になるように工夫し，学習課題に沿って批評する文章を書こうとしている。
上記以外に設定することが考えられる評価規準の例		
・学年別漢字配当表に示されている漢字について，文や文章の中で使い慣れている。((1)ア) ・理解したり表現したりするために必要な語句の量を増し，話や文章の中で使うことを通して，語感を磨き語彙を豊かにしている。((1)イ) ・慣用句や四字熟語などについて理解を深め，話や文章の中で使うことを通して，語感を磨き語彙を豊かにしている。((1)イ) ・和語，漢語，外来語などを使い分けることを通して，語感を磨き語彙を豊かにしている。((1)イ) ・具体と抽象など情報と情報との関係について理解を深めている。((2)ア) ・情報の信頼性の確かめ方を理解し使っている。((2)イ) ・時間の経過による言葉の変化や世代による言葉の違いについて理解している。((3)ウ) ・身の回りの多様な表現を通して文字文化の豊かさに触れ，効果的に文字を書いている。((3)エ(ア)) ・自分の生き方や社会との関わり方を支える読書の意義と効用について理解している。((3)オ)	・「書くこと」において，文章の種類を選択し，多様な読み手を説得できるように論理の展開などを考えて，文章の構成を工夫している。(B(1)イ) ・「書くこと」において，目的や意図に応じた表現になっているかなどを確かめて，文章全体を整えている。(B(1)エ) ・「書くこと」において，論理の展開などについて，読み手からの助言などを踏まえ，自分の文章のよい点や改善点を見いだしている。(B(1)オ)	・積極的に情報の信頼性の確かめ方を理解して使い，学習の見通しをもって批評する文章を書こうとしている。

イ　情報を編集して文章にまとめるなど，伝えたいことを整理して書く活動		
知識・技能	思考・判断・表現	主体的に学習に取り組む態度
・話や文章の種類とその特徴について理解を深めている。（(1)ウ） ・情報の信頼性の確かめ方を理解し使っている。（(2)イ）	・「書くこと」において，文章の種類を選択し，多様な読み手を説得できるように論理の展開などを考えて，文章の構成を工夫している。（B(1)イ）	・積極的に文章の種類を選択し，学習の見通しをもって新聞にまとめようとしている。
上記以外に設定することが考えられる評価規準の例		
・学年別漢字配当表に示されている漢字について，文や文章の中で使い慣れている。（(1)ア） ・理解したり表現したりするために必要な語句の量を増し，話や文章の中で使うことを通して，語感を磨き語彙を豊かにしている。（(1)イ） ・慣用句や四字熟語などについて理解を深め，話や文章の中で使うことを通して，語感を磨き語彙を豊かにしている。（(1)イ） ・和語，漢語，外来語などを使い分けることを通して，語感を磨き語彙を豊かにしている。（(1)イ） ・敬語などの相手や場に応じた言葉遣いを理解し，適切に使っている。（(1)エ） ・具体と抽象など情報と情報との関係について理解を深めている。（(2)ア） ・長く親しまれている言葉や古典の一節を引用するなどして使っている。（(3)イ） ・時間の経過による言葉の変化や世代による言葉の違いについて理解している。（(3)ウ） ・身の回りの多様な表現を通して文字文化の豊かさに触れ，効果的に文字を書いている。（(3)エ(ア)） ・自分の生き方や社会との関わり方を支える読書の意義と効用について理解している。（(3)オ）	・「書くこと」において，目的や意図に応じて，社会生活の中から題材を決め，集めた材料の客観性や信頼性を確認し，伝えたいことを明確にしている。（B(1)ア） ・「書くこと」において，表現の仕方を考えたり資料を適切に引用したりするなど，自分の考えが分かりやすく伝わる文章になるように工夫している。（B(1)ウ） ・「書くこと」において，目的や意図に応じた表現になっているかなどを確かめて，文章全体を整えている。（B(1)エ） ・「書くこと」において，論理の展開などについて，読み手からの助言などを踏まえ，自分の文章のよい点や改善点を見いだしている。（B(1)オ）	・進んで効果的に文字を書き，今までの学習を生かして発表のための資料を作成しようとしている。

C　読むこと

ア　論説や報道などの文章を比較するなどして読み，理解したことや考えたことについて討論したり文章にまとめたりする活動		
知識・技能	思考・判断・表現	主体的に学習に取り組む態度
・具体と抽象など情報と情報との関係について理解を深めている。（(2)ア）	・「読むこと」において，文章の種類を踏まえて，論理の展開の仕方などを捉えている。（C(1)ア） ・「読むこと」において，文章を批判的に読みながら，文章に表れているものの見方や考え方について考えている。（C(1)イ）	・粘り強く論理の展開の仕方を捉え，学習課題に沿って考えたことについて討論しようとしている。
上記以外に設定することが考えられる評価規準の例		
・第2学年までに学習した常用漢字に加え，その他の常用漢字の大体を読んでいる。（(1)ア） ・理解したり表現したりするために必要な語句の量を増し，話や文章の中で使うことを通して，語感を磨き語彙を豊かにしている。（(1)イ） ・慣用句や四字熟語などについて理解を深め，話や文章の中で使うことを通して，語感を磨き語彙を豊かにしている。（(1)イ） ・和語，漢語，外来語などを使い分けることを通して，語感を磨き語彙を豊かにしている。（(1)イ） ・話や文章の種類とその特徴について理解を深めている。（(1)ウ） ・情報の信頼性の確かめ方を理解し使っている。（(2)イ） ・時間の経過による言葉の変化や世代による言葉の違いについて理解している。（(3)ウ） ・自分の生き方や社会との関わり方を支える読書の意義と効用について理解している。（(3)オ）	・「読むこと」において，文章の構成や論理の展開，表現の仕方について評価している。（C(1)ウ） ・「読むこと」において，文章を読んで考えを広げたり深めたりして，人間，社会，自然などについて，自分の意見をもっている。（C(1)エ）	・積極的に話や文章の種類とその特徴について理解し，今までの学習を生かして考えたことについてレポートにまとめようとしている。

イ　詩歌や小説などを読み，批評したり，考えたことなどを伝え合ったりする活動		
知識・技能	思考・判断・表現	主体的に学習に取り組む態度
・時間の経過による言葉の変化や世代による言葉の違いについて理解している。((3)ウ) ・自分の生き方や社会との関わり方を支える読書の意義と効用について理解している。((3)オ)	・「読むこと」において，文章の構成や論理の展開，表現の仕方について評価している。(C(1)ウ)	・進んで表現の仕方について評価し，学習課題に沿って批評しようとしている。
上記以外に設定することが考えられる評価規準の例		
・第2学年までに学習した常用漢字に加え，その他の常用漢字の大体を読んでいる。((1)ア) ・理解したり表現したりするために必要な語句の量を増し，話や文章の中で使うことを通して，語感を磨き語彙を豊かにしている。((1)イ) ・慣用句や四字熟語などについて理解を深め，話や文章の中で使うことを通して，語感を磨き語彙を豊かにしている。((1)イ) ・和語，漢語，外来語などを使い分けることを通して，語感を磨き語彙を豊かにしている。((1)イ) ・話や文章の種類とその特徴について理解を深めている。((1)ウ) ・敬語などの相手や場に応じた言葉遣いを理解し，適切に使っている。((1)エ) ・具体と抽象など情報と情報との関係について理解を深めている。((2)ア) ・情報の信頼性の確かめ方を理解し使っている。((2)イ) ・歴史的背景などに注意して古典を読むことを通して，その世界に親しんでいる。((3)ア) ・長く親しまれている言葉や古典の一節を引用するなどして使っている。((3)イ)	・「読むこと」において，文章の種類を踏まえて，論理や物語の展開の仕方などを捉えている。(C(1)ア) ・「読むこと」において，文章を批判的に読みながら，文章に表れているものの見方や考え方について考えている。(C(1)イ) ・「読むこと」において，文章を読んで考えを広げたり深めたりして，人間，社会，自然などについて，自分の意見をもっている。(C(1)エ)	・粘り強く時間の経過による言葉の変化や世代による言葉の違いについて理解し，今までの学習を生かして考えたことを説明しようとしている。

ウ　実用的な文章を読み，実生活への生かし方を考える活動		
知識・技能	思考・判断・表現	主体的に学習に取り組む態度
・情報の信頼性の確かめ方を理解し使っている。((2)イ)	・「読むこと」において，文章の種類を踏まえて，論理の展開の仕方などを捉えている。(C(1)ア) ・「読むこと」において，文章を読んで考えを広げたり深めたりして，人間，社会，自然などについて，自分の意見をもっている。(C(1)エ)	・積極的に情報の信頼性の確かめ方を使って，今までの学習を生かして読んだ内容について実生活への生かし方を考えようとしている。
上記以外に設定することが考えられる評価規準の例		
・第2学年までに学習した常用漢字に加え，その他の常用漢字の大体を読んでいる。((1)ア) ・理解したり表現したりするために必要な語句の量を増し，話や文章の中で使うことを通して，語感を磨き語彙を豊かにしている。((1)イ) ・慣用句や四字熟語などについて理解を深め，話や文章の中で使うことを通して，語感を磨き語彙を豊かにしている。((1)イ) ・和語，漢語，外来語などを使い分けることを通して，語感を磨き語彙を豊かにしている。((1)イ) ・話や文章の種類とその特徴について理解を深めている。((1)ウ) ・敬語などの相手や場に応じた言葉遣いを理解し，適切に使っている。((1)エ) ・具体と抽象など情報と情報との関係について理解を深めている。((2)ア) ・時間の経過による言葉の変化や世代による言葉の違いについて理解している。((3)ウ) ・自分の生き方や社会との関わり方を支える読書の意義と効用について理解している。((3)オ)	・「読むこと」において，文章を批判的に読みながら，文章に表れているものの見方や考え方について考えている。(C(1)イ) ・「読むこと」において，文章の構成や論理の展開，表現の仕方について評価している。(C(1)ウ)	・進んで文章を批判的に読み，学習課題に沿って読んだ内容について実生活への生かし方を考えようとしている。

社会 内容のまとまりごとの評価規準（例）地理的分野

1　地理的分野の目標と評価の観点及びその趣旨

目標（1）	目標（2）	目標（3）
我が国の国土及び世界の諸地域に関して，地域の諸事象や地域的特色を理解するとともに，調査や諸資料から地理に関する様々な情報を効果的に調べまとめる技能を身に付けるようにする。	地理に関わる事象の意味や意義，特色や相互の関連を，位置や分布，場所，人間と自然環境との相互依存関係，空間的相互依存作用，地域などに着目して，多面的・多角的に考察し，地理的な課題の解決に向けて公正に選択・判断したりする力，思考・判断したことを説明したり，それらを基に議論したりする力を養う。	日本や世界の地域に関わる諸事象について，よりよい社会の実現を視野にそこで見られる課題を主体的に追究，解決しようとする態度を養うとともに，多面的・多角的な考察や深い理解を通して涵養される我が国の国土に対する愛情，世界の諸地域の多様な生活文化を尊重しようとすることの大切さについての自覚などを深める。
知識・技能	思考・判断・表現	主体的に学習に取り組む態度
我が国の国土及び世界の諸地域に関して，地域の諸事象や地域的特色を理解しているとともに，調査や諸資料から地理に関する様々な情報を効果的に調べまとめている。	地理に関わる事象の意味や意義，特色や相互の関連を，位置や分布，場所，人間と自然環境との相互依存関係，空間的相互依存作用，地域などに着目して，多面的・多角的に考察したり，地理的な課題の解決に向けて公正に選択・判断したり，思考・判断したことを説明したり，それらを基に議論したりしている。	日本や世界の地域に関わる諸事象について，国家及び社会の担い手として，よりよい社会の実現を視野にそこで見られる課題を主体的に追究，解決しようとしている。

2　内容のまとまりごとの評価規準（例）

A　世界と日本の地域構成　(1)地域構成

知識・技能	思考・判断・表現	主体的に学習に取り組む態度
・緯度と経度，大陸と海洋の分布，主な国々の名称と位置などを基に，世界の地域構成を大観し理解している。 ・我が国の国土の位置，世界各地との時差，領域の範囲や変化とその特色などを基に，日本の地域構成を大観し理解している。	・世界の地域構成の特色を，大陸と海洋の分布や主な国の位置，緯度や経度などに着目して多面的・多角的に考察し，表現している。 ・日本の地域構成の特色を，周辺の海洋の広がりや国土を構成する島々の位置などに着目して多面的・多角的に考察し，表現している。	・世界と日本の地域構成について，よりよい社会の実現を視野にそこで見られる課題を主体的に追究しようとしている。

B　世界の様々な地域　(1)世界各地の人々の生活と環境

知識・技能	思考・判断・表現	主体的に学習に取り組む態度
・人々の生活は，その生活が営まれる場所の自然及び社会的条件から影響を受けたり，その場所の自然及び社会的条件に影響を与えたりすることを理解している。 ・世界各地における人々の生活やその変容を基に，世界の人々の生活や環境の多様性を理解している。その際，世界の主な宗教の分布についても理解している。	・世界各地における人々の生活の特色やその変容の理由を，その生活が営まれる場所の自然及び社会的条件などに着目して多面的・多角的に考察し，表現している。	・世界各地の人々の生活と環境について，よりよい社会の実現を視野にそこで見られる課題を主体的に追究しようとしている。

B　世界の様々な地域　(2)世界の諸地域

知識・技能	思考・判断・表現	主体的に学習に取り組む態度
・世界各地で顕在化している地球的課題は，それが見られる地域の地域的特色の影響を受けて，現れ方が異なることを理解している。 ・①から⑥までの世界の各州に暮らす人々の生活を基に，各州の地域的特色を大観し理解している。	・①から⑥までの世界の各州において，地域で見られる地球的課題の要因や影響を，州という地域の広がりや地域内の結び付きなどに着目して，それらの地域的特色と関連付けて多面的・多角的に考察し，表現している。	・世界の諸地域について，よりよい社会の実現を視野にそこで見られる課題を主体的に追究しようとしている。

C 日本の様々な地域 （1）地域調査の手法

知識・技能	思考・判断・表現	主体的に学習に取り組む態度
・観察や野外調査，文献調査を行う際の視点や方法，地理的なまとめ方の基礎を理解している。 ・地形図や主題図の読図，目的や用途に適した地図の作成などの地理的技能を身に付けている。	・地域調査において，対象となる場所の特徴などに着目して，適切な主題や調査，まとめとなるように，調査の手法やその結果を多面的・多角的に考察し，表現している。	・地域調査の手法について，よりよい社会の実現を視野にそこで見られる課題を主体的に追究しようとしている。

C 日本の様々な地域 （2）日本の地域的特色と地域区分

知識・技能	思考・判断・表現	主体的に学習に取り組む態度
・日本の地形や気候の特色，海洋に囲まれた日本の国土の特色，自然災害と防災への取組などを基に，日本の自然環境に関する特色を理解している。 ・少子高齢化の課題，国内の人口分布や過疎・過密問題などを基に，日本の人口に関する特色を理解している。 ・日本の資源・エネルギー利用の現状，国内の産業の動向，環境やエネルギーに関する課題などを基に，日本の資源・エネルギーと産業に関する特色を理解している。 ・国内や日本と世界との交通・通信網の整備状況，これを活用した陸上，海上輸送などの物流や人の往来などを基に，国内各地の結び付きや日本と世界との結び付きの特色を理解している。 ・①から④までの項目に基づく地域区分を踏まえ，我が国の国土の特色を大観し理解している。 ・日本や国内地域に関する各種の主題図や資料を基に，地域区分をする技能を身に付けている。	・①から④までの項目について，それぞれの地域区分を，地域の共通点や差異，分布などに着目して，多面的・多角的に考察し，表現している。 ・日本の地域的特色を，①から④までの項目に基づく地域区分に着目して，それらを関連付けて多面的・多角的に考察し，表現している。	・日本の地域的特色と地域区分について，よりよい社会の実現を視野にそこで見られる課題を主体的に追究しようとしている。

C 日本の様々な地域 （3）日本の諸地域

知識・技能	思考・判断・表現	主体的に学習に取り組む態度
・幾つかに区分した日本のそれぞれの地域について，その地域的特色や地域の課題を理解している。 ・①から⑤までの考察の仕方で取り上げた特色ある事象と，それに関連する他の事象や，そこで生ずる課題を理解している。	・日本の諸地域において，それぞれ①から⑤までで扱う中核となる事象の成立条件を，地域の広がりや地域内の結び付き，人々の対応などに着目して，他の事象やそこで生ずる課題と有機的に関連付けて多面的・多角的に考察し，表現している。	・日本の諸地域について，よりよい社会の実現を視野にそこで見られる課題を主体的に追究しようとしている。

C 日本の様々な地域 （4）地域の在り方

知識・技能	思考・判断・表現	主体的に学習に取り組む態度
・地域の実態や課題解決のための取組を理解している。 ・地域的な課題の解決に向けて考察，構想したことを適切に説明，議論しまとめる手法について理解している。	・地域の在り方を，地域の結び付きや地域の変容，持続可能性などに着目し，そこで見られる地理的な課題について多面的・多角的に考察，構想し，表現している。	・地域の在り方について，よりよい社会の実現を視野にそこで見られる課題を主体的に追究，解決しようとしている。

社会

国立教育政策研究所「内容のまとまりごとの評価規準（例）」

歴史的分野

1　歴史的分野の目標と評価の観点及びその趣旨

目標（1）	目標（2）	目標（3）
我が国の歴史の大きな流れを，世界の歴史を背景に，各時代の特色を踏まえて理解するとともに，諸資料から歴史に関する様々な情報を効果的に調べまとめる技能を身に付けるようにする。	歴史に関わる事象の意味や意義，伝統と文化の特色などを，時期や年代，推移，比較，相互の関連や現在とのつながりなどに着目して多面的・多角的に考察したり，歴史に見られる課題を把握し複数の立場や意見を踏まえて公正に選択・判断したりする力，思考・判断したことを説明したり，それらを基に議論したりする力を養う。	歴史に関わる諸事象について，よりよい社会の実現を視野にそこで見られる課題を主体的に追究，解決しようとする態度を養うとともに，多面的・多角的な考察や深い理解を通して涵養される我が国の歴史に対する愛情，国民としての自覚，国家及び社会並びに文化の発展や人々の生活の向上に尽くした歴史上の人物と現在に伝わる文化遺産を尊重しようとすることの大切さについての自覚などを深め，国際協調の精神を養う。

知識・技能	思考・判断・表現	主体的に学習に取り組む態度
我が国の歴史の大きな流れを，世界の歴史を背景に，各時代の特色を踏まえて理解しているとともに，諸資料から歴史に関する様々な情報を効果的に調べまとめている。	歴史に関わる事象の意味や意義，伝統と文化の特色などを，時期や年代，推移，比較，相互の関連や現在とのつながりなどに着目して多面的・多角的に考察したり，歴史に見られる課題を把握し複数の立場や意見を踏まえて公正に選択・判断したり，思考・判断したことを説明したり，それらを基に議論したりしている。	歴史に関わる諸事象について，国家及び社会の担い手として，よりよい社会の実現を視野にそこで見られる課題を主体的に追究，解決しようとしている。

2　内容のまとまりごとの評価規準（例）

A　歴史との対話（1）私たちと歴史

知識・技能	思考・判断・表現	主体的に学習に取り組む態度
・年代の表し方や時代区分の意味や意義についての基本的な内容を理解している。 ・資料から歴史に関わる情報を読み取ったり，年表などにまとめたりする技能を身に付けている。	・時期や年代，推移，現在の私たちとのつながりなどに着目して，小学校での学習を踏まえて歴史上の人物や文化財，出来事などから適切なものを取り上げ，時代区分との関わりなどについて考察し表現している。	・私たちと歴史について，よりよい社会の実現を視野にそこで見られる課題を主体的に追究しようとしている。

A　歴史との対話（2）身近な地域の歴史

知識・技能	思考・判断・表現	主体的に学習に取り組む態度
・具体的な事柄との関わりの中で，地域の歴史について調べたり，収集した情報を年表などにまとめたりするなどの技能を身に付けている。	・比較や関連，時代的な背景や地域的な環境，歴史と私たちとのつながりなどに着目して，地域に残る文化財や諸資料を活用して，身近な地域の歴史的な特徴を多面的・多角的に考察し，表現している。	・自らが生活する地域や受け継がれてきた伝統や文化への関心をもって，身近な地域の歴史について，よりよい社会の実現を視野にそこで見られる課題を主体的に追究しようとしている。

B　近世までの日本とアジア（1）古代までの日本

知識・技能	思考・判断・表現	主体的に学習に取り組む態度
・世界の古代文明や宗教のおこりを基に，世界の各地で文明が築かれたことを理解している。 ・日本列島における農耕の広まりと生活の変化や当時の人々の信仰，大和朝廷（大和政権）による統一の様子と東アジアとの関わりなどを基に，東アジアの文明の影響を受けながら我が国で国家が形成されていったことを理解している。	・古代文明や宗教が起こった場所や環境，農耕の広まりや生産技術の発展，東アジアとの接触や交流と政治や文化の変化などに着目して，事象を相互に関連付けるなどして古代の社会の変化の様子を多面的・多角的に考察し，表現している。 ・古代までの日本を大観して，時代の特色を多面的・多角的に考察し，表現している。	・古代までの日本について，よりよい社会の実現を視野にそこに見られる課題を主体的に追究しようとしている。

136

• 律令国家の確立に至るまでの過程，摂関政治などを基に，東アジアの文物や制度を積極的に取り入れながら国家の仕組みが整えられ，その後，天皇や貴族による政治が展開したことを理解している。 • 仏教の伝来とその影響，仮名文字の成立などを基に，国際的な要素をもった文化が栄え，それらを基礎としながら文化の国風化が進んだことを理解している。		

B　近世までの日本とアジア　(2)中世の日本

知識・技能	思考・判断・表現	主体的に学習に取り組む態度
• 鎌倉幕府の成立，元寇（モンゴル帝国の襲来）などを基に，武士が台頭して主従の結び付きや武力を背景とした武家政権が成立し，その支配が広まったこと，元寇がユーラシアの変化の中で起こったことを理解している。 • 南北朝の争乱と室町幕府，日明貿易，琉球の国際的な役割などを基に，武家政治の展開とともに，東アジア世界との密接な関わりが見られたことを理解している。 • 農業など諸産業の発達，畿内を中心とした都市や農村における自治的な仕組みの成立，武士や民衆などの多様な文化の形成，応仁の乱後の社会的な変動などを基に，民衆の成長を背景とした社会や文化が生まれたことを理解している。	• 武士の政治への進出と展開，東アジアにおける交流，農業や商工業の発達などに着目して，事象を相互に関連付けるなどして，アの（ア）から（ウ）までについて中世の社会の変化の様子を多面的・多角的に考察し，表現している。 • 中世の日本を大観して，時代の特色を多面的・多角的に考察し，表現している。	• 中世の日本について，よりよい社会の実現を視野にそこで見られる課題を主体的に追究しようとしている。

B　近世までの日本とアジア　(3)近世の日本

知識・技能	思考・判断・表現	主体的に学習に取り組む態度
• ヨーロッパ人来航の背景とその影響，織田・豊臣による統一事業とその当時の対外関係，武将や豪商などの生活文化の展開などを基に，近世社会の基礎がつくられたことを理解している。 • 江戸幕府の成立と大名統制，身分制と農村の様子，鎖国などの幕府の対外政策と対外関係などを基に，幕府と藩による支配が確立したことを理解している。 • 産業や交通の発達，教育の普及と文化の広がりなどを基に，町人文化が都市を中心に形成されたことや，各地方の生活文化が生まれたことを理解している。 • 社会の変動や欧米諸国の接近，幕府の政治改革，新しい学問・思想の動きなどを基に，幕府の政治が次第に行き詰まりをみせたことを理解している。	• 交易の広がりとその影響，統一政権の諸政策の目的，産業の発達と文化の担い手の変化，社会の変化と幕府の政策の変化などに着目して，事象を相互に関連付けるなどして，アの（ア）から（エ）までについて近世の社会の変化の様子を多面的・多角的に考察し，表現している。 • 近世の日本を大観して，時代の特色を多面的・多角的に考察し，表現している。	• 近世の日本について，よりよい社会の実現を視野にそこで見られる課題を主体的に追究しようとしている。

C　近現代の日本と世界　(1)近代の日本と世界

知識・技能	思考・判断・表現	主体的に学習に取り組む態度
• 欧米諸国における産業革命や市民革命，アジア諸国の動きなどを基に，欧米諸国が近代社会を成立させてアジアへ進出したことを理解している。 • 開国とその影響，富国強兵・殖産興業政策，文明開化の風潮などを基に，明治維新によって近代国家の基礎が整えられて，人々の生活が大きく変化したことを理解している。	• 工業化の進展と政治や社会の変化，明治政府の諸改革の目的，議会政治や外交の展開，近代化がもたらした文化への影響，経済の変化の政治への影響，戦争に向かう時期の社会や生活の変化，世界の動きと我が国との関連などに着目して，事象を相互に関連付けるなどして，アの（ア）から（カ）までについて近代の社会の変化の様子を多面的・多角的に考察し，表現している。	• 近代の日本と世界について，よりよい社会の実現を視野にそこで見られる課題を主体的に追究しようとしている。

国立教育政策研究所 「内容のまとまりごとの評価規準（例）」

知識・技能	思考・判断・表現	主体的に学習に取り組む態度
・自由民権運動，大日本帝国憲法の制定，日清・日露戦争，条約改正などを基に，立憲制の国家が成立して議会政治が始まるとともに，我が国の国際的な地位が向上したことを理解している。 ・我が国の産業革命，この時期の国民生活の変化，学問・教育・科学・芸術の発展などを基に，我が国で近代産業が発展し，近代文化が形成されたことを理解している。 ・第一次世界大戦の背景とその影響，民族運動の高まりと国際協調の動き，我が国の国民の政治的自覚の高まりと文化の大衆化などを基に，第一次世界大戦前後の国際情勢及び我が国の動きと，大戦後に国際平和への努力がなされたことを理解している。 ・経済の世界的な混乱と社会問題の発生，昭和初期から第二次世界大戦の終結までの我が国の政治・外交の動き，中国などアジア諸国との関係，欧米諸国の動き，戦時下の国民の生活などを基に，軍部の台頭から戦争までの経過と，大戦が人類全体に惨禍を及ぼしたことを理解している。	・近代の日本と世界を大観して，時代の特色を多面的・多角的に考察し，表現している。	

C　近現代の日本と世界　(2)現代の日本と世界

知識・技能	思考・判断・表現	主体的に学習に取り組む態度
・冷戦，我が国の民主化と再建の過程，国際社会への復帰などを基に，第二次世界大戦後の諸改革の特色や世界の動きの中で新しい日本の建設が進められたことを理解している。 ・高度経済成長，国際社会との関わり，冷戦の終結などを基に，我が国の経済や科学技術の発展によって国民の生活が向上し，国際社会において我が国の役割が大きくなってきたことを理解している。	・諸改革の展開と国際社会の変化，政治の展開と国民生活の変化などに着目して，事象を相互に関連付けるなどして，アの（ア）及び（イ）について現代の社会の変化の様子を多面的・多角的に考察し，表現している。 ・現代の日本と世界を大観して，時代の特色を多面的・多角的に考察し，表現している。 ・これまでの学習を踏まえ，歴史と私たちとのつながり，現在と未来の日本や世界の在り方について，課題意識をもって多面的・多角的に考察，構想し，表現している。	・現代の日本と世界について，よりよい社会の実現を視野にそこで見られる課題を主体的に追究，解決しようとしている。

公民的分野

1 公民的分野の目標と評価の観点及びその趣旨

目標（1）	目標（2）	目標（3）
個人の尊厳と人権の尊重の意義，特に自由・権利と責任・義務との関係を広い視野から正しく認識し，民主主義，民主政治の意義，国民の生活の向上と経済活動との関わり，現代の社会生活及び国際関係などについて，個人と社会との関わりを中心に理解を深めるとともに，諸資料から現代の社会的事象に関する情報を効果的に調べまとめる技能を身に付けるようにする。	社会的事象の意味や意義，特色や相互の関連を現代の社会生活と関連付けて多面的・多角的に考察したり，現代社会に見られる課題について公正に判断したりする力，思考・判断したことを説明したり，それらを基に議論したりする力を養う。	現代の社会的事象について，現代社会に見られる課題の解決を視野に主体的に社会に関わろうとする態度を養うとともに，多面的・多角的な考察や深い理解を通して涵養される，国民主権を担う公民として，自国を愛し，その平和と繁栄を図ることや，各国が相互に主権を尊重し，各国民が協力し合うことの大切さについての自覚などを深める。

知識・技能	思考・判断・表現	主体的に学習に取り組む態度
個人の尊厳と人権の尊重の意義，特に自由・権利と責任・義務との関係を広い視野から正しく認識し，民主主義，民主政治の意義，国民の生活の向上と経済活動との関わり，現代の社会生活及び国際関係などについて，個人と社会との関わりを中心に理解を深めているとともに，諸資料から現代の社会的事象に関する情報を効果的に調べまとめている。	社会的事象の意味や意義，特色や相互の関連を現代の社会生活と関連付けて多面的・多角的に考察したり，現代社会に見られる課題について公正に判断したり，思考・判断したことを説明したり，それらを基に議論したりしている。	現代の社会的事象について，国家及び社会の担い手として，現代社会に見られる課題の解決を視野に主体的に社会に関わろうとしている。

2 内容のまとまりごとの評価規準（例）

A 私たちと現代社会 （1）私たちが生きる現代社会と文化の特色

知識・技能	思考・判断・表現	主体的に学習に取り組む態度
• 現代日本の特色として少子高齢化，情報化，グローバル化などが見られることについて理解している。 • 現代社会における文化の意義や影響について理解している。	• 位置や空間的な広がり，推移や変化などに着目して，少子高齢化，情報化，グローバル化などが現在と将来の政治，経済，国際関係に与える影響について多面的・多角的に考察し，表現している。 • 位置や空間的な広がり，推移や変化などに着目して，文化の継承と創造の意義について多面的・多角的に考察し，表現している。	• 私たちが生きる現代社会と文化の特色について，現代社会に見られる課題の解決を視野に主体的に社会に関わろうとしている。

A 私たちと現代社会 （2）現代社会を捉える枠組み

知識・技能	思考・判断・表現	主体的に学習に取り組む態度
• 現代社会の見方・考え方の基礎となる枠組みとして，対立と合意，効率と公正などについて理解している。 • 人間は本来社会的存在であることを基に，個人の尊厳と両性の本質的平等，契約の重要性やそれを守ることの意義及び個人の責任について理解している。	• 対立と合意，効率と公正などに着目して，社会生活における物事の決定の仕方，契約を通した個人と社会との関係，きまりの役割について多面的・多角的に考察し，表現している。	• 現代社会を捉える枠組みについて，現代社会に見られる課題の解決を視野に主体的に社会に関わろうとしている。

B 私たちと経済 （1）市場の働きと経済

知識・技能	思考・判断・表現	主体的に学習に取り組む態度
• 身近な消費生活を中心に経済活動の意義について理解している。 • 市場経済の基本的な考え方について理解している。その際，市場における価格の決まり方や資源の配分について理解している。 • 現代の生産や金融などの仕組みや働きを理解している。 • 勤労の権利と義務，労働組合の意義及び労働基準法の精神について理解している。	• 対立と合意，効率と公正，分業と交換，希少性などに着目して，個人や企業の経済活動における役割と責任について多面的・多角的に考察し，表現している。 • 対立と合意，効率と公正，分業と交換，希少性などに着目して，社会生活における職業の意義と役割及び雇用と労働条件の改善について多面的・多角的に考察し，表現している。	• 市場の働きと経済について，現代社会に見られる課題の解決を視野に主体的社会に関わろうとしている。

B　私たちと経済　(2)国民生活と政府の役割

知識・技能	思考・判断・表現	主体的に学習に取り組む態度
・社会資本の整備，公害の防止など環境の保全，少子高齢社会における社会保障の充実・安定化，消費者の保護について，それらの意義を理解している。 ・財政及び租税の意義，国民の納税の義務について理解している。	・対立と合意，効率と公正，分業と交換，希少性などに着目して，市場の働きに委ねることが難しい諸問題に関して，国や地方公共団体が果たす役割について多面的・多角的に考察，構想し，表現している。 ・対立と合意，効率と公正，分業と交換，希少性などに着目して，財政及び租税の役割について多面的・多角的に考察し，表現している。	・国民の生活と政府の役割について，現代社会に見られる課題の解決を視野に主体的に社会に関わろうとしている。

C　私たちと政治　(1)人間の尊重と日本国憲法の基本的原則

知識・技能	思考・判断・表現	主体的に学習に取り組む態度
・人間の尊重についての考え方を，基本的人権を中心に深め，法の意義を理解している。 ・民主的な社会生活を営むためには，法に基づく政治が大切であることを理解している。 ・日本国憲法が基本的人権の尊重，国民主権及び平和主義を基本的原則としていることについて理解している。 ・日本国及び日本国民統合の象徴としての天皇の地位と天皇の国事に関する行為について理解している。	・対立と合意，効率と公正，個人の尊重と法の支配，民主主義などに着目して，我が国の政治が日本国憲法に基づいて行われていることの意義について多面的・多角的に考察し，表現している。	・人間の尊重についての考え方や日本国憲法の基本的原則などについて，現代社会に見られる課題の解決を視野に主体的に社会に関わろうとしている。

C　私たちと政治　(2)民主政治と政治参加

知識・技能	思考・判断・表現	主体的に学習に取り組む態度
・国会を中心とする我が国の民主政治の仕組みのあらましや政党の役割を理解している。 ・議会制民主主義の意義，多数決の原理とその運用の在り方について理解している。 ・国民の権利を守り，社会の秩序を維持するために，法に基づく公正な裁判の保障があることについて理解している。 ・地方自治の基本的な考え方について理解している。その際，地方公共団体の政治の仕組み，住民の権利や義務について理解している。	・対立と合意，効率と公正，個人の尊重と法の支配，民主主義などに着目して，民主政治の推進と，公正な世論の形成や選挙など国民の政治参加との関連について多面的・多角的に考察，構想し，表現している。	・民主政治と政治参加について，現代社会に見られる課題の解決を視野に主体的に社会に関わろうとしている。

D　私たちと国際社会の諸課題　(1)世界平和と人類の福祉の増大

知識・技能	思考・判断・表現	主体的に学習に取り組む態度
・世界平和の実現と人類の福祉の増大のためには，国際協調の観点から，国家間の相互の主権の尊重と協力，各国民の相互理解と協力及び国際連合をはじめとする国際機構などの役割が大切であることを理解している。その際，領土（領海，領空を含む。），国家主権，国際連合の働きなど基本的な事項について理解している。 ・地球環境，資源・エネルギー，貧困などの課題の解決のために経済的，技術的な協力などが大切であることを理解している。	・対立と合意，効率と公正，協調，持続可能性などに着目して，日本国憲法の平和主義を基に，我が国の安全と防衛，国際貢献を含む国際社会における我が国の役割について多面的・多角的に考察，構想し，表現している。	・世界平和と人類の福祉の増大について，現代社会に見られる課題の解決を視野に主体的に社会に関わろうとしている。

D　私たちと国際社会の諸課題　(2)よりよい社会を目指して

知識・技能	思考・判断・表現	主体的に学習に取り組む態度
	・社会的な見方・考え方を働かせ，私たちがよりよい社会を築いていくために解決すべき課題を多面的・多角的に考察，構想し，自分の考えを説明，論述している。	・私たちがよりよい社会を築いていくために解決すべき課題について，現代社会に見られる課題の解決を視野に主体的に社会に関わろうとしている。

内容のまとまりごとの評価規準（例）
第１学年

1　目標と評価の観点及びその趣旨

目標（1）	目標（2）	目標（3）
正の数と負の数，文字を用いた式と一元一次方程式，平面図形と空間図形，比例と反比例，データの分布と確率などについての基礎的な概念や原理・法則などを理解するとともに，事象を数理的に捉えたり，数学的に解釈したり，数学的に表現・処理したりする技能を身に付けるようにする。	数の範囲を拡張し，数の性質や計算について考察したり，文字を用いて数量の関係や法則などを考察したりする力，図形の構成要素や構成の仕方に着目し，図形の性質や関係を直観的に捉え論理的に考察する力，数量の変化や対応に着目して関数関係を見いだし，その特徴を表，式，グラフなどで考察する力，データの分布に着目し，その傾向を読み取り批判的に考察して判断したり，不確定な事象の起こりやすさについて考察したりする力を養う。	数学的活動の楽しさや数学のよさに気付いて粘り強く考え，数学を生活や学習に生かそうとする態度，問題解決の過程を振り返って検討しようとする態度，多面的に捉え考えようとする態度を養う。

知識・技能	思考・判断・表現	主体的に学習に取り組む態度
・正の数と負の数，文字を用いた式と一元一次方程式，平面図形と空間図形，比例と反比例，データの分布と確率などについての基礎的な概念や原理・法則などを理解している。 ・事象を数理的に捉えたり，数学的に解釈したり，数学的に表現・処理したりする技能を身に付けている。	数の範囲を拡張し，数の性質や計算について考察したり，文字を用いて数量の関係や法則などを考察したりする力，図形の構成要素や構成の仕方に着目し，図形の性質や関係を直観的に捉え論理的に考察する力，数量の変化や対応に着目して関数関係を見いだし，その特徴を表，式，グラフなどで考察する力，データの分布に着目し，その傾向を読み取り批判的に考察して判断したり，不確定な事象の起こりやすさについて考察したりする力を身に付けている。	数学的活動の楽しさや数学のよさに気付いて粘り強く考え，数学を生活や学習に生かそうとしたり，問題解決の過程を振り返って検討しようとしたり，多面的に捉え考えようとしたりしている。

2　内容のまとまりごとの評価規準（例）

正の数と負の数【Ａ　数と式(1)】

知識・技能	思考・判断・表現	主体的に学習に取り組む態度
・正の数と負の数の必要性と意味を理解している。 ・正の数と負の数の四則計算をすることができる。 ・具体的な場面で正の数と負の数を用いて表したり処理したりすることができる。	・算数で学習した数の四則計算と関連付けて，正の数と負の数の四則計算の方法を考察し表現することができる。 ・正の数と負の数を具体的な場面で活用することができる。	・正の数と負の数のよさに気付いて粘り強く考え，正の数と負の数について学んだことを生活や学習に生かそうとしたり，正の数と負の数を活用した問題解決の過程を振り返って検討しようとしたりしている。

文字を用いた式【Ａ　数と式(2)】

知識・技能	思考・判断・表現	主体的に学習に取り組む態度
・文字を用いることの必要性と意味を理解している。 ・文字を用いた式における乗法と除法の表し方を知っている。 ・簡単な一次式の加法と減法の計算をすることができる。 ・数量の関係や法則などを文字を用いた式に表すことができることを理解している。 ・数量の関係や法則などを式を用いて表したり読み取ったりすることができる。	・具体的な場面と関連付けて，一次式の加法と減法の計算の方法を考察し表現することができる。	・文字を用いることのよさに気付いて粘り強く考え，文字を用いた式について学んだことを生活や学習に生かそうとしたり，文字を用いた式を活用した問題解決の過程を振り返って検討しようとしたりしている。

国立教育政策研究所「内容のまとまりごとの評価規準（例）」

一元一次方程式 【A 数と式(3)】

知識・技能	思考・判断・表現	主体的に学習に取り組む態度
・方程式の必要性と意味及び方程式の中の文字や解の意味を理解している。 ・簡単な一元一次方程式を解くことができる。	・等式の性質を基にして，一元一次方程式を解く方法を考察し表現することができる。 ・一元一次方程式を具体的な場面で活用することができる。	・一元一次方程式のよさに気付いて粘り強く考え，一元一次方程式について学んだことを生活や学習に生かそうとしたり，一元一次方程式を活用した問題解決の過程を振り返って検討しようとしたりしている。

平面図形 【B 図形(1)】

知識・技能	思考・判断・表現	主体的に学習に取り組む態度
・角の二等分線，線分の垂直二等分線，垂線などの基本的な作図の方法を理解している。 ・平行移動，対称移動及び回転移動について理解している。	・図形の性質に着目し，基本的な作図の方法を考察し表現することができる。 ・図形の移動に着目し，二つの図形の関係について考察し表現することができる。 ・基本的な作図や図形の移動を具体的な場面で活用することができる。	・平面図形の性質や関係を捉えることのよさに気付いて粘り強く考え，平面図形について学んだことを生活や学習に生かそうとしたり，作図や図形の移動を活用した問題解決の過程を振り返って検討しようとしたりしている。

空間図形 【B 図形(2)】

知識・技能	思考・判断・表現	主体的に学習に取り組む態度
・空間における直線や平面の位置関係を知っている。 ・扇形の弧の長さと面積，基本的な柱体や錐体，球の表面積と体積を求めることができる。	・空間図形を直線や平面図形の運動によって構成されるものと捉えたり，空間図形を平面上に表現して平面上の表現から空間図形の性質を見いだしたりすることができる。 ・立体図形の表面積や体積の求め方を考察し表現することができる。	・空間図形の性質や関係を捉えることのよさに気付いて粘り強く考え，空間図形について学んだことを生活や学習に生かそうとしたり，空間図形の性質や関係を活用した問題解決の過程を振り返って検討しようとしたりしている。

比例，反比例 【C 関数(1)】

知識・技能	思考・判断・表現	主体的に学習に取り組む態度
・関数関係の意味を理解している。 ・比例，反比例について理解している。 ・座標の意味を理解している。 ・比例，反比例を表，式，グラフなどに表すことができる。	・比例，反比例として捉えられる二つの数量について，表，式，グラフなどを用いて調べ，それらの変化や対応の特徴を見いだすことができる。 ・比例，反比例を用いて具体的な事象を捉え考察し表現することができる。	・比例，反比例のよさに気付いて粘り強く考え，比例，反比例について学んだことを生活や学習に生かそうとしたり，比例，反比例を活用した問題解決の過程を振り返って検討しようとしたりしている。

データの分布 【D データの活用(1)】

知識・技能	思考・判断・表現	主体的に学習に取り組む態度
・ヒストグラムや相対度数などの必要性と意味を理解している。 ・コンピュータなどの情報手段を用いるなどしてデータを表やグラフに整理することができる。	・目的に応じてデータを収集して分析し，そのデータの分布の傾向を読み取り，批判的に考察し判断することができる。	・ヒストグラムや相対度数などのよさに気付いて粘り強く考え，データの分布について学んだことを生活や学習に生かそうとしたり，ヒストグラムや相対度数などを活用した問題解決の過程を振り返って検討しようとしたり，多面的に捉え考えようとしたりしている。

不確定な事象の起こりやすさ 【D データの活用(2)】

知識・技能	思考・判断・表現	主体的に学習に取り組む態度
・多数の観察や多数回の試行によって得られる確率の必要性と意味を理解している。	・多数の観察や多数回の試行の結果を基にして，不確定な事象の起こりやすさの傾向を読み取り表現することができる。	・多数の観察や多数回の試行によって得られる確率のよさに気付いて粘り強く考え，不確定な事象の起こりやすさについて学んだことを生活や学習に生かそうとしたり，多数の観察や多数回の試行によって得られる確率を活用した問題解決の過程を振り返って検討しようとしたりしている。

第2学年

1　目標と評価の観点及びその趣旨

目標（1）	目標（2）	目標（3）
文字を用いた式と連立二元一次方程式，平面図形と数学的な推論，一次関数，データの分布と確率などについての基礎的な概念や原理・法則などを理解するとともに，事象を数学化したり，数学的に解釈したり，数学的に表現・処理したりする技能を身に付けるようにする。	文字を用いて数量の関係や法則などを考察する力，数学的な推論の過程に着目し，図形の性質や関係を論理的に考察し表現する力，関数関係に着目し，その特徴を表，式，グラフを相互に関連付けて考察する力，複数の集団のデータの分布に着目し，その傾向を比較して読み取り批判的に考察して判断したり，不確定な事象の起こりやすさについて考察したりする力を養う。	数学的活動の楽しさや数学のよさを実感して粘り強く考え，数学を生活や学習に生かそうとする態度，問題解決の過程を振り返って評価・改善しようとする態度，多様な考えを認め，よりよく問題解決しようとする態度を養う。

知識・技能	思考・判断・表現	主体的に学習に取り組む態度
・文字を用いた式と連立二元一次方程式，平面図形と数学的な推論，一次関数，データの分布と確率などについての基礎的な概念や原理・法則などを理解している。 ・事象を数学化したり，数学的に解釈したり，数学的に表現・処理したりする技能を身に付けている。	文字を用いて数量の関係や法則などを考察する力，数学的な推論の過程に着目し，図形の性質や関係を論理的に考察し表現する力，関数関係に着目し，その特徴を表，式，グラフを相互に関連付けて考察する力，複数の集団のデータの分布に着目し，その傾向を比較して読み取り批判的に考察して判断したり，不確定な事象の起こりやすさについて考察したりする力を身に付けている。	数学的活動の楽しさや数学のよさを実感して粘り強く考え，数学を生活や学習に生かそうとしたり，問題解決の過程を振り返って評価・改善しようとしたり，多様な考えを認め，よりよく問題解決しようとしたりしている。

2　内容のまとまりごとの評価規準（例）

文字を用いた式【A　数と式(1)】

知識・技能	思考・判断・表現	主体的に学習に取り組む態度
・簡単な整式の加法と減法及び単項式の乗法と除法の計算をすることができる。 ・具体的な事象の中の数量の関係を文字を用いた式で表したり，式の意味を読み取ったりすることができる。 ・文字を用いた式で数量及び数量の関係を捉え説明できることを理解している。 ・目的に応じて，簡単な式を変形することができる。	・具体的な数の計算や既に学習した計算の方法と関連付けて，整式の加法と減法及び単項式の乗法と除法の計算の方法を考察し表現することができる。 ・文字を用いた式を具体的な場面で活用することができる。	・文字を用いた式のよさを実感して粘り強く考え，文字を用いた式について学んだことを生活や学習に生かそうとしたり，文字を用いた式を活用した問題解決の過程を振り返って評価・改善しようとしたりしている。

連立二元一次方程式【A　数と式(2)】

知識・技能	思考・判断・表現	主体的に学習に取り組む態度
・二元一次方程式とその解の意味を理解している。 ・連立二元一次方程式の必要性と意味及びその解の意味を理解している。 ・簡単な連立二元一次方程式を解くことができる。	・一元一次方程式と関連付けて，連立二元一次方程式を解く方法を考察し表現することができる。 ・連立二元一次方程式を具体的な場面で活用することができる。	・連立二元一次方程式のよさを実感して粘り強く考え，連立二元一次方程式について学んだことを生活や学習に生かそうとしたり，連立二元一次方程式を活用した問題解決の過程を振り返って評価・改善しようとしたりしている。

基本的な平面図形の性質【B　図形(1)】

知識・技能	思考・判断・表現	主体的に学習に取り組む態度
・平行線や角の性質を理解している。 ・多角形の角についての性質が見いだせることを知っている。	・基本的な平面図形の性質を見いだし，平行線や角の性質を基にしてそれらを確かめ説明することができる。	・平面図形の性質のよさを実感して粘り強く考え，平面図形の性質について学んだことを生活や学習に生かそうとしたり，平面図形の性質を活用した問題解決の過程を振り返って評価・改善しようとしたりしている。

図形の合同【B 図形(2)】

知識・技能	思考・判断・表現	主体的に学習に取り組む態度
・平面図形の合同の意味及び三角形の合同条件について理解している。 ・証明の必要性と意味及びその方法について理解している。	・三角形の合同条件などを基にして三角形や平行四辺形の基本的な性質を論理的に確かめたり，証明を読んで新たな性質を見いだしたりすることができる。 ・三角形や平行四辺形の基本的な性質などを具体的な場面で活用することができる。	・証明のよさを実感して粘り強く考え，図形の合同について学んだことを生活や学習に生かそうとしたり，平面図形の性質を活用した問題解決の過程を振り返って評価・改善しようとしたりしている。

一次関数【C 関数(1)】

知識・技能	思考・判断・表現	主体的に学習に取り組む態度
・一次関数について理解している。 ・事象の中には一次関数として捉えられるものがあることを知っている。 ・二元一次方程式を関数を表す式とみることができる。	・一次関数として捉えられる二つの数量について，変化や対応の特徴を見いだし，表，式，グラフを相互に関連付けて考察し表現することができる。 ・一次関数を用いて具体的な事象を捉え考察し表現することができる。	・一次関数のよさを実感して粘り強く考え，一次関数について学んだことを生活や学習に生かそうとしたり，一次関数を活用した問題解決の過程を振り返って評価・改善しようとしたりしている。

データの分布【D データの活用(1)】

知識・技能	思考・判断・表現	主体的に学習に取り組む態度
・四分位範囲や箱ひげ図の必要性と意味を理解している。 ・コンピュータなどの情報手段を用いるなどしてデータを整理し箱ひげ図で表すことができる。	・四分位範囲や箱ひげ図を用いてデータの分布の傾向を比較して読み取り，批判的に考察し判断することができる。	・四分位範囲や箱ひげ図のよさを実感して粘り強く考え，データの分布について学んだことを生活や学習に生かそうとたり，四分位範囲や箱ひげ図を活用した問題解決の過程を振り返って評価・改善しようとしたり，多様な考えを認め，よりよく問題解決しようとしたりしている。

不確定な事象の起こりやすさ【D データの活用(2)】

知識・技能	思考・判断・表現	主体的に学習に取り組む態度
・多数回の試行によって得られる確率と関連付けて，場合の数を基にして得られる確率の必要性と意味を理解している。 ・簡単な場合について確率を求めることができる。	・同様に確からしいことに着目し，場合の数を基にして得られる確率の求め方を考察し表現することができる。 ・確率を用いて不確定な事象を捉え考察し表現することができる。	・場合の数を基にして得られる確率のよさを実感して粘り強く考え，不確定な事象の起こりやすさについて学んだことを生活や学習に生かそうとしたり，確率を活用した問題解決の過程を振り返って評価・改善しようとしたりしている。

第3学年

1 目標と評価の観点及びその趣旨

目標（1）	目標（2）	目標（3）
数の平方根，多項式と二次方程式，図形の相似，円周角と中心角の関係，三平方の定理，関数 $y=ax^2$，標本調査などについての基礎的な概念や原理・法則などを理解するとともに，事象を数学化したり，数学的に解釈したり，数学的に表現・処理したりする技能を身に付けるようにする。	数の範囲に着目し，数の性質や計算について考察したり，文字を用いて数量の関係や法則などを考察したりする力，図形の構成要素の関係に着目し，図形の性質や計量について論理的に考察し表現する力，関数関係に着目し，その特徴を表，式，グラフに関連付けて考察する力，標本と母集団の関係に着目し，母集団の傾向を推定し判断したり，調査の方法や結果を批判的に考察したりする力を養う。	数学的活動の楽しさや数学のよさを実感して粘り強く考え，数学を生活や学習に生かそうとする態度，問題解決の過程を振り返って評価・改善しようとする態度，多様な考えを認め，よりよく問題解決しようとする態度を養う。

知識・技能	思考・判断・表現	主体的に学習に取り組む態度
・数の平方根，多項式と二次方程式，図形の相似，円周角と中心角の関係，三平方の定理，関数 $y=ax^2$，標本調査などについての基礎的な概念や原理・法則などを理解している。 ・事象を数学化したり，数学的に解釈したり，数学的に表現・処理したりする技能を身に付けている。	数の範囲に着目し，数の性質や計算について考察したり，文字を用いて数量の関係や法則などを考察したりする力，図形の構成要素の関係に着目し，図形の性質や計量について論理的に考察し表現する力，関数関係に着目し，その特徴を表，式，グラフを相互に関連付けて考察する力，標本と母集団の関係に着目し，母集団の傾向を推定し判断したり，調査の方法や結果を批判的に考察したりする力を身に付けている。	数学的活動の楽しさや数学のよさを実感して粘り強く考え，数学を生活や学習に生かそうとしたり，問題解決の過程を振り返って評価・改善しようとしたり，多様な考えを認め，よりよく問題解決しようとしたりしている。

2 内容のまとまりごとの評価規準（例）

正の数の平方根【A 数と式(1)】

知識・技能	思考・判断・表現	主体的に学習に取り組む態度
・数の平方根の必要性と意味を理解している。 ・数の平方根を含む簡単な式の計算をすることができる。 ・具体的な場面で数の平方根を用いて表したり処理したりすることができる。	・既に学習した計算の方法と関連付けて，数の平方根を含む式の計算の方法を考察し表現することができる。 ・数の平方根を具体的な場面で活用することができる。	・数の平方根のよさを実感して粘り強く考え，数の平方根について学んだことを生活や学習に生かそうとしたり，数の平方根を活用した問題解決の過程を振り返って評価・改善しようとしたりしている。

簡単な多項式【A 数と式(2)】

知識・技能	思考・判断・表現	主体的に学習に取り組む態度
・単項式と多項式の乗法及び多項式を単項式で割る除法の計算をすることができる。 ・簡単な一次式の乗法の計算及び次の公式を用いる簡単な式の展開や因数分解をすることができる。 $(a+b)^2=a^2+2ab+b^2$ $(a-b)^2=a^2-2ab+b^2$ $(a+b)(a-b)=a^2-b^2$ $(x+a)(x+b)=x^2+(a+b)x+ab$	・既に学習した計算の方法と関連付けて，式の展開や因数分解をする方法を考察し表現することができる。 ・文字を用いた式で数量及び数量の関係を捉え説明することができる。	・式の展開や因数分解をする方法のよさを実感して粘り強く考え，多項式について学んだことを生活や学習に生かそうとしたり，文字を用いた式を活用した問題解決の過程を振り返って評価・改善しようとしたりしている。

二次方程式【A 数と式(3)】

知識・技能	思考・判断・表現	主体的に学習に取り組む態度
・二次方程式の必要性と意味及びその解の意味を理解している。 ・因数分解したり平方の形に変形したりして二次方程式を解くことができる。 ・解の公式を知り，それを用いて二次方程式を解くことができる。	・因数分解や平方根の考えを基にして，二次方程式を解く方法を考察し表現することができる。 ・二次方程式を具体的な場面で活用することができる。	・二次方程式のよさを実感して粘り強く考え，二次方程式について学んだことを生活や学習に生かそうとしたり，二次方程式を活用した問題解決の過程を振り返って評価・改善しようとしたりしている。

図形の相似【B　図形(1)】

知識・技能	思考・判断・表現	主体的に学習に取り組む態度
・平面図形の相似の意味及び三角形の相似条件について理解している。 ・基本的な立体の相似の意味及び相似な図形の相似比と面積比や体積比との関係について理解している。	・三角形の相似条件などを基にして図形の基本的な性質を論理的に確かめることができる。 ・平行線と線分の比についての性質を見いだし，それらを確かめることができる。 ・相似な図形の性質を具体的な場面で活用することができる。	・相似な図形の性質のよさを実感して粘り強く考え，図形の相似について学んだことを生活や学習に生かそうとしたり，相似な図形の性質を活用した問題解決の過程を振り返って評価・改善しようとしたりしている。

円周角と中心角の関係【B　図形(2)】

知識・技能	思考・判断・表現	主体的に学習に取り組む態度
・円周角と中心角の関係の意味を理解し，それが証明できることを知っている。	・円周角と中心角の関係を見いだすことができる。 ・円周角と中心角の関係を具体的な場面で活用することができる。	・円周角と中心角の関係のよさを実感して粘り強く考え，円周角と中心角の関係について学んだことを生活や学習に生かそうとしたり，円周角と中心角の関係を活用した問題解決の過程を振り返って評価・改善しようとしたりしている。

三平方の定理【B　図形(3)】

知識・技能	思考・判断・表現	主体的に学習に取り組む態度
・三平方の定理の意味を理解し，それが証明できることを知っている。	・三平方の定理を見いだすことができる。 ・三平方の定理を具体的な場面で活用することができる。	・三平方の定理のよさを実感して粘り強く考え，三平方の定理について学んだことを生活や学習に生かそうとしたり，三平方の定理を活用した問題解決の過程を振り返って評価・改善しようとしたりしている。

関数 $y=ax^2$【C　関数(1)】

知識・技能	思考・判断・表現	主体的に学習に取り組む態度
・関数 $y=ax^2$ について理解している。 ・事象の中には関数 $y=ax^2$ として捉えられるものがあることを知っている。 ・いろいろな事象の中に，関数関係があることを理解している。	・関数 $y=ax^2$ として捉えられる二つの数量について，変化や対応の特徴を見いだし，表，式，グラフを相互に関連付けて考察し表現することができる。 ・関数 $y=ax^2$ を用いて具体的な事象を捉え考察し表現することができる。	・関数 $y=ax^2$ のよさを実感して粘り強く考え，関数 $y=ax^2$ について学んだことを生活や学習に生かそうとしたり，関数 $y=ax^2$ を活用した問題解決の過程を振り返って評価・改善しようとしたりしている。

標本調査【D　データの活用(1)】

知識・技能	思考・判断・表現	主体的に学習に取り組む態度
・標本調査の必要性と意味を理解している。 ・コンピュータなどの情報手段を用いるなどして無作為に標本を取り出し，整理することができる。	・標本調査の方法や結果を批判的に考察し表現することができる。 ・簡単な場合について標本調査を行い，母集団の傾向を推定し判断することができる。	・標本調査のよさを実感して粘り強く考え，標本調査について学んだことを生活や学習に生かそうとしたり，標本調査を活用した問題解決の過程を振り返って評価・改善しようとしたり，多様な考えを認め，よりよく問題解決しようとしたりしている。

内容のまとまりごとの評価規準（例）
第1分野

1　目標と評価の観点及びその趣旨

目標（1）	目標（2）	目標（3）
物質やエネルギーに関する事物・現象についての観察，実験などを行い，身近な物理現象，電流とその利用，運動とエネルギー，身の回りの物質，化学変化と原子・分子，化学変化とイオンなどについて理解するとともに，科学技術の発展と人間生活との関わりについて認識を深めるようにする。また，それらを科学的に探究するために必要な観察，実験などに関する基本的な技能を身に付けるようにする。	物質やエネルギーに関する事物・現象に関わり，それらの中に問題を見いだし見通しをもって観察，実験などを行い，その結果を分析して解釈し表現するなど，科学的に探究する活動を通して，規則性を見いだしたり課題を解決したりする力を養う。	物質やエネルギーに関する事物・現象に進んで関わり，科学的に探究しようとする態度を養うとともに，自然を総合的に見ることができるようにする。

知識・技能	思考・判断・表現	主体的に学習に取り組む態度
物質やエネルギーに関する事物・現象についての基本的な概念や原理・法則などを理解しているとともに，科学的に探究するために必要な観察，実験などに関する基本操作や記録などの基本的な技能を身に付けている。	物質やエネルギーに関する事物・現象から問題を見いだし，見通しをもって観察，実験などを行い，得られた結果を分析して解釈し，表現するなど，科学的に探究している。	物質やエネルギーに関する事物・現象に進んで関わり，見通しをもったり振り返ったりするなど，科学的に探究しようとしている。

2　内容のまとまりごとの評価規準（例）

（1）身近な物理現象

知識・技能	思考・判断・表現	主体的に学習に取り組む態度
身近な物理現象を日常生活や社会と関連付けながら，光と音，力の働きを理解しているとともに，それらの観察，実験などに関する技能を身に付けている。	身近な物理現象について，問題を見いだし見通しをもって観察，実験などを行い，光の反射や屈折，凸レンズの働き，音の性質，力の働きの規則性や関係性を見いだして表現している。	身近な物理現象に関する事物・現象に進んで関わり，見通しをもったり振り返ったりするなど，科学的に探究しようとしている。

（2）身の回りの物質

知識・技能	思考・判断・表現	主体的に学習に取り組む態度
身の回りの物質の性質や変化に着目しながら，物質のすがた，水溶液，状態変化を理解しているとともに，それらの観察，実験などに関する技能を身に付けている。	身の回りの物質について，問題を見いだし見通しをもって観察，実験などを行い，物質の性質や状態変化における規則性を見いだして表現している。	身の回りの物質に関する事物・現象に進んで関わり，見通しをもったり振り返ったりするなど，科学的に探究しようとしている。

（3）電流とその利用

知識・技能	思考・判断・表現	主体的に学習に取り組む態度
電流，磁界に関する事物・現象を日常生活や社会と関連付けながら，電流，電流と磁界を理解しているとともに，それらの観察，実験などに関する技能を身に付けている。	電流，磁界に関する現象について，見通しをもって解決する方法を立案して観察，実験などを行い，その結果を分析して解釈し，電流と電圧，電流の働き，静電気，電流と磁界の規則性や関係性を見いだして表現している。	電流とその利用に関する事物・現象に進んで関わり，見通しをもったり振り返ったりするなど，科学的に探究しようとしている。

（4）化学変化と原子・分子

知識・技能	思考・判断・表現	主体的に学習に取り組む態度
化学変化を原子や分子のモデルと関連付けながら，物質の成り立ち，化学変化，化学変化と物質の質量を理解しているとともに，それらの観察，実験などに関する技能を身に付けている。	化学変化について，見通しをもって解決する方法を立案して観察，実験などを行い，原子や分子と関連付けてその結果を分析して解釈し，化学変化における物質の変化やその量的な関係を見いだして表現している。	化学変化と原子・分子に関する事物・現象に進んで関わり，見通しをもったり振り返ったりするなど，科学的に探究しようとしている。

（5）運動とエネルギー

知識・技能	思考・判断・表現	主体的に学習に取り組む態度
物体の運動とエネルギーを日常生活や社会と関連付けながら，力のつり合いと合成・分解，運動の規則性，力学的エネルギーを理解しているとともに，それらの観察，実験などに関する技能を身に付けている。	運動とエネルギーについて，見通しをもって観察，実験などを行い，その結果を分析して解釈し，力のつり合い，合成や分解，物体の運動，力学的エネルギーの規則性や関係性を見いだして表現している。また，探究の過程を振り返っている。	運動とエネルギーに関する事物・現象に進んで関わり，見通しをもったり振り返ったりするなど，科学的に探究しようとしている。

（6）化学変化とイオン

知識・技能	思考・判断・表現	主体的に学習に取り組む態度
化学変化をイオンのモデルと関連付けながら，水溶液とイオン，化学変化と電池を理解しているとともに，それらの観察，実験などに関する技能を身に付けている。	化学変化について，見通しをもって観察，実験などを行い，イオンと関連付けてその結果を分析して解釈し，化学変化における規則性や関係性を見いだして表現している。また，探究の過程を振り返っている。	化学変化とイオンに関する事物・現象に進んで関わり，見通しをもったり振り返ったりするなど，科学的に探究しようとしている。

（7）科学技術と人間

知識・技能	思考・判断・表現	主体的に学習に取り組む態度
日常生活や社会と関連付けながら，エネルギーと物質，自然環境の保全と科学技術の利用を理解しているとともに，それらの観察，実験などに関する技能を身に付けている。	日常生活や社会で使われているエネルギーや物質について，見通しをもって観察，実験などを行い，その結果を分析して解釈するとともに，自然環境の保全と科学技術の利用の在り方について，科学的に考察して判断している。	科学技術と人間に関する事物・現象に進んで関わり，見通しをもったり振り返ったりするなど，科学的に探究しようとしている。

第2分野

1　目標と評価の観点及びその趣旨

目標（1）	目標（2）	目標（3）
生命や地球に関する事物・現象についての観察，実験などを行い，生物の体のつくりと働き，生命の連続性，大地の成り立ちと変化，気象とその変化，地球と宇宙などについて理解するとともに，科学的に探究するために必要な観察，実験などに関する基本的な技能を身に付けるようにする。	生命や地球に関する事物・現象に関わり，それらの中に問題を見いだし見通しをもって観察，実験などを行い，その結果を分析して解釈し表現するなど，科学的に探究する活動を通して，多様性に気付くとともに規則性を見いだしたり課題を解決したりする力を養う。	生命や地球に関する事物・現象に進んで関わり，科学的に探究しようとする態度と，生命を尊重し，自然環境の保全に寄与する態度を養うとともに，自然を総合的に見ることができるようにする。

知識・技能	思考・判断・表現	主体的に学習に取り組む態度
生命や地球に関する事物・現象についての基本的な概念や原理・法則などを理解しているとともに，科学的に探究するために必要な観察，実験などに関する基本操作や記録などの基本的な技能を身に付けている。	生命や地球に関する事物・現象から問題を見いだし，見通しをもって観察，実験などを行い，得られた結果を分析して解釈し，表現するなど，科学的に探究している。	生命や地球に関する事物・現象に進んで関わり，見通しをもったり振り返ったりするなど，科学的に探究しようとしている。

2　内容のまとまりごとの評価規準（例）

（1）いろいろな生物とその共通点

知識・技能	思考・判断・表現	主体的に学習に取り組む態度
いろいろな生物の共通点と相違点に着目しながら，生物の観察と分類の仕方，生物の体の共通点と相違点を理解しているとともに，それらの観察，実験などに関する技能を身に付けている。	身近な生物についての観察，実験などを通して，いろいろな生物の共通点や相違点を見いだすとともに，生物を分類するための観点や基準を見いだして表現している。	いろいろな生物とその共通点に関する事物・現象に進んで関わり，見通しをもったり振り返ったりするなど，科学的に探究しようとしている。

（2）大地の成り立ちと変化

知識・技能	思考・判断・表現	主体的に学習に取り組む態度
大地の成り立ちと変化を地表に見られる様々な事物・現象と関連付けながら，身近な地形や地層，岩石の観察，地層の重なりと過去の様子，火山と地震，自然の恵みと火山災害・地震災害を理解しているとともに，それらの観察，実験などに関する技能を身に付けている。	大地の成り立ちと変化について，問題を見いだし見通しをもって観察，実験などを行い，地層の重なり方や広がり方の規則性，地下のマグマの性質と火山の形との関係性などを見いだして表現している。	大地の成り立ちと変化に関する事物・現象に進んで関わり，見通しをもったり振り返ったりするなど，科学的に探究しようとしている。

（3）生物の体のつくりと働き

知識・技能	思考・判断・表現	主体的に学習に取り組む態度
生物の体のつくりと働きとの関係に着目しながら，生物と細胞，植物の体のつくりと働き，動物の体のつくりと働きを理解しているとともに，それらの観察，実験などに関する技能を身に付けている。	身近な植物や動物の体のつくりと働きについて，見通しをもって解決する方法を立案して観察，実験などを行い，その結果を分析して解釈し，生物の体のつくりと働きについての規則性や関係性を見いだして表現している。	生物の体のつくりと働きに関する事物・現象に進んで関わり，見通しをもったり振り返ったりするなど，科学的に探究しようとしている。

（4）気象とその変化

知識・技能	思考・判断・表現	主体的に学習に取り組む態度
気象要素と天気の変化との関係に着目しながら，気象観測，天気の変化，日本の気象，自然の恵みと気象災害を理解しているとともに，それらの観察，実験などに関する技能を身に付けている。	気象とその変化について，見通しをもって解決する方法を立案して観察，実験などを行い，その結果を分析して解釈し，天気の変化や日本の気象についての規則性や関係性を見いだして表現している。	気象とその変化に関する事物・現象に進んで関わり，見通しをもったり振り返ったりするなど，科学的に探究しようとしている。

(5) 生命の連続性

知識・技能	思考・判断・表現	主体的に学習に取り組む態度
生命の連続性に関する事物・現象の特徴に着目しながら，生物の成長と殖え方，遺伝の規則性と遺伝子，生物の種類の多様性と進化を理解しているとともに，それらの観察，実験などに関する技能を身に付けている。	生命の連続性について，観察，実験などを行い，その結果や資料を分析して解釈し，生物の成長と殖え方，遺伝現象，生物の種類の多様性と進化についての特徴や規則性を見いだして表現している。また，探究の過程を振り返っている。	生命の連続性に関する事物・現象に進んで関わり，見通しをもったり振り返ったりするなど，科学的に探究しようとしている。

(6) 地球と宇宙

知識・技能	思考・判断・表現	主体的に学習に取り組む態度
身近な天体とその運動に関する特徴に着目しながら，天体の動きと地球の自転・公転，太陽系と恒星を理解しているとともに，それらの観察，実験などに関する技能を身に付けている。	地球と宇宙について，天体の観察，実験などを行い，その結果や資料を分析して解釈し，天体の運動と見え方についての特徴や規則性を見いだして表現している。また，探究の過程を振り返っている。	地球と宇宙に関する事物・現象に進んで関わり，見通しをもったり振り返ったりするなど，科学的に探究しようとしている。

(7) 自然と人間

知識・技能	思考・判断・表現	主体的に学習に取り組む態度
日常生活や社会と関連付けながら，生物と環境，自然環境の保全と科学技術の利用を理解するとともに，自然環境を調べる観察，実験などに関する技能を身に付けている。	身近な自然環境や地域の自然災害などを調べる観察，実験などを行い，自然環境の保全と科学技術の利用の在り方について，科学的に考察して判断している。	自然と人間に関する事物・現象に進んで関わり，見通しをもったり振り返ったりするなど，科学的に探究しようとしている。

中項目ごとの評価規準（例）
第1分野

（1）身近な物理現象
（1）ア（ア）光と音　の評価規準の例

知識・技能	思考・判断・表現	主体的に学習に取り組む態度
光と音に関する事物・現象を日常生活や社会と関連付けながら，光の反射や屈折，凸レンズの働き，音の性質についての基本的な概念や原理・法則などを理解しているとともに，科学的に探究するために必要な観察，実験などに関する基本操作や記録などの基本的な技能を身に付けている。	光と音について，問題を見いだし見通しをもって観察，実験などを行い，光の反射や屈折，凸レンズの働き，音の性質の規則性や関係性を見いだして表現しているなど，科学的に探究している。	光と音に関する事物・現象に進んで関わり，見通しをもったり振り返ったりするなど，科学的に探究しようとしている。

（1）ア（イ）力の働き　の評価規準の例

知識・技能	思考・判断・表現	主体的に学習に取り組む態度
力の働きに関する事物・現象を日常生活や社会と関連付けながら，力の働きについての基本的な概念や原理・法則などを理解しているとともに，科学的に探究するために必要な観察，実験などに関する基本操作や記録などの基本的な技能を身に付けている。	力の働きについて，問題を見いだし見通しをもって観察，実験などを行い，力の働きの規則性や関係性を見いだして表現しているなど，科学的に探究している。	力の働きに関する事物・現象に進んで関わり，見通しをもったり振り返ったりするなど，科学的に探究しようとしている。

（2）身の回りの物質
（2）ア（ア）物質のすがた　の評価規準の例

知識・技能	思考・判断・表現	主体的に学習に取り組む態度
身の回りの物質の性質や変化に着目しながら，身の回りの物質とその性質，気体の発生と性質についての基本的な概念や原理・法則などを理解しているとともに，科学的に探究するために必要な観察，実験などに関する基本操作や記録などの基本的な技能を身に付けている。	物質のすがたについて，問題を見いだし見通しをもって観察，実験などを行い，物質の性質や状態変化における規則性を見いだして表現しているなど，科学的に探究している。	物質のすがたに関する事物・現象に進んで関わり，見通しをもったり振り返ったりするなど，科学的に探究しようとしている。

（2）ア（イ）水溶液　の評価規準の例

知識・技能	思考・判断・表現	主体的に学習に取り組む態度
身の回りの物質の性質や変化に着目しながら，水溶液についての基本的な概念や原理・法則などを理解しているとともに，科学的に探究するために必要な観察，実験などに関する基本操作や記録などの基本的な技能を身に付けている。	水溶液について，問題を見いだし見通しをもって観察，実験などを行い，物質の性質や状態変化における規則性を見いだして表現しているなど，科学的に探究している。	水溶液に関する事物・現象に進んで関わり，見通しをもったり振り返ったりするなど，科学的に探究しようとしている。

（2）ア（ウ）状態変化　の評価規準の例

知識・技能	思考・判断・表現	主体的に学習に取り組む態度
身の回りの物質の性質や変化に着目しながら，状態変化と熱，物質の融点と沸点についての基本的な概念や原理・法則などを理解しているとともに，科学的に探究するために必要な観察，実験などに関する基本操作や記録などの基本的な技能を身に付けている。	状態変化について，問題を見いだし見通しをもって観察，実験などを行い，物質の性質や状態変化における規則性を見いだして表現しているなど，科学的に探究している。	状態変化に関する事物・現象に進んで関わり，見通しをもったり振り返ったりするなど，科学的に探究しようとしている。

（3）電流とその利用
（3）ア（ア）電流　の評価規準の例

知識・技能	思考・判断・表現	主体的に学習に取り組む態度
電流に関する事物・現象を日常生活や社会と関連付けながら、回路と電流・電圧、電流・電圧と抵抗、電気とそのエネルギー、静電気と電流についての基本的な概念や原理・法則などを理解しているとともに、科学的に探究するために必要な観察、実験などに関する基本操作や記録などの基本的な技能を身に付けている。	電流に関する現象について、見通しをもって解決する方法を立案して観察、実験などを行い、その結果を分析して解釈し、電流と電圧、電流の働き、静電気の規則性や関係性を見いだして表現しているなど、科学的に探究している。	電流に関する事物・現象に進んで関わり、見通しをもったり振り返ったりするなど、科学的に探究しようとしている。

（3）ア（イ）電流と磁界　の評価規準の例

知識・技能	思考・判断・表現	主体的に学習に取り組む態度
電流と磁界に関する事物・現象を日常生活や社会と関連付けながら、電流がつくる磁界、磁界中の電流が受ける力、電磁誘導と発電についての基本的な概念や原理・法則などを理解しているとともに、科学的に探究するために必要な観察、実験などに関する基本操作や記録などの基本的な技能を身に付けている。	電流と磁界に関する現象について、見通しをもって解決する方法を立案して観察、実験などを行い、その結果を分析して解釈し、電流と磁界の規則性や関係性を見いだして表現しているなど、科学的に探究している。	電流と磁界に関する事物・現象に進んで関わり、見通しをもったり振り返ったりするなど、科学的に探究しようとしている。

（4）化学変化と原子・分子
（4）ア（ア）物質の成り立ち　の評価規準の例

知識・技能	思考・判断・表現	主体的に学習に取り組む態度
化学変化を原子や分子のモデルと関連付けながら、物質の分解、原子・分子についての基本的な概念や原理・法則などを理解しているとともに、科学的に探究するために必要な観察、実験などに関する基本操作や記録などの基本的な技能を身に付けている。	物質の成り立ちについて、見通しをもって解決する方法を立案して観察、実験などを行い、原子や分子と関連付けてその結果を分析して解釈し、化学変化における物質の変化を見いだして表現しているなど、科学的に探究している。	物質の成り立ちに関する事物・現象に進んで関わり、見通しをもったり振り返ったりするなど、科学的に探究しようとしている。

（4）ア（イ）化学変化　の評価規準の例

知識・技能	思考・判断・表現	主体的に学習に取り組む態度
化学変化を原子や分子のモデルと関連付けながら、化学変化、化学変化における酸化と還元、化学変化と熱についての基本的な概念や原理・法則などを理解しているとともに、科学的に探究するために必要な観察、実験などに関する基本操作や記録などの基本的な技能を身に付けている。	化学変化について、見通しをもって解決する方法を立案して観察、実験などを行い、原子や分子と関連付けてその結果を分析して解釈し、化学変化における物質の変化を見いだして表現しているなど、科学的に探究している。	化学変化に関する事物・現象に進んで関わり、見通しをもったり振り返ったりするなど、科学的に探究しようとしている。

（4）ア（ウ）化学変化と物質の質量　の評価規準の例

知識・技能	思考・判断・表現	主体的に学習に取り組む態度
化学変化を原子や分子のモデルと関連付けながら、化学変化と質量の保存、質量変化の規則性についての基本的な概念や原理・法則などを理解しているとともに、科学的に探究するために必要な観察、実験などに関する基本操作や記録などの基本的な技能を身に付けている。	化学変化と物質の質量について、見通しをもって解決する方法を立案して観察、実験などを行い、原子や分子と関連付けてその結果を分析して解釈し、化学変化における物質の変化やその量的な関係を見いだして表現しているなど、科学的に探究している。	化学変化と物質の質量に関する事物・現象に進んで関わり、見通しをもったり振り返ったりするなど、科学的に探究しようとしている。

（5）運動とエネルギー
（5）ア（ア）力のつり合いと合成・分解　の評価規準の例

知識・技能	思考・判断・表現	主体的に学習に取り組む態度
力のつり合いと合成・分解を日常生活や社会と関連付けながら，水中の物体に働く力，力の合成・分解についての基本的な概念や原理・法則などを理解しているとともに，科学的に探究するために必要な観察，実験などに関する基本操作や記録などの基本的な技能を身に付けている。	力のつり合いと合成・分解について，見通しをもって観察，実験などを行い，その結果を分析して解釈し，力のつり合い，合成や分解の規則性や関係性を見いだして表現しているとともに，探究の過程を振り返るなど，科学的に探究している。	力のつり合いと合成・分解に関する事物・現象に進んで関わり，見通しをもったり振り返ったりするなど，科学的に探究しようとしている。

（5）ア（イ）運動の規則性　の評価規準の例

知識・技能	思考・判断・表現	主体的に学習に取り組む態度
運動の規則性を日常生活や社会と関連付けながら，運動の速さと向き，力と運動についての基本的な概念や原理・法則などを理解しているとともに，科学的に探究するために必要な観察，実験などに関する基本操作や記録などの基本的な技能を身に付けている。	運動の規則性について，見通しをもって観察，実験などを行い，その結果を分析して解釈し，物体の運動の規則性や関係性を見いだして表現しているとともに，探究の過程を振り返るなど，科学的に探究している。	運動の規則性に関する事物・現象に進んで関わり，見通しをもったり振り返ったりするなど，科学的に探究しようとしている。

（5）ア（ウ）力学的エネルギー　の評価規準の例

知識・技能	思考・判断・表現	主体的に学習に取り組む態度
力学的エネルギーを日常生活や社会と関連付けながら，仕事とエネルギー，力学的エネルギーの保存についての基本的な概念や原理・法則などを理解しているとともに，科学的に探究するために必要な観察，実験などに関する基本操作や記録などの基本的な技能を身に付けている。	力学的エネルギーについて，見通しをもって観察，実験などを行い，その結果を分析して解釈し，力学的エネルギーの規則性や関係性を見いだして表現しているとともに，探究の過程を振り返るなど，科学的に探究している。	力学的エネルギーに関する事物・現象に進んで関わり，見通しをもったり振り返ったりするなど，科学的に探究しようとしている。

（6）化学変化とイオン
（6）ア（ア）水溶液とイオン　の評価規準の例

知識・技能	思考・判断・表現	主体的に学習に取り組む態度
化学変化をイオンのモデルと関連付けながら，原子の成り立ちとイオン，酸・アルカリ，中和と塩についての基本的な概念や原理・法則などを理解しているとともに，科学的に探究するために必要な観察，実験などに関する基本操作や記録などの基本的な技能を身に付けている。	水溶液とイオンについて，見通しをもって観察，実験などを行い，イオンと関連付けてその結果を分析して解釈し，化学変化における規則性や関係性を見いだして表現しているとともに，探究の過程を振り返るなど，科学的に探究している。	水溶液とイオンに関する事物・現象に進んで関わり，見通しをもったり振り返ったりするなど，科学的に探究しようとしている。

（6）ア（イ）化学変化と電池　の評価規準の例

知識・技能	思考・判断・表現	主体的に学習に取り組む態度
化学変化をイオンのモデルと関連付けながら，金属イオン，化学変化と電池についての基本的な概念や原理・法則などを理解しているとともに，科学的に探究するために必要な観察，実験などに関する基本操作や記録などの基本的な技能を身に付けている。	化学変化と電池について，見通しをもって観察，実験などを行い，イオンと関連付けてその結果を分析して解釈し，化学変化における規則性や関係性を見いだして表現しているとともに，探究の過程を振り返るなど，科学的に探究している。	化学変化と電池に関する事物・現象に進んで関わり，見通しをもったり振り返ったりするなど，科学的に探究しようとしている。

（7）科学技術と人間

（7）ア（ア）エネルギーと物質　の評価規準の例

知識・技能	思考・判断・表現	主体的に学習に取り組む態度
日常生活や社会と関連付けながら，エネルギーとエネルギー資源，様々な物質とその利用，科学技術の発展についての基本的な概念や原理・法則などを理解しているとともに，科学的に探究するために必要な観察，実験などに関する基本操作や記録などの基本的な技能を身に付けている。	日常生活や社会で使われているエネルギーや物質について，見通しをもって観察，実験などを行い，その結果を分析して解釈しているなど，科学的に探究している。	エネルギーと物質に関する事物・現象に進んで関わり，見通しをもったり振り返ったりするなど，科学的に探究しようとしている。

（7）ア（イ）自然環境の保全と科学技術の利用　の評価規準の例

知識・技能	思考・判断・表現	主体的に学習に取り組む態度
日常生活や社会と関連付けながら，自然環境の保全と科学技術の利用についての基本的な概念や原理・法則などを理解しているとともに，科学的に探究するために必要な観察，実験などに関する基本操作や記録などの基本的な技能を身に付けている。	自然環境の保全と科学技術の利用について，観察，実験などを行い，自然環境の保全と科学技術の利用の在り方について，科学的に考察して判断しているなど，科学的に探究している。	自然環境の保全と科学技術の利用に関する事物・現象に進んで関わり，見通しをもったり振り返ったりするなど，科学的に探究しようとしている。

第2分野

（1）いろいろな生物とその共通点

（1）ア（ア）生物の観察と分類の仕方　の評価規準の例

知識・技能	思考・判断・表現	主体的に学習に取り組む態度
いろいろな生物の共通点と相違点に着目しながら，生物の観察，生物の特徴と分類の仕方についての基本的な概念や原理・法則などを理解しているとともに，科学的に探究するために必要な観察，実験などに関する基本操作や記録などの基本的な技能を身に付けている。	生物の観察と分類の仕方についての観察，実験などを通して，いろいろな生物の共通点や相違点を見いだすとともに，生物を分類するための観点や基準を見いだして表現しているなど，科学的に探究している。	生物の観察と分類の仕方に関する事物・現象に進んで関わり，見通しをもったり振り返ったりするなど，科学的に探究しようとしている。

（1）ア（イ）生物の体の共通点と相違点　の評価規準の例

知識・技能	思考・判断・表現	主体的に学習に取り組む態度
いろいろな生物の共通点と相違点に着目しながら，植物の体の共通点と相違点，動物の体の共通点と相違点についての基本的な概念や原理・法則などを理解しているとともに，科学的に探究するために必要な観察，実験などに関する基本操作や記録などの基本的な技能を身に付けている。	生物の体の共通点と相違点についての観察，実験などを通して，いろいろな生物の共通点や相違点を見いだすとともに，生物を分類するための観点や基準を見いだして表現しているなど，科学的に探究している。	生物の体の共通点と相違点に関する事物・現象に進んで関わり，見通しをもったり振り返ったりするなど，科学的に探究しようとしている。

（2）大地の成り立ちと変化

（2）ア（ア）身近な地形や地層，岩石の観察　の評価規準の例

知識・技能	思考・判断・表現	主体的に学習に取り組む態度
大地の成り立ちと変化を地表に見られる様々な事物・現象と関連付けながら，身近な地形や地層，岩石の観察についての基本的な概念や原理・法則などを理解しているとともに，科学的に探究するために必要な観察，実験などに関する基本操作や記録などの基本的な技能を身に付けている。	身近な地形や地層，岩石の観察について，問題を見いだし見通しをもって観察，実験などを行い，地層の重なり方や広がり方の規則性などを見いだして表現しているなど，科学的に探究している。	身近な地形や地層，岩石の観察に関する事物・現象に進んで関わり，見通しをもったり振り返ったりするなど，科学的に探究しようとしている。

（2）ア（イ）地層の重なりと過去の様子　の評価規準の例

知識・技能	思考・判断・表現	主体的に学習に取り組む態度
大地の成り立ちと変化を地表に見られる様々な事物・現象と関連付けながら，地層の重なりと過去の様子についての基本的な概念や原理・法則などを理解しているとともに，科学的に探究するために必要な観察，実験などに関する基本操作や記録などの基本的な技能を身に付けている。	地層の重なりと過去の様子について，問題を見いだし見通しをもって観察，実験などを行い，地層の重なり方や広がり方の規則性などを見いだして表現しているなど，科学的に探究している。	地層の重なりと過去の様子に関する事物・現象に進んで関わり，見通しをもったり振り返ったりするなど，科学的に探究しようとしている。

（2）ア（ウ）火山と地震　の評価規準の例

知識・技能	思考・判断・表現	主体的に学習に取り組む態度
大地の成り立ちと変化を地表に見られる様々な事物・現象と関連付けながら，火山活動と火成岩，地震の伝わり方と地球内部の働きについての基本的な概念や原理・法則などを理解しているとともに，科学的に探究するために必要な観察，実験などに関する基本操作や記録などの基本的な技能を身に付けている。	火山と地震について，問題を見いだし見通しをもって観察，実験などを行い，地下のマグマの性質と火山の形との関係性などを見いだして表現しているなど，科学的に探究している。	火山と地震に関する事物・現象に進んで関わり，見通しをもったり振り返ったりするなど，科学的に探究しようとしている。

国立教育政策研究所「内容のまとまりごとの評価規準（例）」

（2）ア（エ）自然の恵みと火山災害・地震災害　の評価規準の例

知識・技能	思考・判断・表現	主体的に学習に取り組む態度
大地の成り立ちと変化を地表に見られる様々な事物・現象と関連付けながら，自然の恵みと火山災害・地震災害についての基本的な概念や原理・法則などを理解しているとともに，科学的に探究するために必要な観察，実験などに関する基本操作や記録などの基本的な技能を身に付けている。	自然の恵みと火山災害・地震災害について，問題を見いだし見通しをもって観察，実験などを行い，火山活動や地震発生の仕組みとの関係性などを見いだして表現しているなど，科学的に探究している。	自然の恵みと火山災害・地震災害に関する事物・現象に進んで関わり，見通しをもったり振り返ったりするなど，科学的に探究しようとしている。

（3）生物の体のつくりと働き
（3）ア（ア）生物と細胞　の評価規準の例

知識・技能	思考・判断・表現	主体的に学習に取り組む態度
生物の体のつくりと働きとの関係に着目しながら，生物と細胞についての基本的な概念や原理・法則などを理解しているとともに，科学的に探究するために必要な観察，実験などに関する基本操作や記録などの基本的な技能を身に付けている。	生物と細胞について，見通しをもって解決する方法を立案して観察，実験などを行い，その結果を分析して解釈し，生物の体のつくりと働きについての規則性や関係性を見いだして表現しているなど，科学的に探究している。	生物と細胞に関する事物・現象に進んで関わり，見通しをもったり振り返ったりするなど，科学的に探究しようとしている。

（3）ア（イ）植物の体のつくりと働き　の評価規準の例

知識・技能	思考・判断・表現	主体的に学習に取り組む態度
植物の体のつくりと働きとの関係に着目しながら，葉・茎・根のつくりと働きについての基本的な概念や原理・法則などを理解しているとともに，科学的に探究するために必要な観察，実験などに関する基本操作や記録などの基本的な技能を身に付けている。	植物の体のつくりと働きについて，見通しをもって解決する方法を立案して観察，実験などを行い，その結果を分析して解釈し，植物の体のつくりと働きについての規則性や関係性を見いだして表現しているなど，科学的に探究している。	植物の体のつくりと働きに関する事物・現象に進んで関わり，見通しをもったり振り返ったりするなど，科学的に探究しようとしている。

（3）ア（ウ）動物の体のつくりと働き　の評価規準の例

知識・技能	思考・判断・表現	主体的に学習に取り組む態度
動物の体のつくりと働きとの関係に着目しながら，生命を維持する働き，刺激と反応についての基本的な概念や原理・法則などを理解しているとともに，科学的に探究するために必要な観察，実験などに関する基本操作や記録などの基本的な技能を身に付けている。	動物の体のつくりと働きについて，見通しをもって解決する方法を立案して観察，実験などを行い，その結果を分析して解釈し，動物の体のつくりと働きについての規則性や関係性を見いだして表現しているなど，科学的に探究している。	動物の体のつくりと働きに関する事物・現象に進んで関わり，見通しをもったり振り返ったりするなど，科学的に探究しようとしている。

（4）気象とその変化
（4）ア（ア）気象観測 の評価規準の例

知識・技能	思考・判断・表現	主体的に学習に取り組む態度
気象要素と天気の変化との関係に着目しながら，気象要素，気象観測についての基本的な概念や原理・法則などを理解しているとともに，科学的に探究するために必要な観察，実験などに関する基本操作や記録などの基本的な技能を身に付けている。	気象観測について，見通しをもって解決する方法を立案して観察，実験などを行い，その結果を分析して解釈し，天気の変化についての規則性や関係性を見いだして表現しているなど，科学的に探究している。	気象観測に関する事物・現象に進んで関わり，見通しをもったり振り返ったりするなど，科学的に探究しようとしている。

（4）ア（イ）天気の変化　の評価規準の例

知識・技能	思考・判断・表現	主体的に学習に取り組む態度
気象要素と天気の変化との関係に着目しながら、霧や雲の発生、前線の通過と天気の変化についての基本的な概念や原理・法則などを理解しているとともに、科学的に探究するために必要な観察、実験などに関する基本操作や記録などの基本的な技能を身に付けている。	天気の変化について、見通しをもって解決する方法を立案して観察、実験などを行い、その結果を分析して解釈し、天気の変化についての規則性や関係性を見いだして表現しているなど、科学的に探究している。	天気の変化に関する事物・現象に進んで関わり、見通しをもったり振り返ったりするなど、科学的に探究しようとしている。

（4）ア（ウ）日本の気象　の評価規準の例

知識・技能	思考・判断・表現	主体的に学習に取り組む態度
気象要素と天気の変化との関係に着目しながら、日本の天気の特徴、大気の動きと海洋の影響についての基本的な概念や原理・法則などを理解しているとともに、科学的に探究するために必要な観察、実験などに関する基本操作や記録などの基本的な技能を身に付けている。	日本の気象について、見通しをもって解決する方法を立案して観察、実験などを行い、その結果を分析して解釈し、日本の気象についての規則性や関係性を見いだして表現しているなど、科学的に探究している。	日本の気象に関する事物・現象に進んで関わり、見通しをもったり振り返ったりするなど、科学的に探究しようとしている。

（4）ア（エ）自然の恵みと気象災害　の評価規準の例

知識・技能	思考・判断・表現	主体的に学習に取り組む態度
気象要素と天気の変化との関係に着目しながら、自然の恵みと気象災害についての基本的な概念や原理・法則などを理解しているとともに、科学的に探究するために必要な観察、実験などに関する基本操作や記録などの基本的な技能を身に付けている。	自然の恵みと気象災害について、見通しをもって解決する方法を立案して観察、実験などを行い、その結果を分析して解釈し、天気の変化や日本の気象との関係性を見いだして表現しているなど、科学的に探究している。	自然の恵みと気象災害に関する事物・現象に進んで関わり、見通しをもったり振り返ったりするなど、科学的に探究しようとしている。

（5）生命の連続性
（5）ア（ア）生物の成長と殖え方　の評価規準の例

知識・技能	思考・判断・表現	主体的に学習に取り組む態度
生物の成長と殖え方に関する事物・現象の特徴に着目しながら、細胞分裂と生物の成長、生物の殖え方についての基本的な概念や原理・法則などを理解しているとともに、科学的に探究するために必要な観察、実験などに関する基本操作や記録などの基本的な技能を身に付けている。	生物の成長と殖え方について、観察、実験などを行い、その結果や資料を分析して解釈し、生物の成長と殖え方についての特徴や規則性を見いだして表現しているとともに、探究の過程を振り返るなど、科学的に探究している。	生物の成長と殖え方に関する事物・現象に進んで関わり、見通しをもったり振り返ったりするなど、科学的に探究しようとしている。

（5）ア（イ）遺伝の規則性と遺伝子　の評価規準の例

知識・技能	思考・判断・表現	主体的に学習に取り組む態度
遺伝の規則性と遺伝子に関する事物・現象の特徴に着目しながら、遺伝の規則性と遺伝子についての基本的な概念や原理・法則などを理解しているとともに、科学的に探究するために必要な観察、実験などに関する基本操作や記録などの基本的な技能を身に付けている。	遺伝の規則性と遺伝子について、観察、実験などを行い、その結果や資料を分析して解釈し、遺伝現象についての特徴や規則性を見いだして表現しているとともに、探究の過程を振り返るなど、科学的に探究している。	遺伝の規則性と遺伝子に関する事物・現象に進んで関わり、見通しをもったり振り返ったりするなど、科学的に探究しようとしている。

（5）ア（ウ）生物の種類の多様性と進化　の評価規準の例

知識・技能	思考・判断・表現	主体的に学習に取り組む態度
生物の種類の多様性と進化に関する事物・現象の特徴に着目しながら、生物の種類の多様性と進化についての基本的な概念や原理・法則などを理解しているとともに、科学的に探究するために必要な観察、実験などに関する基本操作や記録などの基本的な技能を身に付けている。	生物の種類の多様性と進化について、観察、実験などを行い、その結果や資料を分析して解釈し、生物の種類の多様性と進化についての特徴や規則性を見いだして表現しているとともに、探究の過程を振り返るなど、科学的に探究している。	生物の種類の多様性と進化に関する事物・現象に進んで関わり、見通しをもったり振り返ったりするなど、科学的に探究しようとしている。

（6）地球と宇宙

（6）ア（ア）天体の動きと地球の自転・公転 の評価規準の例

知識・技能	思考・判断・表現	主体的に学習に取り組む態度
身近な天体とその運動に関する特徴に着目しながら，日周運動と自転，年周運動と公転についての基本的な概念や原理・法則などを理解しているとともに，科学的に探究するために必要な観察，実験などに関する基本操作や記録などの基本的な技能を身に付けている。	天体の動きと地球の自転・公転について，天体の観察，実験などを行い，その結果や資料を分析して解釈し，天体の動きと地球の自転・公転についての特徴や規則性を見いだして表現しているとともに，探究の過程を振り返るなど，科学的に探究している。	天体の動きと地球の自転・公転に関する事物・現象に進んで関わり，見通しをもったり振り返ったりするなど，科学的に探究しようとしている。

（6）ア（イ）太陽系と恒星 の評価規準の例

知識・技能	思考・判断・表現	主体的に学習に取り組む態度
身近な天体とその運動に関する特徴に着目しながら，太陽の様子，惑星と恒星，月や金星の運動と見え方についての基本的な概念や原理・法則などを理解しているとともに，科学的に探究するために必要な観察，実験などに関する基本操作や記録などの基本的な技能を身に付けている。	太陽系と恒星について，天体の観察，実験などを行い，その結果や資料を分析して解釈し，太陽系と恒星についての特徴や規則性を見いだして表現しているとともに，探究の過程を振り返るなど，科学的に探究している。	太陽系と恒星に関する事物・現象に進んで関わり，見通しをもったり振り返ったりするなど，科学的に探究しようとしている。

（7）自然と人間

（7）ア（ア）生物と環境 の評価規準の例

知識・技能	思考・判断・表現	主体的に学習に取り組む態度
日常生活や社会と関連付けながら，自然界のつり合い，自然環境の調査と環境保全，地域の自然災害についての基本的な概念や原理・法則などを理解しているとともに，科学的に探究するために必要な観察，実験などに関する基本操作や記録などの基本的な技能を身に付けている。	生物と環境について，身近な自然環境や地域の自然災害などを調べる観察，実験などを行い，科学的に考察して判断しているなど，科学的に探究している。	生物と環境に関する事物・現象に進んで関わり，見通しをもったり振り返ったりするなど，科学的に探究しようとしている。

（7）ア（イ）自然環境の保全と科学技術の利用 の評価規準の例

知識・技能	思考・判断・表現	主体的に学習に取り組む態度
日常生活や社会と関連付けながら，自然環境の保全と科学技術の利用についての基本的な概念や原理・法則などを理解しているとともに，科学的に探究するために必要な観察，実験などに関する基本操作や記録などの基本的な技能を身に付けている。	自然環境の保全と科学技術の利用について，観察，実験などを行い，自然環境の保全と科学技術の利用の在り方について，科学的に考察して判断しているなど，科学的に探究している。	自然環境の保全と科学技術の利用に関する事物・現象に進んで関わり，見通しをもったり振り返ったりするなど，科学的に探究しようとしている。

音楽

内容のまとまりごとの評価規準（例）
第1学年

1　目標と評価の観点及びその趣旨

目標（1）	目標（2）	目標（3）
曲想と音楽の構造などとの関わり及び音楽の多様性について理解するとともに，創意工夫を生かした音楽表現をするために必要な歌唱，器楽，創作の技能を身に付けるようにする。	音楽表現を創意工夫することや，音楽を自分なりに評価しながらよさや美しさを味わって聴くことができるようにする。	主体的・協働的に表現及び鑑賞の学習に取り組み，音楽活動の楽しさを体験することを通して，音楽文化に親しむとともに，音楽によって生活を明るく豊かなものにしていく態度を養う。

知識・技能	思考・判断・表現	主体的に学習に取り組む態度
・曲想と音楽の構造などとの関わり及び音楽の多様性について理解している。 ・創意工夫を生かした音楽表現をするために必要な技能を身に付け，歌唱，器楽，創作で表している。	音楽を形づくっている要素や要素同士の関連を知覚し，それらの働きが生み出す特質や雰囲気を感受しながら，知覚したことと感受したこととの関わりについて考え，どのように表すかについて思いや意図をもったり，音楽を自分なりに評価しながらよさや美しさを味わって聴いたりしている。	音や音楽，音楽文化に親しむことができるよう，音楽活動を楽しみながら主体的・協働的に表現及び鑑賞の学習活動に取り組もうとしている。

2　内容のまとまりごとの評価規準（例）

A　表現　(1)歌唱　及び〔共通事項〕(1)

知識・技能	思考・判断・表現	主体的に学習に取り組む態度
・曲想と音楽の構造や歌詞の内容との関わりについて理解している。 ・声の音色や響き及び言葉の特性と曲種に応じた発声との関わりについて理解している。 ・創意工夫を生かした表現で歌うために必要な発声，言葉の発音，身体の使い方などの技能を身に付けている。 ・創意工夫を生かし，全体の響きや各声部の声などを聴きながら他者と合わせて歌う技能を身に付けている。	・音楽を形づくっている要素や要素同士の関連を知覚し，それらの働きが生み出す特質や雰囲気を感受しながら，知覚したことと感受したこととの関わりについて考え，歌唱表現を創意工夫している。	・音楽活動を楽しみながら主体的・協働的に歌唱の学習活動に取り組もうとしている。

A　表現　(2)器楽　及び〔共通事項〕(1)

知識・技能	思考・判断・表現	主体的に学習に取り組む態度
・曲想と音楽の構造との関わりについて理解している。 ・楽器の音色や響きと奏法との関わりについて理解している。 ・創意工夫を生かした表現で演奏するために必要な奏法，身体の使い方などの技能を身に付けている。 ・創意工夫を生かし，全体の響きや各声部の音などを聴きながら他者と合わせて演奏する技能を身に付けている。	・音楽を形づくっている要素や要素同士の関連を知覚し，それらの働きが生み出す特質や雰囲気を感受しながら，知覚したことと感受したこととの関わりについて考え，器楽表現を創意工夫している。	・音楽活動を楽しみながら主体的・協働的に器楽の学習活動に取り組もうとしている。

音楽

国立教育政策研究所「内容のまとまりごとの評価規準（例）」

A 表現（3）創作　及び〔共通事項〕（1）

知識・技能	思考・判断・表現	主体的に学習に取り組む態度
・音のつながり方の特徴について理解している。 ・音素材の特徴及び音の重なり方や反復，変化，対照などの構成上の特徴について理解している。 ・創意工夫を生かした表現で旋律や音楽をつくるために必要な，課題や条件に沿った音の選択や組合せなどの技能を身に付けている。	・音楽を形づくっている要素や要素同士の関連を知覚し，それらの働きが生み出す特質や雰囲気を感受しながら，知覚したことと感受したこととの関わりについて考え，創作表現を創意工夫している。	・音楽活動を楽しみながら主体的・協働的に創作の学習活動に取り組もうとしている。

B 鑑賞（1）鑑賞　及び〔共通事項〕（1）

知識・技能	思考・判断・表現	主体的に学習に取り組む態度
・曲想と音楽の構造との関わりについて理解している。 ・音楽の特徴とその背景となる文化や歴史，他の芸術との関わりについて理解している。 ・我が国や郷土の伝統音楽及びアジア地域の諸民族の音楽の特徴と，その特徴から生まれる音楽の多様性について理解している。	・音楽を形づくっている要素や要素同士の関連を知覚し，それらの働きが生み出す特質や雰囲気を感受しながら，知覚したことと感受したこととの関わりについて考えるとともに，曲や演奏に対する評価とその根拠について自分なりに考え，音楽のよさや美しさを味わって聴いている。 ・（上記下線部と同様），生活や社会における音楽の意味や役割について自分なりに考え，音楽のよさや美しさを味わって聴いている。 ・（上記下線部と同様），音楽表現の共通性や固有性について自分なりに考え，音楽のよさや美しさを味わって聴いている。	・音楽活動を楽しみながら主体的・協働的に鑑賞の学習活動に取り組もうとしている。

第2学年及び第3学年

1　目標と評価の観点及びその趣旨

目標（1）	目標（2）	目標（3）
曲想と音楽の構造や背景などとの関わり及び音楽の多様性について理解するとともに，創意工夫を生かした音楽表現をするために必要な歌唱，器楽，創作の技能を身に付けるようにする。	曲にふさわしい音楽表現を創意工夫することや，音楽を評価しながらよさや美しさを味わって聴くことができるようにする。	主体的・協働的に表現及び鑑賞の学習に取り組み，音楽活動の楽しさを体験することを通して，音楽文化に親しむとともに，音楽によって生活を明るく豊かなものにし，音楽に親しんでいく態度を養う。

知識・技能	思考・判断・表現	主体的に学習に取り組む態度
・曲想と音楽の構造や背景などとの関わり及び音楽の多様性について理解している。 ・創意工夫を生かした音楽表現をするために必要な技能を身に付け，歌唱，器楽，創作で表している。	音楽を形づくっている要素や要素同士の関連を知覚し，それらの働きが生み出す特質や雰囲気を感受しながら，知覚したことと感受したこととの関わりについて考え，曲にふさわしい音楽表現としてどのように表すかについて思いや意図をもったり，音楽を評価しながらよさや美しさを味わって聴いたりしている。	音や音楽，音楽文化に親しむことができるよう，音楽活動を楽しみながら主体的・協働的に表現及び鑑賞の学習活動に取り組もうとしている。

2　内容のまとまりごとの評価規準（例）

A　表現　(1)歌唱　及び〔共通事項〕(1)

知識・技能	思考・判断・表現	主体的に学習に取り組む態度
・曲想と音楽の構造や歌詞の内容及び曲の背景との関わりについて理解している。 ・声の音色や響き及び言葉の特性と曲種に応じた発声との関わりについて理解している。 ・創意工夫を生かした表現で歌うために必要な発声，言葉の発音，身体の使い方などの技能を身に付けている。 ・創意工夫を生かし，全体の響きや各声部の声などを聴きながら他者と合わせて歌う技能を身に付けている。	・音楽を形づくっている要素や要素同士の関連を知覚し，それらの働きが生み出す特質や雰囲気を感受しながら，知覚したことと感受したこととの関わりについて考え，曲にふさわしい歌唱表現を創意工夫している。	・音楽活動を楽しみながら主体的・協働的に歌唱の学習活動に取り組もうとしている。

A　表現　(2)器楽　及び〔共通事項〕(1)

知識・技能	思考・判断・表現	主体的に学習に取り組む態度
・曲想と音楽の構造や曲の背景との関わりについて理解している。 ・楽器の音色や響きと奏法との関わりについて理解している。 ・創意工夫を生かした表現で演奏するために必要な奏法，身体の使い方などの技能を身に付けている。 ・創意工夫を生かし，全体の響きや各声部の音などを聴きながら他者と合わせて演奏する技能を身に付けている。	・音楽を形づくっている要素や要素同士の関連を知覚し，それらの働きが生み出す特質や雰囲気を感受しながら，知覚したことと感受したこととの関わりについて考え，曲にふさわしい器楽表現を創意工夫している。	・音楽活動を楽しみながら主体的・協働的に器楽の学習活動に取り組もうとしている。

A　表現　(3)創作　及び〔共通事項〕(1)

知識・技能	思考・判断・表現	主体的に学習に取り組む態度
・音階や言葉などの特徴及び音のつながり方の特徴について理解している。 ・音素材の特徴及び音の重なり方や反復，変化，対照などの構成上の特徴について理解している。 ・創意工夫を生かした表現で旋律や音楽をつくるために必要な，課題や条件に沿った音の選択や組合せなどの技能を身に付けている。	・音楽を形づくっている要素や要素同士の関連を知覚し，それらの働きが生み出す特質や雰囲気を感受しながら，知覚したことと感受したこととの関わりについて考え，まとまりのある創作表現を創意工夫している。	・音楽活動を楽しみながら主体的・協働的に創作の学習活動に取り組もうとしている。

B　鑑賞　(1)鑑賞　及び〔共通事項〕(1)

知識・技能	思考・判断・表現	主体的に学習に取り組む態度
・曲想と音楽の構造との関わりについて理解している。 ・音楽の特徴とその背景となる文化や歴史，他の芸術との関わりについて理解している。 ・我が国や郷土の伝統音楽及び諸外国の様々な音楽の特徴と，その特徴から生まれる音楽の多様性について理解している。	・音楽を形づくっている要素や要素同士の関連を知覚し，それらの働きが生み出す特質や雰囲気を感受しながら，知覚したことと感受したこととの関わりについて考えるとともに，曲や演奏に対する評価とその根拠について考え，音楽のよさや美しさを味わって聴いている。 ・（上記下線部と同様），生活や社会における音楽の意味や役割について考え，音楽のよさや美しさを味わって聴いている。 ・（上記下線部と同様），音楽表現の共通性や固有性について考え，音楽のよさや美しさを味わって聴いている。	・音楽活動を楽しみながら主体的・協働的に鑑賞の学習活動に取り組もうとしている。

美術　# 内容のまとまりごとの評価規準（例）
第1学年

1　目標と評価の観点及びその趣旨

目標（1）	目標（2）	目標（3）
対象や事象を捉える造形的な視点について理解するとともに，意図に応じて表現方法を工夫して表すことができるようにする。	自然の造形や美術作品などの造形的なよさや美しさ，表現の意図と工夫，機能性と美しさとの調和，美術の働きなどについて考え，主題を生み出し豊かに発想し構想を練ったり，美術や美術文化に対する見方や感じ方を広げたりすることができるようにする。	楽しく美術の活動に取り組み創造活動の喜びを味わい，美術を愛好する心情を培い，心豊かな生活を創造していく態度を養う。

知識・技能	思考・判断・表現	主体的に学習に取り組む態度
・対象や事象を捉える造形的な視点について理解している。 ・意図に応じて表現方法を工夫して表している。	自然の造形や美術作品などの造形的なよさや美しさ，表現の意図と工夫，機能性と美しさとの調和，美術の働きなどについて考えるとともに，主題を生み出し豊かに発想し構想を練ったり，美術や美術文化に対する見方や感じ方を広げたりしている。	美術の創造活動の喜びを味わい楽しく表現及び鑑賞の学習活動に取り組もうとしている。

2　内容のまとまりごとの評価規準（例）

（1）感じ取ったことや考えたことなどを基にした表現　「A表現」（1）ア（2），〔共通事項〕

知識・技能	思考・判断・表現	主体的に学習に取り組む態度
・形や色彩，材料，光などの性質や，それらが感情にもたらす効果などを理解している。 ・造形的な特徴などを基に，全体のイメージや作風などで捉えることを理解している。 ・材料や用具の生かし方などを身に付け，意図に応じて工夫して表している。 ・材料や用具の特性などから制作の順序などを考えながら，見通しをもって表している。	・対象や事象を見つめ感じ取った形や色彩の特徴や美しさ，想像したことなどを基に主題を生み出し，全体と部分との関係などを考え，創造的な構成を工夫し，心豊かに表現する構想を練っている。	・美術の創造活動の喜びを味わい楽しく感じ取ったことや考えたことなどを基にした表現の学習活動に取り組もうとしている。

（2）目的や機能などを考えた表現　「A表現」（1）イ（2），〔共通事項〕

知識・技能	思考・判断・表現	主体的に学習に取り組む態度
・形や色彩，材料，光などの性質や，それらが感情にもたらす効果などを理解している。 ・造形的な特徴などを基に，全体のイメージや作風などで捉えることを理解している。 ・材料や用具の生かし方などを身に付け，意図に応じて工夫して表している。 ・材料や用具の特性などから制作の順序などを考えながら見通しをもって表している。	・構成や装飾の目的や条件などを基に，対象の特徴や用いる場面などから主題を生み出し，美的感覚を働かせて調和のとれた美しさなどを考え，表現の構想を練っている。 ・伝える目的や条件などを基に，伝える相手や内容などから主題を生み出し，分かりやすさと美しさなどとの調和を考え，表現の構想を練っている。 ・使う目的や条件などを基に，使用する者の気持ち，材料などから主題を生み出し，使いやすさや機能と美しさなどとの調和を考え，表現の構想を練っている。	・美術の創造活動の喜びを味わい楽しく目的や機能などを考えた表現の学習活動に取り組もうとしている。

162

（3）作品や美術文化などの鑑賞　「B鑑賞」，〔共通事項〕

知識・技能	思考・判断・表現	主体的に学習に取り組む態度
・形や色彩，材料，光などの性質や，それらが感情にもたらす効果などを理解している。 ・造形的な特徴などを基に，全体のイメージや作風などで捉えることを理解している。	・造形的なよさや美しさを感じ取り，作者の心情や表現の意図と工夫などについて考えるなどして，見方や感じ方を広げている。 ・目的や機能との調和のとれた美しさなどを感じ取り，作者の心情や表現の意図と工夫などについて考えるなどして，見方や感じ方を広げている。 ・身の回りにある自然物や人工物の形や色彩，材料などの造形的な美しさなどを感じ取り，生活を美しく豊かにする美術の働きについて考えるなどして，見方や感じ方を広げている。 ・身近な地域や日本及び諸外国の文化遺産などのよさや美しさなどを感じ取り，美術文化について考えるなどして，見方や感じ方を広げている。	・美術の創造活動の喜びを味わい楽しく作品や美術文化などの鑑賞の学習活動に取り組もうとしている。

第2学年及び第3学年

1　第2学年及び第3学年の目標と評価の観点及びその趣旨

目標（1）	目標（2）	目標（3）
対象や事象を捉える造形的な視点について理解するとともに，意図に応じて自分の表現方法を追求し，創造的に表すことができるようにする。	自然の造形や美術作品などの造形的なよさや美しさ，表現の意図と創造的な工夫，機能性と洗練された美しさとの調和，美術の働きなどについて独創的・総合的に考え，主題を生み出し豊かに発想し構想を練ったり，美術や美術文化に対する見方や感じ方を深めたりすることができるようにする。	主体的に美術の活動に取り組み創造活動の喜びを味わい，美術を愛好する心情を深め，心豊かな生活を創造していく態度を養う。

知識・技能	思考・判断・表現	主体的に学習に取り組む態度
・対象や事象を捉える造形的な視点について理解している。 ・意図に応じて自分の表現方法を追求し，創造的に表している。	自然の造形や美術作品などの造形的なよさや美しさ，表現の意図と創造的な工夫，機能性と洗練された美しさとの調和，美術の働きなどについて独創的・総合的に考えるとともに，主題を生み出し豊かに発想し構想を練ったり，美術や美術文化に対する見方や感じ方を深めたりしている。	美術の創造活動の喜びを味わい主体的に表現及び鑑賞の学習活動に取り組もうとしている。

2　内容のまとまりごとの評価規準（例）

（1）感じ取ったことや考えたことなどを基にした表現　「A表現」（1）ア（2），〔共通事項〕

知識・技能	思考・判断・表現	主体的に学習に取り組む態度
・形や色彩，材料，光などの性質や，それらが感情にもたらす効果などを理解している。 ・造形的な特徴などを基に，全体のイメージや作風などで捉えることを理解している。 ・材料や用具の特性を生かし，意図に応じて自分の表現方法を追求して創造的に表している。 ・材料や用具，表現方法の特性などから制作の順序などを総合的に考えながら，見通しをもって表している。	・対象や事象を深く見つめ感じ取ったことや考えたこと，夢，想像や感情などの心の世界などを基に主題を生み出し，単純化や省略，強調，材料の組合せなどを考え，創造的な構成を工夫し，心豊かに表現する構想を練っている。	・美術の創造活動の喜びを味わい主体的に感じ取ったことや考えたことなどを基にした表現の学習活動に取り組もうとしている。

（2）目的や機能などを考えた表現 「Ａ表現」（1）イ（2），〔共通事項〕

知識・技能	思考・判断・表現	主体的に学習に取り組む態度
・形や色彩，材料，光などの性質や，それらが感情にもたらす効果などを理解している。 ・造形的な特徴などを基に，全体のイメージや作風などで捉えることを理解している。 ・材料や用具の特性を生かし，意図に応じて自分の表現方法を追求して創造的に表している。 ・材料や用具，表現方法の特性などから制作の順序などを総合的に考えながら，見通しをもって表している。	・構成や装飾の目的や条件などを基に，用いる場面や環境，社会との関わりなどから主題を生み出し，美的感覚を働かせて調和のとれた洗練された美しさなどを総合的に考え，表現の構想を練っている。 ・伝える目的や条件などを基に，伝える相手や内容，社会との関わりなどから主題を生み出し，伝達の効果と美しさなどとの調和を総合的に考え，表現の構想を練っている。 ・使う目的や条件などを基に，使用する者の立場，社会との関わり，機知やユーモアなどから主題を生み出し，使いやすさや機能と美しさなどとの調和を総合的に考え，表現の構想を練っている。	・美術の創造活動の喜びを味わい主体的に目的や機能などを考えた表現の学習活動に取り組もうとしている。

（3）作品や美術文化などの鑑賞 「Ｂ鑑賞」，〔共通事項〕

知識・技能	思考・判断・表現	主体的に学習に取り組む態度
・形や色彩，材料，光などの性質や，それらが感情にもたらす効果などを理解している。 ・造形的な特徴などを基に，全体のイメージや作風などで捉えることを理解している。	・造形的なよさや美しさを感じ取り，作者の心情や表現の意図と創造的な工夫などについて考えるなどして，美意識を高め，見方や感じ方を深めている。 ・目的や機能との調和のとれた洗練された美しさなどを感じ取り，作者の心情や表現の意図と創造的な工夫などについて考えるなどして，美意識を高め，見方や感じ方を深めている。 ・身近な環境の中に見られる造形的な美しさなどを感じ取り，安らぎや自然との共生などの視点から生活や社会を美しく豊かにする美術の働きについて考えるなどして，見方や感じ方を深めている。 ・日本の美術作品や受け継がれてきた表現の特質などから，伝統や文化のよさや美しさを感じ取り，諸外国の美術や文化との相違点や共通点に気付き，美術を通した国際理解や美術文化の継承と創造について考えるなどして，見方や感じ方を深めている。	・美術の創造活動の喜びを味わい主体的に作品や美術文化などの鑑賞の学習活動に取り組もうとしている。

内容のまとまりごとの評価規準（例）
体育分野　第1学年及び第2学年

1　目標と評価の観点及びその趣旨

目標（1）	目標（2）	目標（3）
運動の合理的な実践を通して，運動の楽しさや喜びを味わい，運動を豊かに実践することができるようにするため，運動，体力の必要性について理解するとともに，基本的な技能を身に付けるようにする。	運動についての自己の課題を発見し，合理的な解決に向けて思考し判断するとともに，自己や仲間の考えたことを他者に伝える力を養う。	運動における競争や協働の経験を通して，公正に取り組む，互いに協力する，自己の役割を果たす，一人一人の違いを認めようとするなどの意欲を育てるとともに，健康・安全に留意し，自己の最善を尽くして運動をする態度を養う。
知識・技能	**思考・判断・表現**	**主体的に学習に取り組む態度**
各運動の特性や成り立ち，技の名称や行い方，伝統的な考え方，各領域に関連して高まる体力，健康・安全の留意点についての具体的な方法及び運動やスポーツの多様性，運動やスポーツの意義や効果と学び方や安全な行い方についての考え方を理解しているとともに，各領域の運動の特性に応じた基本的な技能を身に付けている。	運動を豊かに実践するための自己の課題を発見し，合理的な解決に向けて，課題に応じた運動の取り組み方や目的に応じた運動の組み合わせ方を工夫しているとともに，自己や仲間の考えたことを他者に伝えている。	運動の楽しさや喜びを味わうことができるよう，公正，協力，責任，共生などに対する意欲をもち，健康・安全に留意して，学習に積極的に取り組もうとしている。

2　内容のまとまりごとの評価規準（例）

A　体つくり運動

知識・技能	思考・判断・表現	主体的に学習に取り組む態度
○知識 ・体つくり運動の意義と行い方，体の動きを高める方法などについて理解している。 ※「体つくり運動」の体ほぐしの運動は，技能の習得・向上をねらいとするものでないこと，体の動きを高める運動は，ねらいに応じて運動を行うことが主な目的となることから，「技能」の評価規準は設定していない。	・自己の課題を発見し，合理的な解決に向けて運動の取り組み方を工夫するとともに，自己や仲間の考えたことを他者に伝えている。	・体つくり運動に積極的に取り組むとともに，仲間の学習を援助しようとすること，一人一人の違いに応じた動きなどを認めようとすること，話合いに参加しようとすることなどをしたり，健康・安全に気を配ったりしている。

B　器械運動

知識・技能	思考・判断・表現	主体的に学習に取り組む態度
○知識 ・器械運動の特性や成り立ち，技の名称や行い方，その運動に関連して高まる体力などについて理解している。 ○技能 ・マット運動では，回転系や巧技系の基本的な技を滑らかに行うこと，条件を変えた技や発展技を行うこと及びそれらを組み合わせることができる。 ・鉄棒運動では，支持系や懸垂系の基本的な技を滑らかに行うこと，条件を変えた技や発展技を行うこと及びそれらを組み合わせることができる。 ・平均台運動では，体操系やバランス系の基本的な技を滑らかに行うこと，条件を変えた技や発展技を行うこと及びそれらを組み合わせることができる。 ・跳び箱運動では，切り返し系や回転系の基本的な技を滑らかに行うこと，条件を変えた技や発展技を行うことができる。	・技などの自己の課題を発見し，合理的な解決に向けて運動の取り組み方を工夫するとともに，自己の考えたことを他者に伝えている。	・器械運動に積極的に取り組むとともに，よい演技を認めようとすること，仲間の学習を援助しようとすること，一人一人の違いに応じた課題や挑戦を認めようとすることなどをしたり，健康・安全に気を配ったりしている。

C　陸上競技

知識・技能	思考・判断・表現	主体的に学習に取り組む態度
○知識 ・陸上競技の特性や成り立ち，技術の名称や行い方，その運動に関連して高まる体力などについて理解している。 ○技能 ・短距離走・リレーでは，滑らかな動きで速く走ることやバトンの受渡しでタイミングを合わせることができる。 ・長距離走では，ペースを守って走ることができる。 ・ハードル走では，リズミカルな走りから滑らかにハードルを越すことができる。 ・走り幅跳びでは，スピードに乗った助走から素早く踏み切って跳ぶことができる。 ・走り高跳びでは，リズミカルな助走から力強く踏み切って大きな動作で跳ぶことができる。	・動きなどの自己の課題を発見し，合理的な解決に向けて運動の取り組み方を工夫するとともに，自己の考えたことを他者に伝えている。	・陸上競技に積極的に取り組むとともに，勝敗などを認め，ルールやマナーを守ろうとすること，分担した役割を果たそうとすること，一人一人の違いに応じた課題や挑戦を認めようとすることなどをしたり，健康・安全に気を配ったりしている。

D　水泳

知識・技能	思考・判断・表現	主体的に学習に取り組む態度
○知識 ・水泳の特性や成り立ち，技術の名称や行い方，その運動に関連して高まる体力などについて理解している。 ○技能 ・クロールでは，手と足の動き，呼吸のバランスをとり速く泳ぐことができる。 ・平泳ぎでは，手と足の動き，呼吸のバランスをとり長く泳ぐことができる。 ・背泳ぎでは，手と足の動き，呼吸のバランスをとり泳ぐことができる。 ・バタフライでは，手と足の動き，呼吸のバランスをとり泳ぐことができる。	・泳法などの自己の課題を発見し，合理的な解決に向けて運動の取り組み方を工夫するとともに，自己の考えたことを他者に伝えている。	・水泳に積極的に取り組むとともに，勝敗などを認め，ルールやマナーを守ろうとすること，分担した役割を果たそうとすること，一人一人の違いに応じた課題や挑戦を認めようとすることなどをしたり，水泳の事故防止に関する心得を遵守するなど健康・安全に気を配ったりしている。

E　球技

知識・技能	思考・判断・表現	主体的に学習に取り組む態度
○知識 ・球技の特性や成り立ち，技術の名称や行い方，その運動に関連して高まる体力などについて理解している。 ○技能 ・ゴール型では，ボール操作と空間に走り込むなどの動きによってゴール前での攻防をすることができる。 ・ネット型では，ボールや用具の操作と定位置に戻るなどの動きによって空いた場所をめぐる攻防をすることができる。 ・ベースボール型では，基本的なバット操作と走塁での攻撃，ボール操作と定位置での守備などによって攻防をすることができる。	・攻防などの自己の課題を発見し，合理的な解決に向けて運動の取り組み方を工夫するとともに，自己や仲間の考えたことを他者に伝えている。	・球技に積極的に取り組むとともに，フェアなプレイを守ろうとすること，作戦などについての話合いに参加しようとすること，一人一人の違いに応じたプレイなどを認めようとすること，仲間の学習を援助しようとすることなどをしたり，健康・安全に気を配ったりしている。

F　武道

知識・技能	思考・判断・表現	主体的に学習に取り組む態度
○知識 ・武道の特性や成り立ち，伝統的な考え方，技の名称や行い方，その運動に関連して高まる体力などについて理解している。 ○技能 ・柔道では，相手の動きに応じた基本動作や基本となる技を用いて，投げたり抑えたりするなどの簡易な攻防をすることができる。 ・剣道では，相手の動きに応じた基本動作や基本となる技を用いて，打ったり受けたりするなどの簡易な攻防をすることができる。 ・相撲では，相手の動きに応じた基本動作や基本となる技を用いて，押したり寄ったりするなどの簡易な攻防をすることができる。	・攻防などの自己の課題を発見し，合理的な解決に向けて運動の取り組み方を工夫するとともに，自己の考えたことを他者に伝えている。	・武道に積極的に取り組むとともに，相手を尊重し，伝統的な行動の仕方を守ろうとすること，分担した役割を果たそうとすること，一人一人の違いに応じた課題や挑戦を認めようとすることなどをしたり，禁じ技を用いないなど健康・安全に気を配ったりしている。

G　ダンス

知識・技能	思考・判断・表現	主体的に学習に取り組む態度
○知識 ・ダンスの特性や由来，表現の仕方，その運動に関連して高まる体力などについて理解している。 ○技能 ・創作ダンスでは，多様なテーマから表したいイメージを捉え，動きに変化を付けて即興的に表現したり，変化のあるひとまとまりの表現にしたりして踊ることができる。 ・フォークダンスでは，日本の民踊や外国の踊りから，それらの踊り方の特徴を捉え，音楽に合わせて特徴的なステップや動きで踊ることができる。 ・現代的なリズムのダンスでは，リズムの特徴を捉え，変化のある動きを組み合わせて，リズムに乗って全身で踊ることができる。	・表現などの自己の課題を発見し，合理的な解決に向けて運動の取り組み方を工夫するとともに，自己や仲間の考えたことを他者に伝えている。	・ダンスに積極的に取り組むとともに，仲間の学習を援助しようとすること，交流などの話合いに参加しようとすること，一人一人の違いに応じた表現や役割を認めようとすることなどをしたり，健康・安全に気を配ったりしている。

H　体育理論
（1）運動やスポーツの多様性

知識・技能	思考・判断・表現	主体的に学習に取り組む態度
○知識 ・運動やスポーツが多様であることについて理解している。 ※体育理論については「技能」に係る評価の対象がないことから，「技能」の評価規準は設定していない。	・運動やスポーツが多様であることについて，自己の課題を発見し，よりよい解決に向けて思考し判断するとともに，他者に伝えている。	・運動やスポーツが多様であることについての学習に積極的に取り組もうとしている。

（2）運動やスポーツの意義や効果と学び方や安全な行い方

知識・技能	思考・判断・表現	主体的に学習に取り組む態度
○知識 ・運動やスポーツの意義や効果と学び方や安全な行い方について理解している。 ※体育理論については「技能」に係る評価の対象がないことから，「技能」の評価規準は設定していない。	・運動やスポーツの意義や効果と学び方や安全な行い方について，自己の課題を発見し，よりよい解決に向けて思考し判断するとともに，他者に伝えている。	・運動やスポーツの意義や効果と学び方や安全な行い方についての学習に積極的に取り組もうとしている。

保健体育

国立教育政策研究所「内容のまとまりごとの評価規準（例）」

体育分野　第3学年

1　目標と評価の観点及びその趣旨

目標（1）	目標（2）	目標（3）
運動の合理的な実践を通して，運動の楽しさや喜びを味わい，生涯にわたって運動を豊かに実践することができるようにするため，運動，体力の必要性について理解するとともに，基本的な技能を身に付けるようにする。	運動についての自己や仲間の課題を発見し，合理的な解決に向けて思考し判断するとともに，自己や仲間の考えたことを他者に伝える力を養う。	運動における競争や協働の経験を通して，公正に取り組む，互いに協力する，自己の責任を果たす，参画する，一人一人の違いを大切にしようとするなどの意欲を育てるとともに，健康・安全を確保して，生涯にわたって運動に親しむ態度を養う。

知識・技能	思考・判断・表現	主体的に学習に取り組む態度
選択した運動の技の名称や行い方，体力の高め方，運動観察の方法，スポーツを行う際の健康・安全の確保の仕方についての具体的な方法及び文化としてのスポーツの意義についての考え方を理解しているとともに，選択した領域の運動の特性に応じた基本的な技能を身に付けている。	生涯にわたって運動を豊かに実践するための自己や仲間の課題を発見し，合理的な解決に向けて，課題に応じた運動の取り組み方や目的に応じた運動の組み合わせ方を工夫しているとともに，自己や仲間の考えたことを他者に伝えている。	運動の楽しさや喜びを味わうことができるよう，公正，協力，責任，参画，共生などに対する意欲をもち，健康・安全を確保して，学習に自主的に取り組もうとしている。

2　内容のまとまりごとの評価規準（例）

A　体つくり運動

知識・技能	思考・判断・表現	主体的に学習に取り組む態度
○知識 ・運動を継続する意義，体の構造，運動の原則などについて理解している。 ※「体つくり運動」の体ほぐしの運動は，技能の習得・向上をねらいとするものでないこと，実生活に生かす運動の計画は，運動の計画を立てることが主な目的となることから，「技能」の評価規準は設定していない。	・自己や仲間の課題を発見し，合理的な解決に向けて運動の取り組み方を工夫するとともに，自己や仲間の考えたことを他者に伝えている。	・体つくり運動に自主的に取り組むとともに，互いに助け合い教え合おうとすること，一人一人の違いに応じた動きなどを大切にしようとすること，話合いに貢献しようとすることなどをしたり，健康・安全を確保したりしている。

B　器械運動

知識・技能	思考・判断・表現	主体的に学習に取り組む態度
○知識 ・技の名称や行い方，運動観察の方法，体力の高め方などについて理解している。 ○技能 ・マット運動では，回転系や巧技系の基本的な技を滑らかに安定して行うこと，条件を変えた技や発展技を行うこと及びそれらを構成し演技することができる。 ・鉄棒運動では，支持系や懸垂系の基本的な技を滑らかに安定して行うこと，条件を変えた技や発展技を行うこと及びそれらを構成し演技することができる。 ・平均台運動では，体操系やバランス系の基本的な技を滑らかに安定して行うこと，条件を変えた技や発展技を行うこと及びそれらを構成し演技することができる。 ・跳び箱運動では，切り返し系や回転系の基本的な技を滑らかに安定して行うこと，条件を変えた技や発展技を行うことができる。	・技などの自己や仲間の課題を発見し，合理的な解決に向けて運動の取り組み方を工夫するとともに，自己の考えたことを他者に伝えている。	・器械運動に自主的に取り組むとともに，よい演技を讃えようとすること，互いに助け合い教え合おうとすること，一人一人の違いに応じた課題や挑戦を大切にしようとすることなどをしたり，健康・安全を確保したりしている。

C　陸上競技

知識・技能	思考・判断・表現	主体的に学習に取り組む態度
○知識 ・技術の名称や行い方，体力の高め方，運動観察の方法などについて理解している。 ○技能 ・短距離走・リレーでは，中間走へのつなぎを滑らかにして速く走ることやバトンの受渡しで次走者のスピードを十分高めることができる。 ・長距離走では，自己に適したペースを維持して走ることができる。 ・ハードル走では，スピードを維持した走りからハードルを低く越すことができる。 ・走り幅跳びでは，スピードに乗った助走から力強く踏み切って跳ぶことができる。 ・走り高跳びでは，リズミカルな助走から力強く踏み切り滑らかな空間動作で跳ぶことができる。	・動きなどの自己や仲間の課題を発見し，合理的な解決に向けて運動の取り組み方を工夫するとともに，自己の考えたことを他者に伝えている。	・陸上競技に自主的に取り組むとともに，勝敗などを冷静に受け止め，ルールやマナーを大切にしようとすること，自己の責任を果たそうとすること，一人一人の違いに応じた課題や挑戦を大切にしようとすることなどをしたり，健康・安全を確保したりしている。

D　水泳

知識・技能	思考・判断・表現	主体的に学習に取り組む態度
○知識 ・技術の名称や行い方，体力の高め方，運動観察の方法などについて理解している。 ○技能 ・クロールでは，手と足の動き，呼吸のバランスを保ち，安定したペースで長く泳いだり速く泳いだりすることができる。 ・平泳ぎでは，手と足の動き，呼吸のバランスを保ち，安定したペースで長く泳いだり速く泳いだりすることができる。 ・背泳ぎでは，手と足の動き，呼吸のバランスを保ち，安定したペースで泳ぐことができる。 ・バタフライでは，手と足の動き，呼吸のバランスを保ち，安定したペースで泳ぐことができる。 ・複数の泳法で泳ぐこと，又はリレーをすることができる。	・泳法などの自己や仲間の課題を発見し，合理的な解決に向けて運動の取り組み方を工夫するとともに，自己の考えたことを他者に伝えている。	・水泳に自主的に取り組むとともに，勝敗などを冷静に受け止め，ルールやマナーを大切にしようとすること，自己の責任を果たそうとすること，一人一人の違いに応じた課題や挑戦を大切にしようとすることなどをしたり，水泳の事故防止に関する心得を遵守するなど健康・安全を確保したりしている。

E　球技

知識・技能	思考・判断・表現	主体的に学習に取り組む態度
○知識 ・技術の名称や行い方，体力の高め方，運動観察の方法などについて理解している。 ○技能 ・ゴール型では，安定したボール操作と空間を作りだすなどの動きによってゴール前への侵入などから攻防をすることができる。 ・ネット型では，役割に応じたボール操作や安定した用具の操作と連携した動きによって空いた場所をめぐる攻防をすることができる。 ・ベースボール型では，安定したバット操作と走塁での攻撃，ボール操作と連携した守備などによって攻防をすることができる。	・攻防などの自己やチームの課題を発見し，合理的な解決に向けて運動の取り組み方を工夫するとともに，自己や仲間の考えたことを他者に伝えている。	・球技に自主的に取り組むとともに，フェアなプレイを大切にしようとすること，作戦などについての話合いに貢献しようとすること，一人一人の違いに応じたプレイなどを大切にしようとすること，互いに助け合い教え合おうとすることなどをしたり，健康・安全を確保したりしている。

国立教育政策研究所「内容のまとまりごとの評価規準（例）」

F　武道

知識・技能	思考・判断・表現	主体的に学習に取り組む態度
○知識 ・伝統的な考え方，技の名称や見取り稽古の仕方，体力の高め方などについて理解している。 ○技能 ・柔道では，相手の動きの変化に応じた基本動作や基本となる技，連絡技を用いて，相手を崩して投げたり，抑えたりするなどの攻防をすることができる。 ・剣道では，相手の動きの変化に応じた基本動作や基本となる技を用いて，相手の構えを崩し，しかけたり応じたりするなどの攻防をすることができる。 ・相撲では，相手の動きの変化に応じた基本動作や基本となる技を用いて，相手を崩し，投げたりいなしたりするなどの攻防をすることができる。	・攻防などの自己や仲間の課題を発見し，合理的な解決に向けて運動の取り組み方を工夫するとともに，自己の考えたことを他者に伝えている。	・武道に自主的に取り組むとともに，相手を尊重し，伝統的な行動の仕方を大切にしようとすること，自己の責任を果たそうとすること，一人一人の違いに応じた課題や挑戦を大切にしようとすることなどをしたり，健康・安全を確保したりしている。

G　ダンス

知識・技能	思考・判断・表現	主体的に学習に取り組む態度
○知識 ・ダンスの名称や用語，踊りの特徴と表現の仕方，交流や発表の仕方，運動観察の方法，体力の高め方などについて理解している。 ○技能 ・創作ダンスでは，表したいテーマにふさわしいイメージを捉え，個や群で，緩急強弱のある動きや空間の使い方で変化を付けて即興的に表現したり，簡単な作品にまとめたりして踊ることができる。 ・フォークダンスでは，日本の民踊や外国の踊りから，それらの踊り方の特徴を捉え，音楽に合わせて特徴的なステップや動きと組み方で踊ることができる。 ・現代的なリズムのダンスでは，リズムの特徴を捉え，変化とまとまりを付けて，リズムに乗って全身で踊ることができる。	・表現などの自己や仲間の課題を発見し，合理的な解決に向けて運動の取り組み方を工夫するとともに，自己や仲間の考えたことを他者に伝えている。	・ダンスに自主的に取り組むとともに，互いに助け合い教え合おうとすること，作品や発表などの話合いに貢献しようとすること，一人一人の違いに応じた表現や役割を大切にしようとすることなどをしたり，健康・安全を確保したりしている。

H　体育理論
（1）文化としてのスポーツの意義

知識・技能	思考・判断・表現	主体的に学習に取り組む態度
○知識 ・文化としてのスポーツの意義について理解している。 ※体育理論については「技能」に係る評価の対象がないことから，「技能」の評価規準は設定していない。	・文化としてのスポーツの意義について，自己の課題を発見し，よりよい解決に向けて思考し判断するとともに，他者に伝えている。	・文化としてのスポーツの意義についての学習に自主的に取り組もうとしている。

保健分野

1　目標と評価の観点及びその趣旨

目標（1）	目標（2）	目標（3）
個人生活における健康・安全について理解するとともに，基本的な技能を身に付けるようにする。	健康についての自他の課題を発見し，よりよい解決に向けて思考し判断するとともに，他者に伝える力を養う。	生涯を通じて心身の健康の保持増進を目指し，明るく豊かな生活を営む態度を養う。

知識・技能	思考・判断・表現	主体的に学習に取り組む態度
健康な生活と疾病の予防，心身の機能の発達と心の健康，傷害の防止，健康と環境について，個人生活を中心として科学的に理解しているとともに，基本的な技能を身に付けている。	健康な生活と疾病の予防，心身の機能の発達と心の健康，傷害の防止，健康と環境について，個人生活における健康に関する課題を発見し，その解決を目指して科学的に思考し判断しているとともに，それらを他者に伝えている。	健康な生活と疾病の予防，心身の機能の発達と心の健康，傷害の防止，健康と環境について，自他の健康の保持増進や回復についての学習に自主的に取り組もうとしている。

2　内容のまとまりごとの評価規準（例）

第1・2・3学年　【健康な生活と疾病の予防】

知識・技能	思考・判断・表現	主体的に学習に取り組む態度
・健康は，主体と環境の相互作用の下に成り立っていること。また，疾病は，主体の要因と環境の要因が関わり合って発生することを理解している。 ・健康の保持増進には，年齢，生活環境等に応じた運動，食事，休養及び睡眠の調和のとれた生活を続ける必要があることを理解している。 ・生活習慣病などは，運動不足，食事の量や質の偏り，休養や睡眠の不足などの生活習慣の乱れが主な要因となって起こること。また，生活習慣病の多くは，適切な運動，食事，休養及び睡眠の調和のとれた生活を実践することによって予防できることを理解している。 ・喫煙，飲酒，薬物乱用などの行為は，心身に様々な影響を与え，健康を損なう原因となること。また，これらの行為には，個人の心理状態や人間関係，社会環境が影響することから，それぞれの要因に適切に対処する必要があることを理解している。 ・感染症は，病原体が主な要因となって発生すること。また，感染症の多くは，発生源をなくすこと，感染経路を遮断すること，主体の抵抗力を高めることによって予防できることを理解している。 ・健康の保持増進や疾病の予防のためには，個人や社会の取組が重要であり，保健・医療機関を有効に利用することが必要であること。また，医薬品は，正しく使用することを理解している。	・健康な生活と疾病の予防について，課題を発見し，その解決に向けて思考し判断しているとともに，それらを表現している。	・健康な生活と疾病の予防についての学習に自主的に取り組もうとしている。

第1学年【心身の機能の発達と心の健康】

知識・技能	思考・判断・表現	主体的に学習に取り組む態度
・身体には，多くの器官が発育し，それに伴い，様々な機能が発達する時期があること。また，発育・発達の時期やその程度には，個人差があることを理解している。 ・思春期には，内分泌の働きによって生殖に関わる機能が成熟すること。また，成熟に伴う変化に対応した適切な行動が必要となることを理解している。 ・知的機能，情意機能，社会性などの精神機能は，生活経験などの影響を受けて発達すること。また，思春期においては，自己の認識が深まり，自己形成がなされることを理解している。 ・精神と身体は，相互に影響を与え，関わっていること。欲求やストレスは，心身に影響を与えることがあること。また，心の健康を保つには，欲求やストレスに適切に対処する必要があることを理解しているとともに，それらに対処する技能を身に付けている。	・心身の機能の発達と心の健康について，課題を発見し，その解決に向けて思考し判断しているとともに，それらを表現している。	・心身の機能の発達と心の健康についての学習に自主的に取り組もうとしている。

第2学年【傷害の防止】

知識・技能	思考・判断・表現	主体的に学習に取り組む態度
・交通事故や自然災害などによる傷害は，人的要因や環境要因などが関わって発生することを理解している。 ・交通事故などによる傷害の多くは，安全な行動，環境の改善によって防止できることを理解している。 ・自然災害による傷害は，災害発生時だけでなく，二次災害によっても生じること。また，自然災害による傷害の多くは，災害に備えておくこと，安全に避難することによって防止できることを理解している。 ・応急手当を適切に行うことによって，傷害の悪化を防止することができることを理解しているとともに，心肺蘇生法などの技能を身に付けている。	・傷害の防止について，危険の予測やその回避の方法を考えているとともに，それらを表現している。	・傷害の防止についての学習に自主的に取り組もうとしている。

第3学年【健康と環境】

知識・技能	思考・判断・表現	主体的に学習に取り組む態度
・身体には，環境に対してある程度まで適応能力があること。身体の適応能力を超えた環境は，健康に影響を及ぼすことがあること。また，快適で能率のよい生活を送るための温度，湿度や明るさには一定の範囲があることを理解している。 ・飲料水や空気は，健康と密接な関わりがあること。また，飲料水や空気を衛生的に保つには，基準に適合するよう管理する必要があることを理解している。 ・人間の生活によって生じた廃棄物は，環境の保全に十分配慮し，環境を汚染しないように衛生的に処理する必要があることを理解している。	・健康と環境に関する情報から課題を発見し，その解決に向けて思考し判断しているとともに，それらを表現している。	・健康と環境についての学習に自主的に取り組もうとしている。

内容のまとまりごとの評価規準（例）
技術分野

1 目標と評価の観点及びその趣旨

目標（1）	目標（2）	目標（3）
生活や社会で利用されている材料，加工，生物育成，エネルギー変換及び情報の技術についての基礎的な理解を図るとともに，それらに係る技能を身に付け，技術と生活や社会，環境との関わりについて理解を深める。	生活や社会の中から技術に関わる問題を見いだして課題を設定し，解決策を構想し，製作図等に表現し，試作等を通じて具体化し，実践を評価・改善するなど，課題を解決する力を養う。	よりよい生活の実現や持続可能な社会の構築に向けて，適切かつ誠実に技術を工夫し創造しようとする実践的な態度を養う。

知識・技能	思考・判断・表現	主体的に学習に取り組む態度
生活や社会で利用されている技術について理解しているとともに，それらに係る技能を身に付け，技術と生活や社会，環境との関わりについて理解している。	生活や社会の中から技術に関わる問題を見いだして課題を設定し，解決策を構想し，実践を評価・改善し，表現するなどして課題を解決する力を身に付けている。	よりよい生活の実現や持続可能な社会の構築に向けて，課題の解決に主体的に取り組んだり，振り返って改善したりして，技術を工夫し創造しようとしている。

2 内容のまとまりごとの評価規準（例）

A 材料と加工の技術
（1）生活や社会を支える材料と加工の技術

知識・技能	思考・判断・表現	主体的に学習に取り組む態度
材料や加工の特性等の原理・法則と，材料の製造・加工方法等の基礎的な技術の仕組みについて理解している。	材料と加工の技術に込められた問題解決の工夫について考えている。	主体的に材料と加工の技術について考え，理解しようとしている。

（2）材料と加工の技術による問題の解決

知識・技能	思考・判断・表現	主体的に学習に取り組む態度
製作に必要な図をかき，安全・適切な製作や検査・点検等ができる技能を身に付けている。	問題を見いだして課題を設定し，材料の選択や成形の方法等を構想して設計を具体化するとともに，製作の過程や結果の評価，改善及び修正について考えている。	よりよい生活の実現や持続可能な社会の構築に向けて，課題の解決に主体的に取り組んだり，振り返って改善したりしようとしている。

（3）社会の発展と材料と加工の技術

知識・技能	思考・判断・表現	主体的に学習に取り組む態度
生活や社会，環境との関わりを踏まえて，材料と加工の技術の概念を理解している。	材料と加工の技術を評価し，適切な選択と管理・運用の在り方や，新たな発想に基づく改良と応用について考えている。	よりよい生活の実現や持続可能な社会の構築に向けて，材料と加工の技術を工夫し創造しようとしている。

B 生物育成の技術
（1）生活や社会を支える生物育成の技術

知識・技能	思考・判断・表現	主体的に学習に取り組む態度
育成する生物の成長，生態の特性等の原理・法則と，育成環境の調節方法等の基礎的な技術の仕組みについて理解している。	生物育成の技術に込められた問題解決の工夫について考えている。	主体的に生物育成の技術について考え，理解しようとしている。

（2）生物育成の技術による問題の解決

知識・技能	思考・判断・表現	主体的に学習に取り組む態度
安全・適切な栽培又は飼育，検査等ができる技能を身に付けている。	問題を見いだして課題を設定し，育成環境の調節方法を構想して育成計画を立てるとともに，栽培又は飼育の過程や結果の評価，改善及び修正について考えている。	よりよい生活の実現や持続可能な社会の構築に向けて，課題の解決に主体的に取り組んだり，振り返って改善したりしようとしている。

（3）社会の発展と生物育成の技術

知識・技能	思考・判断・表現	主体的に学習に取り組む態度
生活や社会，環境との関わりを踏まえて，生物育成の技術の概念を理解している。	生物育成の技術を評価し，適切な選択と管理・運用の在り方や，新たな発想に基づく改良と応用について考えている。	よりよい生活の実現や持続可能な社会の構築に向けて，生物育成の技術を工夫し創造しようとしている。

C　エネルギー変換の技術
（1）生活や社会を支えるエネルギー変換の技術

知識・技能	思考・判断・表現	主体的に学習に取り組む態度
電気，運動，熱の特性等の原理・法則と，エネルギーの変換や伝達等に関わる基礎的な技術の仕組み及び保守点検の必要性について理解している。	エネルギー変換の技術に込められた問題解決の工夫について考えている。	主体的にエネルギー変換の技術について考え，理解しようとしている。

（2）エネルギー変換の技術による問題の解決

知識・技能	思考・判断・表現	主体的に学習に取り組む態度
安全・適切な製作，実装，点検及び調整等ができる技能を身に付けている。	問題を見いだして課題を設定し，電気回路又は力学的な機構等を構想して設計を具体化するとともに，製作の過程や結果の評価，改善及び修正について考えている。	よりよい生活の実現や持続可能な社会の構築に向けて，課題の解決に主体的に取り組んだり，振り返って改善したりしようとしている。

（3）社会の発展とエネルギー変換の技術

知識・技能	思考・判断・表現	主体的に学習に取り組む態度
生活や社会，環境との関わりを踏まえて，エネルギー変換の技術の概念を理解している。	エネルギー変換の技術を評価し，適切な選択と管理・運用の在り方や，新たな発想に基づく改良と応用について考えている。	よりよい生活の実現や持続可能な社会の構築に向けて，エネルギー変換の技術を工夫し創造しようとしている。

D　情報の技術
（1）生活や社会を支える情報の技術

知識・技能	思考・判断・表現	主体的に学習に取り組む態度
情報の表現，記録，計算，通信の特性等の原理・法則と，情報のデジタル化や処理の自動化，システム化，情報セキュリティ等に関わる基礎的な技術の仕組み及び情報モラルの必要性について理解している。	情報の技術に込められた問題解決の工夫について考えている。	主体的に情報の技術について考え，理解しようとしている。

（2）ネットワークを利用した双方向性のあるコンテンツのプログラミングによる問題の解決

知識・技能	思考・判断・表現	主体的に学習に取り組む態度
情報通信ネットワークの構成と，情報を利用するための基本的な仕組みを理解し，安全・適切なプログラムの制作，動作の確認及びデバッグ等ができる技能を身に付けている。	問題を見いだして課題を設定し，使用するメディアを複合する方法とその効果的な利用方法等を構想して情報処理の手順を具体化するとともに，制作の過程や結果の評価，改善及び修正について考えている。	よりよい生活の実現や持続可能な社会の構築に向けて，課題の解決に主体的に取り組んだり，振り返って改善したりしようとしている。

（3）計測・制御のプログラミングによる問題の解決

知識・技能	思考・判断・表現	主体的に学習に取り組む態度
計測・制御システムの仕組みを理解し，安全・適切なプログラムの制作，動作の確認及びデバッグ等ができる技能を身に付けている。	問題を見いだして課題を設定し，入出力されるデータの流れを元に計測・制御システムを構想して情報処理の手順を具体化するとともに，制作の過程や結果の評価，改善及び修正について考えている。	よりよい生活の実現や持続可能な社会の構築に向けて，課題の解決に主体的に取り組んだり，振り返って改善したりしようとしている。

（4）社会の発展と情報の技術

知識・技能	思考・判断・表現	主体的に学習に取り組む態度
生活や社会，環境との関わりを踏まえて，情報の技術の概念を理解している。	情報の技術を評価し，適切な選択と管理・運用の在り方や，新たな発想に基づく改良と応用について考えている。	よりよい生活の実現や持続可能な社会の構築に向けて，情報の技術を工夫し創造しようとしている。

家庭分野

1 目標と評価の観点及びその趣旨

目標（1）	目標（2）	目標（3）
家族・家庭の機能について理解を深め，家族・家庭，衣食住，消費や環境などについて，生活の自立に必要な基礎的な理解を図るとともに，それらに係る技能を身に付けるようにする。	家族・家庭や地域における生活の中から問題を見いだして課題を設定し，解決策を構想し，実践を評価・改善し，考察したことを論理的に表現するなど，これからの生活を展望して課題を解決する力を養う。	自分と家族，家庭生活と地域との関わりを考え，家族や地域の人々と協働し，よりよい生活の実現に向けて，生活を工夫し創造しようとする実践的な態度を養う。

知識・技能	思考・判断・表現	主体的に学習に取り組む態度
家族・家庭の基本的な機能について理解を深め，生活の自立に必要な家族・家庭，衣食住，消費や環境などについて理解しているとともに，それらに係る技能を身に付けている。	これからの生活を展望し，家族・家庭や地域における生活の中から問題を見いだして課題を設定し，解決策を構想し，実践を評価・改善し，考察したことを論理的に表現するなどして課題を解決する力を身に付けている。	家族や地域の人々と協働し，よりよい生活の実現に向けて，課題の解決に主体的に取り組んだり，振り返って改善したりして，生活を工夫し創造し，実践しようとしている。

2 内容のまとまりごとの評価規準（例）

A 家族・家庭生活
（1）自分の成長と家族・家庭生活

知識・技能	思考・判断・表現	主体的に学習に取り組む態度
自分の成長と家族や家庭生活との関わりが分かり，家族・家庭の基本的な機能について理解しているとともに，家族や地域の人々と協力・協働して家庭生活を営む必要があることに気付いている。		

（2）幼児の生活と家族

知識・技能	思考・判断・表現	主体的に学習に取り組む態度
・幼児の発達と生活の特徴が分かり，子供が育つ環境としての家族の役割について理解している。 ・幼児にとっての遊びの意義や幼児との関わり方について理解している。	幼児との関わり方について問題を見いだして課題を設定し，解決策を構想し，実践を評価・改善し，考察したことを論理的に表現するなどして課題を解決する力を身に付けている。	家族や地域の人々と協働し，よりよい生活の実現に向けて，幼児の生活と家族について，課題の解決に主体的に取り組んだり，振り返って改善したりして，生活を工夫し創造し，実践しようとしている。

（3）家族・家庭や地域との関わり

知識・技能	思考・判断・表現	主体的に学習に取り組む態度
・家族の互いの立場や役割が分かり，協力することによって家族関係をよりよくできることについて理解している。 ・家庭生活は地域との相互の関わりで成り立っていることが分かり，高齢者など地域の人々と協働する必要があることや介護など高齢者との関わり方について理解している。	家族関係をよりよくする方法及び高齢者など地域の人々と関わり，協働する方法について問題を見いだして課題を設定し，解決策を構想し，実践を評価・改善し，考察したことを論理的に表現するなどして課題を解決する力を身に付けている。	家族や地域の人々と協働し，よりよい生活の実現に向けて，家族・家庭や地域との関わりについて，課題の解決に主体的に取り組んだり，振り返って改善したりして，生活を工夫し創造し，実践しようとしている。

（4）家族・家庭生活についての課題と実践

知識・技能	思考・判断・表現	主体的に学習に取り組む態度
	家族，幼児の生活又は地域の生活の中から問題を見いだして課題を設定し，解決策を構想し，計画を立てて実践した結果を評価・改善し，考察したことを論理的に表現するなどして課題を解決する力を身に付けている。	家族や地域の人々と協働し，よりよい生活の実現に向けて，家族，幼児の生活又は地域の生活について，課題の解決に主体的に取り組んだり，振り返って改善したりして，生活を工夫し創造し，家庭や地域などで実践しようとしている。

B　衣食住の生活

（1）食事の役割と中学生の栄養の特徴

知識・技能	思考・判断・表現	主体的に学習に取り組む態度
・生活の中で食事が果たす役割について理解している。 ・中学生に必要な栄養の特徴が分かり，健康によい食習慣について理解している。	自分の食習慣について問題を見いだして課題を設定し，解決策を構想し，実践を評価・改善し，考察したことを論理的に表現するなどして課題を解決する力を身に付けている。	よりよい生活の実現に向けて，食事の役割と中学生の栄養の特徴について，課題の解決に主体的に取り組んだり，振り返って改善したりして，生活を工夫し創造し，実践しようとしている。

（2）中学生に必要な栄養を満たす食事

知識・技能	思考・判断・表現	主体的に学習に取り組む態度
・栄養素の種類と働きが分かり，食品の栄養的な特質について理解している。 ・中学生の1日に必要な食品の種類と概量が分かり，1日分の献立作成の方法について理解している。	中学生の1日分の献立について問題を見いだして課題を設定し，解決策を構想し，実践を評価・改善し，考察したことを論理的に表現するなどして課題を解決する力を身に付けている。	よりよい生活の実現に向けて，中学生に必要な栄養を満たす食事について，課題の解決に主体的に取り組んだり，振り返って改善したりして，生活を工夫し創造し，実践しようとしている。

（3）日常食の調理と地域の食文化

知識・技能	思考・判断・表現	主体的に学習に取り組む態度
・日常生活と関連付け，用途に応じた食品の選択について理解しているとともに，適切にできる。 ・食品や調理用具等の安全と衛生に留意した管理について理解しているとともに，適切にできる。 ・材料に適した加熱調理の仕方について理解しているとともに，基礎的な日常食の調理が適切にできる。 ・地域の食文化について理解しているとともに，地域の食材を用いた和食の調理が適切にできる。	日常の1食分の調理における食品の選択や調理の仕方，調理計画について問題を見いだして課題を設定し，解決策を構想し，実践を評価・改善し，考察したことを論理的に表現するなどして課題を解決する力を身に付けている。	家族や地域の人々と協働し，よりよい生活の実現に向けて，日常食の調理と地域の食文化について，課題の解決に主体的に取り組んだり，振り返って改善したりして，生活を工夫し創造し，実践しようとしている。

（4）衣服の選択と手入れ

知識・技能	思考・判断・表現	主体的に学習に取り組む態度
・衣服と社会生活との関わりが分かり，目的に応じた着用，個性を生かす着用及び衣服の適切な選択について理解している。 ・衣服の計画的な活用の必要性，衣服の材料や状態に応じた日常着の手入れについて理解しているとともに，適切にできる。	衣服の選択，材料や状態に応じた日常着の手入れの仕方について問題を見いだして課題を設定し，解決策を構想し，実践を評価・改善し，考察したことを論理的に表現するなどして課題を解決する力を身に付けている。	よりよい生活の実現に向けて，衣服の選択と手入れについて，課題の解決に主体的に取り組んだり，振り返って改善したりして，生活を工夫し創造し，実践しようとしている。

（5）生活を豊かにするための布を用いた製作

知識・技能	思考・判断・表現	主体的に学習に取り組む態度
・製作する物に適した材料や縫い方について理解しているとともに，用具を安全に取り扱い，製作が適切にできる。	資源や環境に配慮し，生活を豊かにするための布を用いた物の製作計画や製作について問題を見いだして課題を設定し，解決策を構想し，実践を評価・改善し，考察したことを論理的に表現するなどして課題を解決する力を身に付けている。	よりよい生活の実現に向けて，生活を豊かにするための布を用いた製作について，課題の解決に主体的に取り組んだり，振り返って改善したりして，生活を工夫し創造し，実践しようとしている。

（6）住居の機能と安全な住まい方

知識・技能	思考・判断・表現	主体的に学習に取り組む態度
・家族の生活と住空間との関わりが分かり，住居の基本的な機能について理解している。 ・家庭内の事故の防ぎ方など家族の安全を考えた住空間の整え方について理解している。	家族の安全を考えた住空間の整え方について問題を見いだして課題を設定し，解決策を構想し，実践を評価・改善し，考察したことを論理的に表現するなどして課題を解決する力を身に付けている。	家族や地域の人々と協働し，よりよい生活の実現に向けて，住居の機能と安全な住まい方について，課題の解決に主体的に取り組んだり，振り返って改善したりして，生活を工夫し創造し，実践しようとしている。

（7）衣食住の生活についての課題と実践

知識・技能	思考・判断・表現	主体的に学習に取り組む態度
	食生活，衣生活，住生活の中から問題を見いだして課題を設定し，解決策を構想し，計画を立てて実践した結果を評価・改善し，考察したことを論理的に表現するなどして課題を解決する力を身に付けている。	家族や地域の人々と協働し，よりよい生活の実現に向けて，食生活，衣生活，住生活について，課題の解決に主体的に取り組んだり，振り返って改善したりして，生活を工夫し創造し，家庭や地域などで実践しようとしている。

C　消費生活・環境
（1）金銭の管理と購入

知識・技能	思考・判断・表現	主体的に学習に取り組む態度
・購入方法や支払い方法の特徴が分かり，計画的な金銭管理の必要性について理解している。 ・売買契約の仕組み，消費者被害の背景とその対応について理解しているとともに，物資・サービスの選択に必要な情報の収集・整理が適切にできる。	物資・サービスの購入について問題を見いだして課題を設定し，解決策を構想し，実践を評価・改善し，考察したことを論理的に表現するなどして課題を解決する力を身に付けている。	よりよい生活の実現に向けて，金銭の管理と購入について，課題の解決に主体的に取り組んだり，振り返って改善したりして，生活を工夫し創造し，実践しようとしている。

（2）消費者の権利と責任

知識・技能	思考・判断・表現	主体的に学習に取り組む態度
・消費者の基本的な権利と責任，自分や家族の消費生活が環境や社会に及ぼす影響について理解している。	自立した消費者としての消費行動について問題を見いだして課題を設定し，解決策を構想し，実践を評価・改善し，考察したことを論理的に表現するなどして課題を解決する力を身に付けている。	よりよい生活の実現に向けて，消費者の権利と責任について，課題の解決に主体的に取り組んだり，振り返って改善したりして，生活を工夫し創造し，実践しようとしている。

（3）消費生活・環境についての課題と実践

知識・技能	思考・判断・表現	主体的に学習に取り組む態度
	自分や家族の消費生活の中から問題を見いだして課題を設定し，解決策を構想し，計画を立てて実践した結果を評価・改善し，考察したことを論理的に表現するなどして課題を解決する力を身に付けている。	家族や地域の人々と協働し，よりよい生活の実現に向けて，自分や家族の消費生活について，課題の解決に主体的に取り組んだり，振り返って改善したりして，生活を工夫し創造し，家庭や地域などで実践しようとしている。

技術・家庭

国立教育政策研究所 〔内容のまとまりごとの評価規準（例）〕

外国語　内容のまとまりごとの評価規準（例）

1　領域別の目標

	知識及び技能	思考力，判断力，表現力等	学びに向かう力，人間性等
聞くこと	ア　はっきりと話されれば，日常的な話題について，必要な情報を聞き取ることができるようにする。 イ　はっきりと話されれば，日常的な話題について，話の概要を捉えることができるようにする。 ウ　はっきりと話されれば，社会的な話題について，短い説明の要点を捉えることができるようにする。		
読むこと	ア　日常的な話題について，簡単な語句や文で書かれたものから必要な情報を読み取ることができるようにする。 イ　日常的な話題について，簡単な語句や文で書かれた短い文章の概要を捉えることができるようにする。 ウ　社会的な話題について，簡単な語句や文で書かれた短い文章の要点を捉えることができるようにする。		
話すこと［やり取り］	ア　関心のある事柄について，簡単な語句や文を用いて即興で伝え合うことができるようにする。 イ　日常的な話題について，事実や自分の考え，気持ちなどを整理し，簡単な語句や文を用いて伝えたり，相手からの質問に答えたりすることができるようにする。 ウ　社会的な話題に関して聞いたり読んだりしたことについて，考えたことや感じたこと，その理由などを，簡単な語句や文を用いて述べ合うことができるようにする。		
話すこと［発表］	ア　関心のある事柄について，簡単な語句や文を用いて即興で話すことができるようにする。 イ　日常的な話題について，事実や自分の考え，気持ちなどを整理し，簡単な語句や文を用いてまとまりのある内容を話すことができるようにする。 ウ　社会的な話題に関して聞いたり読んだりしたことについて，考えたことや感じたこと，その理由などを，簡単な語句や文を用いて話すことができるようにする。		
書くこと	ア　関心のある事柄について，簡単な語句や文を用いて正確に書くことができるようにする。 イ　日常的な話題について，事実や自分の考え，気持ちなどを整理し，簡単な語句や文を用いてまとまりのある文章を書くことができるようにする。 ウ　社会的な話題に関して聞いたり読んだりしたことについて，考えたことや感じたこと，その理由などを，簡単な語句や文を用いて書くことができるようにする。		

2　内容のまとまりごとの評価規準（例）

	知識・技能	思考・判断・表現	主体的に学習に取り組む態度
聞くこと	［知識］ 英語の特徴やきまりに関する事項を理解している。 ［技能］ 実際のコミュニケーションにおいて，日常的な話題や社会的な話題について，はっきりと話された文章等を聞いて，その内容を捉える技能を身に付けている。	コミュニケーションを行う目的や場面，状況などに応じて，日常的な話題や社会的な話題についてはっきりと話される文章を聞いて，必要な情報や概要，要点を捉えている。	外国語の背景にある文化に対する理解を深め，話し手に配慮しながら，主体的に英語で話されることを聞こうとしている。
読むこと	［知識］ 英語の特徴やきまりに関する事項を理解している。 ［技能］ 実際のコミュニケーションにおいて，日常的な話題や社会的な話題について書かれた短い文章等を読んで，その内容を捉える技能を身に付けている。	コミュニケーションを行う目的や場面，状況などに応じて，日常的な話題や社会的な話題について書かれた短い文章を読んで，必要な情報や概要，要点を捉えている。	外国語の背景にある文化に対する理解を深め，書き手に配慮しながら，主体的に英語で書かれたことを読もうとしている。
話すこと［やり取り］	［知識］ 英語の特徴やきまりに関する事項を理解している。 ［技能］ 実際のコミュニケーションにおいて，日常的な話題や社会的な話題について，事実や自分の考え，気持ちなどを，簡単な語句や文を用いて伝え合う技能を身に付けている。	コミュニケーションを行う目的や場面，状況などに応じて，日常的な話題や社会的な話題について，事実や自分の考え，気持ちなどを，簡単な語句や文を用いて，伝え合っている。	外国語の背景にある文化に対する理解を深め，聞き手，話し手に配慮しながら，主体的に英語を用いて伝え合おうとしている。

話すこと[発表]	[知識] 英語の特徴やきまりに関する事項を理解している。 [技能] 実際のコミュニケーションにおいて，日常的な話題や社会的な話題などについて，事実や自分の考え，気持ちなどを，簡単な語句や文を用いて話す技能を身に付けている。	コミュニケーションを行う目的や場面，状況などに応じて，日常的な話題や社会的な話題について，事実や自分の考え，気持ちなどを，簡単な語句や文を用いて，話している。	外国語の背景にある文化に対する理解を深め，聞き手に配慮しながら，主体的に英語を用いて話そうとしている。
書くこと	[知識] 英語の特徴やきまりに関する事項を理解している。 [技能] 実際のコミュニケーションにおいて，日常的な話題や社会的な話題などについて，事実や自分の考え，気持ちなどを，簡単な語句や文を用いて，またはそれらを正確に用いて書く技能を身に付けている。	コミュニケーションを行う目的や場面，状況などに応じて，日常的な話題や社会的な話題などについて，事実や自分の考え，気持ちなどを，簡単な語句や文を用いて，書いている。	外国語の背景にある文化に対する理解を深め，聞き手，読み手，話し手，書き手に配慮しながら，主体的に英語を用いて書こうとしている。

国立教育政策研究所「内容のまとまりごとの評価規準（例）」

引用・参考文献

[第 I 部]

石井英真（2015）．今求められる学力と学びとは――コンピテンシー・ベースのカリキュラムの光と影――．日本標準．

石井英真・西岡加名恵・田中耕治編著（2019）．小学校指導要録改訂のポイント．日本標準．

石井英真（2020a）．再増補版・現代アメリカにおける学力形成論――スタンダードに基づくカリキュラム設計――．東信堂．

石井英真（2020b）．授業づくりの深め方――「よい授業」をデザインするための5つのツボ――．ミネルヴァ書房．

ウィギンズ, G.・マクタイ, J.（西岡加名恵訳）（2012）．理解をもたらすカリキュラム設計――「逆向き設計」の理論と方法――．日本標準．（Wiggins, G.・McTighe, J.（2005）．*Understanding by Design*, Expanded 2nd Ed., ASCD.）

西岡加名恵編著（2008）．「逆向き設計」でたしかな学力を保障する．明治図書出版．

西岡加名恵（2013）．「知の構造」と評価方法・評価基準．西岡加名恵・石井英真・川地亜弥子・北原琢也．教職実践演習ワークブック．ミネルヴァ書房．

文部科学省中央教育審議会初等中等教育分科会教育課程部会（2019）．学習評価の在り方について（報告）（平成31年1月21日）．

文部科学省初等中等教育局（2019）．小学校，中学校，高等学校及び特別支援学校等における児童生徒の学習評価及び指導要録の改善等について（通知）（30文科初第1845号）（平成31年3月29日）．

文部科学省国立教育政策研究所教育課程研究センター（2019）．学習評価の在り方ハンドブック（小・中学校編）．

文部科学省国立教育政策研究所教育課程研究センター（2020）．「指導と評価の一体化」のための学習評価に関する参考資料．

Anderson, L.W & Krathwohl, D. R. eds.（2001）．*A Taxonomy for Learning, Teaching, and Assessing: A Revision of Bloom's Taxonomy of Educational Objectives*, Longman.

Erickson, H. L.（2008）．*Stirring the head, Heart, and Soul*, 3rd Ed., Corwin Press. p31.

Marzano, R. J.（1992）．*A Different Kind of Classroom: Teaching with Dimensions of Learning*, ASCD.

McTighe, J. & Wiggins, G.（2004）．*Understanding by Design: Professional Development Workbook*, ASCD. p65.

[第 II 部]

文部科学省国立教育政策研究所教育課程研究センター（2020）．「指導と評価の一体化」のための学習評価に関する参考資料．

[付　録]

北尾倫彦監修　山森光陽・鈴木秀幸全体編集（2011）．観点別学習状況の評価規準と判定基準・小学校．図書文化．

奈須正裕・江間史明編著（2015）．教科の本質から迫るコンピテンシー・ベイスの授業づくり．図書文化

無藤隆・石田恒好・山中ともえ・吉冨芳正・石塚等・櫻井茂男・平山祐一郎編著（2020）．新指導要録の記入例と用語例・小学校．図書文化．

文部科学省（2017）．小学校・学習指導要領．

文部科学省中央教育審議会児童生徒の学習評価に関するワーキンググループ（2018）．学習評価に関する資料（平成30年9月20日）．

文部科学省中央教育審議会初等中等教育分科会教育課程部会（2019）．学習評価の在り方について（報告）（平成31年1月21日）．

文部科学省国立教育政策研究所教育課程研究センター（2019）．学習評価の在り方ハンドブック（小・中学校編）．

文部科学省国立教育政策研究所教育課程研究センター（2020）．「指導と評価の一体化」のための学習評価に関する参考資料．

あとがき

　イギリスのブラック（Black,P.）等は，形成的評価が世界的に注目されるきっかけを作った論文を発表した後，形成的評価が効果を上げるために必要な改善点について研究しました。教師を含めたその実践研究の中で，「生徒がどのような理解や考え方をしているかを教師が知るためには，生徒の理解していることや思考していることを上手く引き出す課題の工夫が必要であることが分かった」と言っています。生徒が学んだことを試す場としての「ヤマ場」や「見せ場」は，ブラック等の指摘した課題の工夫と重なる部分があります。指導や評価に充てることのできる時間は限られていますから，その制約の中で「ヤマ場」や「見せ場」を工夫することが教師の腕の見せ所と言えるでしょう。本書がそのような腕を磨くための参考になることを願っております。

　第1部では，ヤマ場をおさえる学習評価の基本的な考え方を説明しています。内容を精選し実践とのかかわりを漫画で示すなどして，評価の初学者にも読み通せるように工夫しました。第2部では，教科ごとに，学習評価のポイントと実践例を紹介しています。まず観点ごとの評価規準と指導と評価の計画を示し，「つまずきと支援（指導に生かす評価）」として形成的評価を紹介し，続いて「総括に用いる評価（記録に残す評価）」として総括的評価を紹介しています。教師の仕事はまず生徒の学習を支援することです。そのつながりがイメージしやすいように，形成的評価とせずに「つまずきと支援（指導に生かす評価）」，総括的評価という代わりに「総括に用いる評価（記録に残す評価）」としました。

　最後の「総括に用いる評価（記録に残す評価）」の評価例は，評価規準がB基準を示しているだけなのに対して，個々の学習評価の課題（ペーパーテストを含む）に応じてではありますが，AまたはCと評価した事例も示しています。国立教育政策研究所の参考資料に掲載された評価事例を補完するものとしてご活用いただきましたら幸いです。

　第3部は，学習評価の理論的背景や現行制度の課題について，できる限りコンパクトにまとめました。これからの教育の在り方を考える上で，評価の専門書にまで手が伸びない読者にもおさえてほしい，基本的な内容です。

「主体的に学習に取り組む態度」に関しては，解釈の難しい観点です。その観点で意味する内容がかなり広い上，評価例も少ないのが現状であり，具体的にどんな資料でどんな姿を捉えればよいか分かりづらいという課題があります。本文中にその解釈の手がかりとなる類型化のおもな例を示しています。参考になれば幸いです。

2021年6月

鈴木　秀幸

■執筆者一覧　　※原稿掲載順　所属は2021年4月時点

石井　英真　　いしい・てるまさ　　　　第1部［pp.10-13, pp.18-21, p.24, p.26, p.28,
　　　　編者，京都大学大学院教育学研究科准教授　　pp.32-33, pp.38-40, pp.42-44, pp.48-49］
　　　　　　　　　　　　　　　　　　　　第2部［p.54］

盛永　俊弘　　もりなが・としひろ　　　　コラム［pp.14-15］
　　　　編集協力者，佛教大学教育学部特任教授，京都教育大学大学院連合教職実践研究科教授

三井寺美緒佳　みいでら・みおか　　　　第2部国語［pp.58-61］
　　　　岩手県滝沢市立滝沢第二中学校主幹教諭

関谷　文宏　　せきや・ふみひろ　　　　第2部社会［pp.62-67］
　　　　筑波大学附属中学校主幹教諭

佃　　拓生　　つくだ・たくお　　　　　第2部数学［pp.68-71］
　　　　岩手県盛岡市立上田中学校副校長

土佐　　卓　　とさ・すぐる　　　　　　第2部理科［pp.72-75］
　　　　岩手県盛岡市立上田中学校教諭

副島　和久　　そえじま・かずひさ　　　第2部音楽［pp.76-79］
　　　　佐賀県太良町立多良小学校校長

桐山　瞭子　　きりやま・りょうこ　　　第2部美術［pp.80-83］
　　　　お茶の水女子大学附属中学校教諭

前島　　光　　まえじま・ひかり　　　　第2部保健体育［pp.84-87］
　　　　神奈川県横須賀市立公郷中学校校長

尾﨑　　誠　　おざき・まこと　　　　　第2部技術［pp.88-91］
　　　　神奈川県厚木市立荻野中学校総括教諭

望月　朋子　　もちづき・ともこ　　　　第2部家庭［pp.92-95］
　　　　静岡県富士市立大淵中学校教諭

上村　慎吾　　かみむら・しんご　　　　第2部外国語［pp.96-99］
　　　　新潟県新潟市立葛塚中学校教諭

鈴木　秀幸　　すずき・ひでゆき　　　　第3部［pp.102-111］
　　　　編者，一般社団法人 教育評価総合研究所代表理事

石井　英真　いしい・てるまさ　京都大学大学院教育学研究科准教授

　博士（教育学）。専門は教育方法学。学校で育成すべき学力のモデル化，授業研究を軸にした学校改革。日本教育方法学会理事，日本カリキュラム学会理事，文部科学省「中央教育審議会教育課程部会」「児童生徒の学習評価に関するワーキンググループ」委員などを務める。主な著書に『未来の学校　ポスト・コロナの公教育のリデザイン』日本標準，2020年，『授業づくりの深め方：「よい授業」をデザインするための5つのツボ』ミネルヴァ書房，2020年，『流行に踊る日本の教育』東洋館出版社，2021年，ほか多数。

鈴木　秀幸　すずき・ひでゆき　一般社団法人 教育評価総合研究所代表理事

　早稲田大学政治経済学部卒業，もと静岡県立袋井高等学校教諭。専門は社会科教育，教育評価。2000年教育課程審議会「指導要録検討のためのワーキンググループ」専門調査員，2006〜2008年国立教育政策研究所客員研究員，2009年中央教育審議会「児童生徒の学習評価のあり方に関するワーキンググループ」専門委員，2018年中央教育審議会「児童生徒の学習評価に関するワーキンググループ」委員。著書は『教師と子供のポートフォリオ評価』『新しい評価を求めて』（論創社，ともに翻訳），『スタンダード準拠評価』（図書文化）ほか。

ヤマ場をおさえる 学習評価 中学校

2021年8月5日　初版第1刷発行　［検印省略］
2023年4月10日　初版第5刷発行

編 著 者　　石井英真・鈴木秀幸
発 行 人　　則岡秀卓
発 行 所　　株式会社　図書文化社
　　　　　　〒112-0012　東京都文京区大塚1-4-15
　　　　　　Tel：03-3943-2511　Fax：03-3943-2519
　　　　　　http://www.toshobunka.co.jp/
漫画・装画　　石山さやか
カバーデザイン　　新井大輔
印刷・製本　　株式会社 Sun Fuerza